CLAUDIUS
KONTUR

Zur Reihe

Die religiöse Landschaft ist in Bewegung geraten. Wo noch vor wenigen Jahren der große Traditionsstrom christlicher Religion und Kirchlichkeit ruhig dahinfloß, ist inzwischen eine verwirrende Vielfalt religiöser Strömungen entstanden. Sie suchen und bahnen sich neue Wege. Dabei vermischen sich Ost und West, Nord und Süd. Gewohnte Orientierungen verlieren an Selbstverständlichkeit.

Es sind nicht nur neue religiöse Gruppen und Bewegungen, die Menschen faszinieren oder für Irritation und Abwehr sorgen. Neue Strömungen haben die religiösen Tiefenschichten von Kirche und Gesellschaft erfaßt. Ein tiefgreifender Wandel zeichnet sich ab, der auch den christlichen Glauben zur Neubesinnung auf das Wesentliche nötigt. Alte Begriffe verlieren ihr Profil, neue treten in den Vordergrund: Religiosität tritt neben Religion, Therapie neben Theologie, Esoterik neben kirchliche Lehre, Erfahrung fordert die Dogmatik heraus. Eine neue Religiosität – danach sehnen sich immer mehr Menschen. Doch die Gefahr ist groß, daß die Sehnsucht ins Leere läuft. Noch treten die Umrisse von wirklich Neuem nicht deutlich zutage. Im Gegenteil: Vieles, was sich als »neuer Weg« darstellt, ist eher Abweg und Irrweg. Neue Religiosität? Noch zeichnen sich keine Konturen ab. Kann eine neue Religiosität überhaupt Kontur gewinnen – und was würde sie für Gestalt und Praxis christlichen Glaubens heute bedeuten? Oder münden alle neuen religiösen Strömungen unausweichlich in einen »religiösen Sumpf«, in dem keine wahre Spiritualität gedeihen kann?

Die Reihe Claudius Kontur möchte der Orientierung im verwirrenden Erfahrungsfeld Neue Religiosität dienen. Wo bislang eher mit Angst und Abwehr reagiert wird, soll nach Freiräumen gefragt werden, in denen sich vielleicht Neues entwickelt, dessen Wahrnehmung heilsam sein könnte. Und wo schnell begeistertes Reden von »Neuer Religiosität« oft nur vage und gedankenlos bleibt, stellt Claudius Kontur die Frage nach klaren Umrissen.

Christen wie Nichtchristen, Frauen wie Männer möchten sich als religiöse Menschen in ihrer Zeit besser verstehen und Wege finden, die keine Irrwege sind, wollen ihre religiösen Erfahrungen mit anderen ins Gespräch bringen, suchen klare Information ohne Vorurteile und verläßliche Orientierung.

Die Reihe Claudius Kontur möchte hier Hilfen und Anstöße für einen offenen Dialog zwischen christlichem Glauben und neuen religiösen Strömungen geben.

Der Herausgeber

Stefanie von Schnurbein

GÖTTERTROST IN WENDEZEITEN

Neugermanisches Heidentum zwischen New Age und Rechtsradikalismus

CLAUDIUS
KONTUR

Die Reihe Claudius Kontur
wird herausgegeben von Bernhard Wolf.

*Das Titelbild zeigt einen
Ausschnitt aus dem Bild
»Baldur« von Ludwig Fahrenkrog*

Die Deutsche Bibliothek – CIP-Einheitsaufnahme
Schnurbein, Stefanie v.:
Göttertrost in Wendezeiten : neugermanisches Heidentum
zwischen New Age und Rechtsradikalismus / Stefanie v.
Schnurbein. – München : Claudius Verlag 1993
(Claudius Kontur)
ISBN 3-532-64003-1

Umschlaggestaltung: Werner Richter
Gestaltung: Dorothee Bauer
Satz: Fotosatz Amann, Aichstetten
Druck: Druckerei G. J. Manz AG, München / Dillingen

ISBN 3-532-64003-1

Inhalt

Einleitung

»Kommen die alten Götter wieder?« – mit dieser Frage überschrieb Henning Eichberg 1985 einen Aufsatz, der sich mit dem Fortleben germanisch heidnischer Vorstellungen im 19. und 20. Jahrhundert befaßte.[1] Übersehen hatte er bei dieser Untersuchung »alternativer Mythen«, wie er es nannte, daß sich seit den 70er Jahren Gruppen wachsender Popularität erfreuen, die sich die Wiederbelebung der altgermanischen Kultur und Götterlehre ganz direkt zum Ziel gesetzt haben. Solche religiösen Gruppierungen existieren mittlerweile nicht nur in Deutschland, sondern auch in den USA, in Großbritannien und Skandinavien.

Mit ihrer Orientierung an alten Religionsformen wollen diese neugermanisch heidnischen Gruppen eine Alternative zu den christlichen Kirchen bieten, die der eigenen Herkunft, der eigenen Natur und Landschaft angemessener sei. Gleichzeitig erhoffen sie von der altgermanischen Religion geistig-religiöse Lösungen für die Krise, in die die eigenen Gesellschaften geraten sind. Kennzeichen dieser »Krise der Moderne« sind für sie beispielsweise die Umweltzerstörung, die atomare Bedrohung und die zunehmende Undurchschaubarkeit der Lebenszusammenhänge. So ist in einer Informationsschrift einer neugermanisch heidnischen Gruppe zu lesen:

> *»Es gibt [...] immer noch (oder wieder?) viele Frauen und Männer, denen die Schönheit der Natur mehr bedeutet als der Glitzerkram der Zivilisation. [...] Meist sind sie etwas seltsam oder werden von ihren Mitmenschen dafür gehalten. Das macht das Leben für sie manchmal etwas schwieriger, als es eigentlich ist – weil sie sich in der Gemeinschaft vereinzelt und in der Großstadt deplaziert fühlen. [...] Ein geistiger Austausch zwischen allen spirituellen Stömungen ist das große Ziel [...]. Aber wie kann man solch ein Ziel erreichen, wenn man selbst in keiner religiösen Tradition verwurzelt ist? Deshalb pflegen wir die Tradition des alteuropäischen Heidentums, um diese auch für die Zukunft zu erhalten.«*[2]

Das Krisenbewußtsein und die Hoffnung auf eine spirituelle Erneuerung teilt das neugermanische Heidentum mit einer größeren Bewegung unserer Zeit: der New-Age-Bewegung.[3] Der wachsende Zulauf zu neugermanisch orientierten Gruppen stellte sich daher auch nicht zufällig gleichzeitig mit der Esoterik-Welle ein, die seit Ende der 70er Jahre aus den USA kommend in Westeuropa zahlreiche Anhänger fand. Im Gegensatz zu vielen Vertretern des New Age meinen die meisten dieser neugermanisch-heidnischen Gruppen jedoch, daß die Erneuerung nur in der Tradition des eigenen Volkes zu zu finden sei. Diese soll nicht nur eine größere Naturnähe, eine bessere Übereinstimmung mit »okkultistisch-esoterischen Gesetzmäßigkeiten«, sondern vor allem auch eine stärkere Verwurzelung im eigenen Volk oder der eigenen »Rasse« garantieren. Neben kulturkritischen spielen also völkisch-nationale oder rassistische Ideen eine zentrale Rolle in der Weltanschauung vieler neugermanisch-heidnischer Gruppen.

Ursprünglich ein Schimpfname der christlichen Kirchen für alle, die der eigenen Religion nicht angehörten, wird die Bezeichnung »Heide« heute von den Betroffenen als Ehrentitel angenommen. Er wird in vielen Gruppen nicht nur als religiöser, gegen das Christentum gerichteter, sondern auch als politisch- kultureller Gegenbegriff verwendet, der vor allem Distanz zu einer industrialisierten, entfremdeten Gesellschaft signalisieren soll, die ihre »eigenen Wurzeln« und damit ihre Identität verloren habe – eine Identität, die in der betreffenden Szene häufig als nationale oder auch rassische Identität verstanden wird. Solche Ideen verbinden die neugermanisch heidnischen Gruppen mit der politischen Strömung der »Neuen Rechten«, in deren Umkreis das Wort »Heide« als politischer Kampfbegriff dient. So lautet etwa der Titel eines Buches von Alain de Benoist, einem Vordenker der französischen »Nouvelle Droite«: *Heide sein – zu einem neuen Anfang* (deutsch: Tübingen 1982).

Es verwundert daher auch nicht, daß viele neugermanische Heiden in ihre Religion und Weltanschauung rassistische und rechtsextreme Vorstellungen integriert haben. Bei einigen Gruppen kann man in diesem Zusammenhang schon von einer »politischen Religion« sprechen. Das gesamte Phänomen »neugermanisches Heidentum« läßt sich also nicht nur der New-Age-Bewegung, sondern auch der rechtsextremen politischen Szene zuordnen und kann somit – und dies sollen die folgenden Ausführungen unter anderem zeigen – als ein Bindeglied zwischen diesen beiden Strömungen gedeutet werden.

Das neugermanische Heidentum ist jedoch keine völlig neue Erscheinung, auch wenn das plötzlich gewachsene öffentliche Interesse dies vermuten läßt. Genauso wie die New-Age-Bewegung lassen sich seine Wurzeln bis mindestens zum Ende des 19. Jahrhunderts zurückverfolgen. Eine historische Grundlage und Quelle der New-Age-Bewegung ist z. B. die Theosophie, die vor etwa 100 Jahren eine ähnliche Synthese des zeitgenössischen Okkultismus mit Versatzstücken buddhistischer und hinduistischer Religion und damals aktuellen naturwissenschaftlichen Theorien, insbesondere des Darwinismus und des Haeckelschen Monismus hervorbrachte. Auf die Verwandtschaft zwischen

Theosophie und New Age deuten nicht nur Ähnlichkeiten in den Weltbildern und einzelnen Ideen, sondern auch die Tatsache, daß führende Vertreter des New Age in der theosophischen Bewegung aktiv waren oder sind.[4]

In engem Zusammenhang mit der Theosophie existierte zu Anfang dieses Jahrhunderts zudem eine okkultistische Richtung, die auf die altgermanische Religion zurückgriff und sich programmatisch »Ariosophie« nannte. Die Ariosophen produzierten eine Synthese aus zeitgenössischen okkultistischen Ideen, wie sie vor allem die Theosophie vertrat, und der völkischen Ideologie. Sie projizierten diese zurück auf eine idealisierte germanische Urzeit, die geeignet schien, ihrem Gedankengebäude historische Legitimität zu verleihen. Ein Teil der heutigen Gruppen, die ihre Religion auf das germanische Heidentum zurückführen, greift direkt Lehren der beiden Hauptvertreter der Ariosophie, Guido von List und Jörg Lanz von Liebenfels, sowie ihrer Schüler auf.

Die folgenden Kapitel sollen einen Überblick über möglichst große Teile der neugermanisch heidnischen Szene Deutschlands geben. Daß dabei nicht auf jede einzelne Gruppe eingegangen werden kann, liegt vor allem an der Zersplitterung des neugermanischen Heidentums in zahlreiche Kleingruppen, die sich zudem häufig spalten, neu gründen, zusammenschließen oder ganz verschwinden. Wegen dieser schnellen Veränderungen ist es auch unmöglich, ein wirklich aktuelles Bild dieser religiösen Subkultur zu zeichnen. Die Strukturen und Denkmuster hingegen scheinen bei all diesen personellen und organisatorischen Bewegungen mehr oder weniger gleich zu bleiben. Nach einer Schilderung verschiedener Einzelgruppen und deren Zusammenhänge sowie einem historischen Rückblick wird sich daher ein großer Teil dieses Buches mit den Kontinuitäten dieser Denkmuster beschäftigen.

Die Materialgrundlage für dieses Buch stammt aus langjährigen Feldforschungen bei verschiedenen der beschriebenen Gruppen, die ich seit 1986 für meine Dissertation unternahm. In dieser Arbeit, die 1992 als Buch erschienen ist, finden sich weitere umfangreichere Untersuchungen einzelner neugermanisch heidnischer Gruppen nicht nur in Deutschland, sondern auch in Skandinavien, Großbritannien und den USA.[5]

»Wuotanistische Schöpfungswonne«

Das Armanentum von Sigrun von Schlichting und Adolf Schleipfer

Beim Versuch, sich einen Überblick über die neugermanisch heidnische Szene seit den 60er Jahren zu verschaffen, rücken insbesondere zwei Personen ins Blickfeld: Adolf Schleipfer sowie Sigrun von Schlichting, die im Laufe ihrer Aktivitäten auch unter den Namen Sigrun Hammerbacher, Sigrun Strauß-Hammerbacher und Sigrun Schleipfer(-Friese) auftrat. Die beiden sind seit Mitte der 70er Jahre verheiratet, gründeten 1976 zusammen eine der wichtigsten neugermanischen Gruppen, den *Armanen-Orden*, und haben eine zentrale Funktion für die Entwicklung und den Zusammenhalt des neugermanischen Heidentums auf nationaler und internationaler Ebene.

Erste Aktivitäten

Adolf Schleipfer ist bereits seit den 60er Jahren für die Wiederbelebung des neugermanischen Heidentums tätig. Er baut dabei auf Quellen, die sich bis in die Zeit vor dem Ersten Weltkrieg zurückverfolgen lassen. Schleipfer hatte nach eigenen Aussagen Schriften des Ariosophen Guido von List (1848–1919) in einem Antiquariat entdeckt und bemühte sich, aus seinem Freundeskreis heraus einen Orden zu gründen, wie List es angeregt hatte. Gleichzeitig gründete er die Zeitschrift *Irminsul – Stimme der Armanenschaft*, von der aber nur zwei Nummern erschienen. 1967 gelang es ihm, Kontakt zur bereits existierenden *Guido von List-Gesellschaft* zu knüpfen.[1] Adolf Schleipfer bekam die Präsidentschaft vom damaligen Präsidenten Hanns Bierbach übertragen,[2] schloß sich mit seinem kleinen Kreis der Gesellschaft an und gab die *Irminsul* nun als *Stimme der Guido von List-Gesellschaft* heraus.[3]

> *»DIE GUIDO VON LIST-GESELLSCHAFT verfolgt zwei nahe verwandte und erreichbare Ziele. Wir wollen erstens die Forschungsergebnisse Guido von List's einem größeren Publikum zugänglich machen. Wir wollen zweitens die Freunde dieser Anschauungen um das Banner eines Mannes scharen, der berufen war, die ARIO-GERMANISCHE WELTANSCHAUUNG wiedererstehenzulassen.«*[4]

Die *Guido von List-Gesellschaft* propagiert in erster Linie eine völkisch religiöse, okkultistische Weltanschauung, wie sie in den Schriften Lists vorgegeben ist.

Jedes Mitglied muß ehrenwörtlich versichern, »arischer Abstammung« zu sein, nur einen Ehepartner »arischer Abstammung« zu wählen, keinerlei freimaurerischen Vereinigung, kommunistischen Organisation oder den Zeugen Jehovas anzugehören, und man verpflichtet sich dazu, seine Kenntnisse »nur zum Wohle der arischen Rasse anzuwenden.«[5]

Schleipfers Bemühungen, mit ähnlich gesinnten Personen und Gruppen Kontakt aufzunehmen, führten ihn auch zum *Goden-Orden* (siehe S. 48f.), mit dem er eine enge Zusammenarbeit aufbaute.[6] Hier lernte er seine spätere Frau Sigrun kennen, die bei den Goden eine zentrale Stellung innehatte. Sigrun von Schlichting ist Tochter des NSDAP-Kreisleiters Dr. Hans Wilhelm Hammerbacher, der nach dem Krieg ebenfalls im neugermanisch heidnischen Umfeld aktiv war. Sie betätigte sich zunächst beim rechtsextremen *Bund Heimattreuer Jugend*, für dessen internen Führerbrief sie Artikel schrieb, z.B. über die »Heroisierung des weißen Menschen«.[7] Interne Streitigkeiten führten 1976 dazu, daß das Ehepaar Schleipfer aus dem *Goden-Orden* austrat. Im selben Jahr gründeten sie ihre eigene religiöse Gemeinschaft, den *Armanen-Orden*, dem sich zunächst einige ehemalige Mitglieder der Goden anschlossen.[8]

Seit Ende der 80er Jahre lebt das Ehepaar getrennt, sie in Ammerland am Starnberger See, er in Köln. Die Funktion als »Großmeister« bzw. »Armanen« des Ordens haben sie jedoch weiterhin beide inne.

Die Organisation des Armanen-Ordens

»1. Der ARMANEN-ORDEN ist das gesamte Germanen- und Keltentum in seiner geistigen, seelischen und körperlichen Eigenart.
2. Der ARMANEN-ORDEN verkörpert die wahre Erkenntnis der göttlichen Weltordnung auf der Grundlage des germanischen und keltischen Weistums, dessen Religions- und Kultform die einheimischen Göttermythen bilden.
3. Die Erweckung des ARMANEN-ORDENS ist für das Germanen- und Keltentum die Wiedergeburt einer Lebensgestaltung auf seiner natürlichen Grundlage.«[9]

Diese Grundsätze sind auf der Titelseite der elfseitigen Broschüre *Leitbild und Aufbau des Armanen-Ordens* zu lesen, die jeder Interessent auf Anfrage zugeschickt bekommt. Vorrangiges Ziel des *Armanen-Ordens* ist also die Wiederbelebung dessen, was unter einem angestammten Heidentum germanisch-keltischer Prägung verstanden wird. Damit soll die einheimische, d.h. die den germanischen Völkern gemäße Religion wiedereingesetzt werden.

Die Zugehörigkeit zum Orden ist in erster Linie nach völkischen und rassischen Kriterien definiert:

»Der Ordensbegriff ist durch die geistige, seelische und körperliche Veranlagung und dadurch bedingte gemeinsame Lebensweise des germanischen und keltischen Volkstums gegeben.«[10]

Um »das Weistum und die entsprechenden Ordensgrade« zu erwerben,[11] muß die Ordenszugehörigkeit von der Ordensleitung feierlich anerkannt werden, das heißt, die Anwärter müssen einen Anmeldeantrag stellen, 30.– DM Anmeldegebühr entrichten und sich einem Ritual unterziehen.

Über die Anzahl der Ordensmitglieder geben Adolf und Sigrun Schleipfer keine Auskunft, da »die dadurch entstehenden Spekulationen durchaus erwünscht sind.«[12] Die Zahl dürfte um die 50 liegen, diejenige der Sympathisanten etwa drei bis viermal so hoch sein.[13] Die Mitglieder kommen aus dem gesamten deutschsprachigen Raum, einige Anhänger gibt es offenbar auch in Holland, Belgien, Luxemburg, Frankreich, Indien und Süd-Afrika.[14] Die Altersstruktur des Ordens ist gemischt. Es finden sich einige Mitglieder, vor allem Frauen, im Rentenalter, die meist noch aus dem *Goden-Orden* übergetreten sind. Der größte Teil ist zwischen 30 und 50 Jahre alt und kommt in der Regel mit Familie zu den Veranstaltungen. Erwähnenswert ist außerdem die hohe Anzahl der kleinen und mittleren Angestellten und Beamten unter den Ordensmitgliedern.

Für die Angehörigen des *Armanen-Ordens* gibt es ein Einweihungssytem in Graden, das sich am freimaurerischen System orientiert. Die ersten drei Stufen, Lehrling, Geselle und Meister – auch »Goden-Grade« genannt – bilden die sogenannte »Volkspriesterschaft«, die jeder erreichen sollte. Daran schließen sich die *Armanen-Ordens-Grade* an, die bis zum neunten Grad führen und einer esoterischen Einweihungsordnung entsprechen sollen. Diese sieht noch einen zehnten Grad vor, der jedoch nicht kontrolliert werden könne und auf der göttlichen Ebene stattfinde.[15]

Das Wissen, das zur Erlangung der Grade notwendig ist, wird den Mitgliedern in Form von sogenannten »Leitbriefen«, deren Inhalt geheimgehalten wird, durch die Ordensleiter vermittelt. Gegen eine Spende von 60.– DM erhalten sie insgesamt 18 Briefe, die alle zwei Wochen zugeschickt werden. Nach Durcharbeiten dieser Briefe ist das Aufrücken in den nächsten Grad möglich.

In dieser Briefserie wird nach Auskunft Adolf Schleipfers grundsätzliches Wissen über das geistige Leben des keltisch-germanischen Kulturkreises und allgemeines Wissen über geschichtliche und gesellschaftliche Fragen vermittelt, und es findet eine Einweisung in esoterische Grundsätze statt.[16]

Im zweiten Grad soll eine Auseinandersetzung mit dem Christentum erfolgen, vor Eintritt in den dritten Grad wird von den Mitgliedern der Kirchenaustritt verlangt. Im darauffolgenden Ritual, der sogenannten »Godenweihe«, sollen »alte magische Bindungen«, etwa die Taufe, gelöst werden, bevor die Ausbildung zum Meistergrad beginnen kann. Diese Godenweihe, die jährlich zu Ostern stattfindet, wird auch Nicht-Mitgliedern angeboten.[17]

Einen größeren Kreis erreicht der *Armanen-Orden* durch verschiedene Veranstaltungen, zu denen auch »wohlwollende Interessenten« zugelassen sind. Die Höhepunkte im Jahr bilden die drei Things zu Ostern (Ostara-Thing), Mittsommer und Allerheiligen (Wotans Opfertod). Die Wintersonnenwende, das Julfest, gilt als Familienfest. Den Mittelpunkt eines solchen Things bildet die Kulthandlung, darüber hinaus werden den Teilnehmern Vorträge, Exkursionen zu »heidnischen Heiligtümern«, Volkstanz, Singrunden und die Möglichkeit zu Information und Austausch geboten. Für die Vorträge werden häufig Gastreferenten geworben, die in irgendeiner Weise mit der völkischen Weltanschauung in Verbindung stehen oder Interesse an heidnischer Religion bekunden. Die Things finden in der Regel auf Burgen statt, da diese nach Ansicht des *Armanen-Ordens* auf alten heidnischen Kultstätten erbaut sind, oder in den letzten Jahren immer häufiger in der Nähe des »germanischen Hauptheiligtums« der Externsteine bei Horn in Westfalen.[18]

Den äußersten Kreis, den die Armanen erreichen, bildet die Leserschaft der Zeitschrift *Irminsul – Stimme der Armanenschaft*. Dieses maschinengeschriebene und kopierte Blatt erscheint sechs Mal im Jahr und ist gegen eine Spende von jährlich mindestens 25.- DM zu erhalten. Thematisch beschäftigt sich die Zeitschrift mit angeblich heidnischem Brauchtum, mit germanischen Heiligtümern und alten Mythen, meist passend zur Jahreszeit und den jeweils anstehenden Festen. Es finden sich Buchbesprechungen und ab und zu Anmerkungen oder größere Artikel zu gesellschaftspolitischen Themen, wie z. B. »Heidnisches zum Thema Abtreibung«.[19] Unter den Autoren sind oft Mitglieder des *Armanen-Ordens* oder Leser der *Irminsul*. Weiter finden sich Passagen aus Werken völkischer Schriftsteller und Ariosophen der Vorkriegszeit oder auch Artikel aus anderen Zeitungen, wenn sie in den Kontext passen. Häufig handelt es sich dabei um kirchenfeindliche Themen. In der Regel kommentiert Herausgeber Adolf Schleipfer die Artikel durch Einschübe, stellt sie im Sinne seiner Ansichten richtig oder untermauert sie mit weiterführenden Buchempfehlungen.

Folge 3 STIMME DER ARMANENSCHAFT 23.Jg.1991

1. Als vor mehr'en tausend Jahren
unser Wald gesund noch war.
Als Bäume uns noch heilig waren
war nie der Frieden in Gefahr

"In der Götter -Vielgestalt
offenbarte sich der Wald
ganz im Sinne unserer Ahnen
Götter die vom Norden kamen."

2. Es wurden dort im heil'gen Haine
jedem Gott ein Baum geweiht
man opferte im Feuerscheine
voll Glück und voller Dankbarkeit.

"In der Götter-Vielgestalt
offenbarte sich der Wald
ganz im Sinne unserer Ahnen
Götter die vom Norden kamen."

3. Die heiligsten Bäume in unserem Land
waren immergrüne Eichen
und nur die Priesterschaft empfing
von Nornen dort die heilgen Zeichen.

"In der Götter-Vielgestalt
offenbarte sich der Wald
ganz im Sinne unserer Ahnen
Götter die vom Norden kamen."

Abb. 1:
Titelblatt einer Ausgabe der *Irminsul – Stimme der Armanenschaft.*

Der Verbreitung des Gedankengutes der Armanen vor allem bei Lesern der *Irminsul* dienen der Armanen-Verlag und die Armanen-Versandbuchhandlung, für die Adolf Schleipfer verantwortlich ist. Im Verlag, der die Rechte des Verlages der *Guido von List-Gesellschaft* übernommen und dessen Nachfolge angetreten hat, werden ariosophische Werke, vor allem Lists Schriften, die heute kaum auf anderem Wege zu erhalten sind, nachgedruckt bzw. kopiert. Bei der Auswahl der antiquarisch oder neu angebotenen Bücher, über die jeder *Irminsul* eine Liste beiliegt, richtet sich Adolf Schleipfer »fast ausschließlich nach dem Wert für die armanische Geistesentwicklung.«[20] Hier findet sich alles, was »irgendwie in den Gesamtzusammenhang paßt«, sofern Schleipfer »es für geeignet hält«,[21] also Werke über Runenesoterik und -orakel, Untersuchungen zur Vor- und Frühgeschichte, zu Steindenkmälern und Kultstätten, feministische Literatur, die sich mit Hexenkulten befaßt, Bücher über gesunde Ernährung, theosophische und okkultistische Schriften und New-Age-Literatur. Daneben wird eine Sonderliste zu politischer Literatur auf Anfrage verschickt, die nationalistische und rechtsextreme Schriften älteren und neueren Datums enthält.

Glaube und Weltanschauung des Armanen-Ordens

Nicht nur Forschung, sondern vor allem auch ein »Hineinhorchenkönnen in die Seele unseres Volkstums« – dies ist für die Armanen die Voraussetzung, unter der man »wieder zu den eigenständigen organisch-natürlichen Entwicklungen germanisch-keltischen Geistes [...] gelangen kann.«[22]

Die Quellengrundlage für den Glauben der Armanen bildet vor allem die Lieder-Edda, übersetzt von Simrock, in einer nachgedruckten Ausgabe aus den 20er Jahren, die vom Armanen-Verlag vertrieben wird.[23] Entgegen allen wissenschaftlichen Theorien, die die Entstehung einzelner Lieder der Edda frühestens auf das Jahr 800 n. Chr. datieren, sind die Armanen der Meinung, der Inhalt der Edda sei spätestens zwischen den letzten Eiszeiten entstanden. Die Ansicht, daß es sich um verschlüsseltes Wissen handelt, ermöglicht die verschiedensten esoterischen Deutungen der Mythen.

Auf diesen Grundlagen konstruieren die Leiter des *Armanen-Ordens* nun ihr Weltbild und ihre religiösen Anschauungen. Für sie haben alle Religionsformen den gleichen abstrakten, geistigen Inhalt, dessen Vermittlung jedoch durch die verschiedenen religiösen Systeme der Eigenart und dem Verständnis der einzelnen Völker angepaßt sei. Die germanische Mythologie wird als das System empfohlen, das an der Art der Germanen ausgerichtet sei, ihrem seelischen Leben entspreche und die »ureigenen, kosmischen und natürlichen Geistesurbilder der weißen Völker« ausdrücke.[24] Daneben beruft sich der *Armanen-Orden* auch auf die keltische Mythologie mit dem Argument, diese bilde mit der germanischen ein zusammenhängendes Paar, dem in der germanischen Mythologie die Göttergeschlechter der Asen und Wanen entsprächen.[25]

»Alle Materie ist verdichteter Geist«[26] – dies ist der Ausgangspunkt des Welt- und Gottesverständnisses des *Armanen-Ordens* und verdeutlicht dessen pantheistische Grundausrichtung. Der Weg dieser Verdichtung vom Geist zur Materie wird im *Armanen-Orden* – angelehnt an die Terminologie Guido von Lists – als eine Aufspaltung des absoluten Geistigen in eine unendliche Zahl »vieleinig-vielspältiger Vielheiten« beschrieben.[27] Dieses aus der Theosophie stammende Modell erlaubt es, einzelne Wesen auf einer hierarchischen Stufenleiter einzuordnen. So werden die Götter verstanden als eine

> *»Untergliederung des Allgeistes [...], [die] zusammen mit zahllosen anderen Geistwesen die gesamte Natur lenken und führen, ähnlich dem Führungsaufbau eines Heeres, in dem sich auch nicht der Generalfeldmarschall um jeden einzelnen Rekruten kümmert, sondern dies der Hierarchie entsprechender unterer Führungskräfte überläßt.«*[28]

Die Aufgabenbereiche der Götter sind für den *Armanen-Orden* verschiedener Art und finden sich auf verschiedenen Ebenen. Zum einen sollen sie bestimmten Naturkräften, -gesetzen und -erscheinungen entsprechen. Dieselbe Vorstellung erlaubt es Sigrun v. Schlichting, die zwölf Götterpaare und Götterwohnungen, die in den eddischen Grímnismál beschrieben sind, den einzelnen Tierkreiszeichen und Planeten zuzuordnen. Außerdem finden in diesem »germanischen Horoskop« die Runen ihren Platz.[29]

Die Aufgabenbereiche der Götter sind noch auf andere Art differenziert: Die einzelnen Gottheiten bilden für die Armanen die Geister der verschiedenen Sippen, Stämme, Völker und Rassen. Jeder einzelne der Asen und Wanen verkörpere die Eigenschaften eines Volkes oder Stammes der arischen Rasse, was auch erkläre, daß die einzelnen Götter in verschiedenen Gegenden unterschiedlich stark verehrt worden seien.[30] Daraus wird abgeleitet, daß jeder Stamm seine eigene Gottheit verehren muß, daß er sich bei der Anrufung mit der speziellen Intelligenz in Verbindung setzen muß, die für ihn »zuständig« ist. Dasselbe gilt für den einzelnen Menschen. Auch dieser hat seinen besonderen Gott, an den er sich wendet, wenn er Verbindung mit der geistigen Welt sucht. Daneben besteht die Möglichkeit, sich an den Gott zu wenden, der für einen bestimmten Problemkomplex zuständig ist.[31] Die Anrufung eines fremden Gottes habe zwar ebenfalls eine Wirkung, sie berge jedoch die Gefahr, daß »uns fremde Strahlungen und Schwingungen«, die dann aktiviert würden, auf den Menschen verändernd einwirkten. Dieser »wird innerlich umgeformt oder sogar zerstört, wenn er sich tief mit dem fremden Gott verbindet.« So erklären die Armanen unter anderem, warum sie so viel Wert darauf legen, ihre »artgemäße« Religion wiederzubeleben. Wenn nämlich ein »ganzes Volk einen fremden Gott verehrt, dann muß es dahinsiechen.«[32]

Die Verehrung der verschiedenen Götter ist nicht die einzige Religionsform, der die Armanen anhängen. Ihrer Meinung nach gab es vor dem Patriarchat, das die göttliche Kraft in einzelne Teile aufgliederte, das Matriarchat mit der Verehrung der »Großen Mutter«. Heute sei es an der Zeit, die Synthese zu schaffen und sowohl die einzelnen Götter als auch die Allmutter anzuerkennen.[33]

Damit existieren unter den Mitgliedern des *Armanen-Ordens* verschiedene Gottesvorstellungen nebeneinander. Sie stimmen darin überein, die eigene, einheimische Religion zu pflegen. Während einige sich stark mit einzelnen Göttern verbunden fühlen, hängen andere eher einem pantheistischen, naturreligiösen System an. Ein Mitglied drückt das so aus:

> *»Ich hab also bis jetzt keine sehr enge Beziehung [... zu den Göttern], obwohl ich jetzt viel mehr als damals sehen kann, daß es eben so Kräfte gibt, seitdem ich mich mit der Astrologie beschäftige [...]. Aber ich meine, ein Gefühl von ihrer Gegenwart oder so hab ich eigentlich nicht, ganz selten vielleicht mal 'ne Ahnung. Wobei ich denke, daß das auch sehr hohe Wesenheiten sind, wo man nicht so unbedingt in Kontakt mit kommt. Eher sind es dann bestimmte Steine oder Plätze oder Bäume [...], wo man halt von der Schöpfungsmythologie her sagt, das sind Geschöpfe der Götter, die einen Götter haben das gemacht, die anderen haben das gemacht und so, daß man über die dann 'ne Beziehung herstellen kann.«*[34]

Auch der Mensch bildet für die Armanen eine Stufe auf dem Weg der Verdichtung des Geistes zur Materie, ist also ein Wesen mit Selbstbewußtsein, aber gleichzeitig untrennbar mit dem Ganzen verbunden.[35] Anders gesagt: Die Menschen sind Zellen oder Teile der Götter und werden von diesen geleitet.[36] Dies bedeutet, daß jeder Mensch in seinem Inneren direkt eine Verbindung zu den Göttern hat und folglich keinen Priester oder Mittler brauche, wie dies bei den orientalischen Völkern der Fall sei.[37] Daraus wird der Grundsatz der Wahrung des »geist-körperlichen Gleichgewichts« abgeleitet:

> *»Die empfundene Einheit und Gleichwertigkeit von Geist und Körper*

ist das entscheidende Kennzeichen jeder Naturreligion und damit des ganzheitlichen Menschen«[38],

heißt es in den Grundsätzen des Ordens.

Eine andere Konsequenz ist, daß Körper und Natur in der Religion der »Schöpfungswonne« verherrlicht werden sollen, daß Sympathie für die FKK-Bewegung gehegt[39] und der Sexualität ein hoher Stellenwert eingeräumt wird, oder, um es mit den Worten der Armanen auszudrücken:

»Höchstes Ziel des ARMANEN-ORDENS ist es daher, dem germanischen und keltischen Menschen wieder seine ihm eigene tiefe Naturverbundenheit, seine echt heidnisch-sinnenfreudige Lebenseinstellung auf dem Hintergrund einer geheimnistiefen Naturinnerlichkeit und dem beglückenden Gefühl der Göttlichkeit im eigenen Inneren zu vermitteln!«[40]

Die Verherrlichung der Sexualität geht einher mit einer Heroisierung des Kampfes: Kampf und Sexualität werden als Versuche gesehen, polare Spannungen und das »göttlich Apolare« zu erleben. Die Entladung dieser Spannung in der Sexualität führe zur Zeugung von Kindern, der Zweck der Kampfeswonne dagegen sei der Tod.[41]

Der Wesenskern jedes Menschen sei geistig-göttlicher Natur. Er schaffe sich eine Seelenhülle und einen Fleischkörper »mittels derer er sich selbst entwickelt, umwandelt und läutert zum reinen, göttlichen Bewußtsein.«[42] Dieser Wesenskern verkörpere sich seit Urzeiten immer wieder, und zwar je nach Entwicklungsstand in niederen oder höheren Tieren oder schließlich in Menschen. An dieser Stelle verbindet sich die Wiedergeburtslehre des *Armanen- Ordens* mit seiner Rassenesoterik, gilt doch die Verkörperung in der »weißen Rasse« als Zeichen dafür, »daß die betreffende Seele schon einen »langen Weg des erfolgreichen Aufstiegs hinter sich gebracht hat.«[43]

Bestimmend für den einzelnen Menschen ist also neben seiner Individualität seine Zugehörigkeit zu »organischen Strukturen, die von der Natur gegeben sind«[44], nämlich Sippen, Stämme, Völker und Rassen. Als naturgegebenen Einheiten gebühre den Rassen daher ein ähnlicher Schutz wie der Natur, ökologische und rassistische Forderungen werden mit denselben Argumenten begründet: Gleichheit, Nivellierung und Vermischung in der Natur und bei Menschen führten zum Verfall, weil das geistige Prinzip gestört werde, heißt es in einem Leitbrief[45]; oder, wie ein Mitglied es ausdrückt:

»Wir Heiden, wir wissen ja um die Wiedergeburt. Wir wissen ja auch, daß die Seele im Augenblick des Todes den Körper verläßt. Und wenn jetzt ein neues Leben gezeugt wird, daß dann die Seele an-

gezogen wird in diesen neuen Körper hinein. Wenn jetzt verschiedene Partner aus verschiedenen Völkern oder Rassen sich zusammentun, dann ist die Seele in einem Körper gefangen, der ihr zum Teil gar nicht entspricht. Mischlingsseelen gibt es nicht, sondern die Seele ist dann aus einem dieser beiden Partner, und die Seele, die gerade am stärksten war, die ist in diesen Körper reingegangen. Und die Seele, die wird immer Probleme haben, sich in diesem Körper zurechtzufinden.«[46]

Nach außen versucht der *Armanen-Orden*, rassistische Ideen nicht zu stark in den Vordergrund zu stellen. Bei Leitern und Mitgliedern, in Gesprächen, Vorträgen und in der Literatur nehmen die Rassegedanken jedoch eine zentrale Stellung ein. So vertritt Adolf Schleipfer unter anderem die Theorie, daß die »nicht-arischen« Rassen – im Gegensatz zur »reinen arischen« – aus Kreuzungen von Gott-Menschen mit Tieren entstanden seien.[47] Auch die oben erwähnte Hochschätzung der Sexualität rückt damit in ein anderes Licht. Sie soll für rassereinen Nachwuchs sorgen, um wieder »blutsverwandte Sippen im gleichrassigen Sinne«[48] zu schaffen, die durch Rassenmischung und den Einfluß fremder Religion zerstört worden seien.

Ein Ziel des *Armanen-Ordens* ist die »Wiederherstellung des weiblichen Einflusses und der weiblichen Rechte«.[49] Man ist der Überzeugung, die Germanen hätten ihren Frauen göttliche Verehrung entgegengebracht, da sie mit der seelisch-geistigen Welt in einem besseren Kontakt stünden als die kriegerisch orientierten Männer. In urgermanischer Vergangenheit habe ein System weiblicher Priesterordensgrade bestanden, die sogenannte *Maidenschaft* mit *Drudas, Walas, Albrunas* und *Hexas*. Deren Reste hätten sich noch im Hexenwesen erhalten, das schließlich vom patriarchalischen Christentum blutig ausgerottet worden sei. Die Hauptaufgabe der »Maiden« habe neben der Heilkunde, der geistigen Beratung, der Sternkunde und dem Hellsehen in der Reinhaltung und Pflege der Rasse gelegen.[50]

Mit diesen Ideen, die vor allem von Sigrun v. Schlichting eingebracht werden, sucht der Orden Anschluß an den Teil der Frauenbewegung, der Frauengeschichte und Matriarchatsforschung betreibt und versucht, sich an einer weiblichen Spiritualität der Vergangenheit zu orientieren sowie diese in Form von Hexenkulten wiederzubeleben. Literatur dieser Richtung wird empfohlen und rezipiert. Bei genauerem Hinsehen zeigt sich allerdings, daß es den Armanen keineswegs um feministische Inhalte geht. Man distanziert sich insoweit von der Frauenbewegung, als sie sich für die berufliche und gesellschaftliche Gleichstellung der Frau engagiert, weil dort »die Frauen zu finden sind, die die besten Männer werden wollen.«[51] Eine Gleichstellung der Frau, wie sie im neuen Zeitalter erforderlich sei, müsse vielmehr beinhalten, daß die Frau ihre geistige Überlegenheit nicht aus dem Verstandesbereich ableitet, sondern ihre ursprünglichen magischen Fähigkeiten entwickle und so ihre Aufgabe als Mittlerin zum Göttlichen und als geistige Führerin wiedererlange. Dabei sieht man sie am liebsten als »Hüterin des Herdfeuers«,[52] was wohl – sieht man von der esoterischen Begründung ab – nichts anderes heißen kann, als die Frau auf ihre traditionelle Rolle als Hausfrau festzulegen.

Gleichzeitig wird im *Armanen-Orden* männerbündlerisches Kriegertum geschätzt. In der Praxis sind sowohl männliche als auch weibliche Ordensangehörige gerade in ihren Familien sehr stark den althergebrachten Rollenmustern verhaftet. Dies geht einher mit der im *Armanen-Orden* weitverbreiteten Ansicht, (Groß-)Familie und Sippe leiteten sich ebenso wie Rassen und Stämme von bestimmten Göttern ab. Sie seien damit naturgegebene Einheiten, in die der einzelne eingebunden sei und die er erhalten solle.

Kult und Ritual

Können sich die Armanen für die Begründung ihres Weltbildes noch auf mythologische Quellen in der altisländischen Literatur, wie etwa die Edda, stützen, sind sie bei der praktischen Religionsausübung auf ihre eigenen Ideen angewiesen. Die ohnehin spärlichen Quellen zu heidnischen Kulten der Wikingerzeit halten sie für nicht ursprünglich genug. Daher ist es ihnen ein wichtiges Anliegen, solche Kulte neu zu schaffen. Das – so Schleipfer – sei nicht schwer, da sich die Grundelemente aller Rituale weltweit glichen.[53] Dies erlaubt Anleihen bei anderen Naturreligionen und dem Christentum, der Rest wird durch die eigene Intuition ergänzt.

Der allgemeine Zweck eines Kultes ist im *Armanen-Orden*, den oder die Ausführenden mit den Göttern in Kontakt zu bringen. Bei den Ritualen, die dem Aufgehen des Menschen in seiner zu- und übergeordneten Gottheit dienen sollen, bedienen sich die Armanen angeblich ekstatischer und schamanistischer Techniken.[54]

Neben solchen Anleihen bei anderen Religionen verwendet der *Armanen-Orden* einige »artgemäße« Techniken, die auf den Runen aufbauen. Dazu gehört das Runenorakel, das auf die Theorien Lists und seiner Epigonen zurückgeht und heute allgemein in esoterisch interessierten Kreisen auf Gegenliebe stößt. Sigrun v. Schlichting nutzt diese Technik für die Belange des ganzen Ordens oder für einzelne Mitglieder gegen Bezahlung. Das Auswerfen von mit Runen bemalten Steinen oder Hölzern dient vor allem der Voraussage zukünftigen Geschehens.

Eine Art »germanisches Yoga«, die sogenannte Runengymnastik, die Friedrich Bernhard Marby in den 20er Jahren auf der Grundlage der Lehre Guido von Lists entwickelte, wird ebenfalls für den Kult benutzt. Marby verbreitete die Ansicht, das Ziel der höchststehenden arischen Rasse müsse es sein, ihr Erbgut wiederzuerwecken, was nur über die germanischen Runen möglich sei: »Die Runen sind der einzige Schlüssel auf dem Wege unserer Entwicklung. In uns liegend in unserem Erbgut.«[55] In seinen Publikationen nach dem Krieg unterließ Marby zwar offensichtlich rassistische Aussagen, ansonsten propagierte er seine artgemäße Gymnastik unverändert weiter.

Marby kombiniert Theorien des Heilmagnetismus und der Geomantie (der Lehre von übersinnlichen Kraftfeldern und -orten der Erde) mit Ideen des indischen Yoga, wenn er schreibt, die Runen seien

> *»Raum-, Richtungs-, Winkel-, Kraft- und Bewegungszeichen und so, naturgegeben, uralte und lebende, in sich wirkende Formen der lebens-elektrischen Werke und Vorgänge des Alls und des Lebens.«*[56]

Der aufrechte menschliche Körper ist für ihn »der feinste und wirksamste Empfangs- und Sende-Apparat für bioenergetische Strahlen und Wellen.«[57] Stellt man nun mit dem Körper eine Rune nach und »raunt« dazu deren Namen, verbindet man sich mit der kosmischen Kraft, die diese Rune repräsentiert.[58] Für die Armanen, die die Runen bestimmten Göttern zuordnen, bedeutet das, daß man sich auf diese Weise am besten mit den germanischen Göttern in Verbindung setzen kann. Da jeder Gott eine bestimmte Schwingung habe, die dem Lautwert, der Schwingung seines Namens, entspreche, werden die Runenübungen im Kult vor allem zur Anrufung der Götter verwendet.[59] Die folgende Beschreibung der Kultfeier des *Armanen-Ordens* zu »Wotans Opfertod« beim Herbstthing 1990 soll einen Eindruck vom Ablauf eines solchen Kultes vermitteln.

Wie bei jedem Thing[60] treffen sich die Teilnehmer in einem mit selbstgewebten Wandteppichen geschmückten Raum, den außerdem noch Bilder von germanischen Göttern, in diesem Falle Odin und Frigga, ein Bild Guido von Lists und Runenmotive zieren. An einem Ende ist ein mit einem schwarzen Tuch bedeckter Tisch aufgebaut, auf ihm eine etwa 1,30 Meter hohe hölzerne »Irminsul«, an der ein Speer lehnt, außerdem ein Schwert, eine Nachbildung eines pferdegezogenen Sonnenwagens, eine ledergebundene Prachtausgabe der Edda sowie Kerzen und Schalen für den Kult. Im Halbkreis darum sitzen die Kultteilnehmer, in der ersten Reihe die Ordensmitglieder in ihren Gewändern – die Männer in schwarzen Wämsern, die Frauen in weißen, langen hochgeschlossenen Kleidern, auf denen das Emblem des *Armanen-Ordens* prangt.

Nach drei Schlägen auf einen großen Gong ertönt aus einem Cassettenrekorder Musik von Richard Wagner zur Einstimmung. Nach verschiedenen Anrufungen wird das »›geistige Licht‹, Odin noch in der geistigen Welt versinnbildend«[61] in einer gußeisernen, mit Spiritus gefüllten Schale angezündet. Sinn der Kultfeier ist es, Odins Verdichtung vom Geist zur Materie darzustellen und erlebbar zu machen. Nach dem »Vortrag des 1. Teils von ODINS RUNENLIED / HAVAMAL (Edda)« erfolgt das »Blutopfer«, bei dem eine Schale mit gekauftem Blut zu Gongschlägen und einem Opferspruch erhoben wird. Sodann wird Odin dadurch »ins Diesseits« gerufen, daß die Teilnehmer die Odal-Rune stellen, neunmal »raunen«: »W-O-D-A-N (beschwörend)«, und schließlich das Odin/Wodan Lied mit folgendem Text singen: »ODIN-WODAN komm' zu uns, od-uod, uod«.

»Wodans Selbstopfer« wird durch das Löschen des Feuers symbolisiert. Währenddessen stehen die Teilnehmer im Halbkreis und lauschen weiterer Wagner-Musik. »Es werden mit musiksinnbildlicher Begleitung die 3 Lebenslichter ins Diesseits – die 3 Ebenen – Heime – (geistig-seelisch-stofflich) von Walhall nach Mitgard versinnbildend, angezündet.« Der weitere Weg Wodans in die irdische Welt wird durch drei Sprüche, die Bildung der Ordenskette durch das Fassen der Hände, das Entzünden einer größeren Feuerschale und Musik »versinndeutlicht«. Das »Wodans-Mysterium« wird gefeiert, indem jeder Teilnehmer einen Becher mit Rotwein leert und spricht: »Ich trinke das Blut HARI-WODANS zum Zeichen, daß ich selbst WODAN bin und das Selbstopfer bringe!«

Der Vortrag des zweiten Teils von Odins Runenlied, der Vollzug des Opfertods durch das Stellen der »Gibor-Rune« und eine Meditationsübung leiten über zum Opfermahl. Nun erheben sich die Teilnehmer und bekommen Met in selbst mitgebrachten »stilvollen Trinkgefäßen«, Pferdefleisch und Brot auf Papptellern. Nach einer Einführung zum Opfermahl und dessen Weihung und »bei einsetzender kultischer Musik beginnen alle mit dem Mahl, das *schweigend* eingenommen wird, in Gedanken an die Stärkung, Freude und Entfaltung unseres Himmels- und Erdenvaters und an die gütige ERDMUTTER Frau Holle.« Weitere Gongschläge und Musik beenden die Weihefeier.[62]

Ähnlich verlaufen die anderen Feiern; Rituale und Kultmahl sind dem jeweiligen Anlaß angepaßt. So verspeist man an Mittsommer zu Ehren der Erdmutter Kultgebäck und trinkt einen »Zaubertrank« aus gewürztem Met. Sigrun v. Schlichting wirft zu dieser

Gelegenheit ein großes Runenorakel für die gesamte Armanenschaft, um ins nächste Jahr zu blicken. Zum Ostara-Thing an Ostern stehen Fruchtbarkeit, Zeugung und die »Erhaltung der Rasse« im Mittelpunkt. Das Kultmahl besteht aus Quellwasser, das am frühen Morgen geschöpft wird, aus gefärbten Eiern und Salz.[63] Für besondere Anlässe, wie z. B. Namensweihe, Jugendweihe, Meisterweihe oder Eheschließung, stehen ebenfalls bestimmte Rituale mit festen Texten zur Verfügung. Solche Lebensfeiern finden im Anschluß an die Thingfeier, meist beim Ostara-Thing statt. Andere »heidnische« Festtage werden im kleineren Kreis begangen, oft an alten Kultstätten. Besonders beliebt sind dafür die Externsteine.

Diese Feiern gehen vor allem auf Sigrun v. Schlichtings Initiative, aber auch auf die Kritik jüngerer Ordensmitglieder zurück. Sie bemängeln, daß Kultfeiern in geschlossenen Räumen einer heidnischen Naturreligion nicht angemessen seien. Dies entspricht meinem Eindruck, daß die Kultfeiern von der Gestaltung der Räume und Gewänder bis hin zu den Texten, der Musik und den Ritualen eher Ausdruck einer romantischen Mittelalter-Schwärmerei sind, wie sie das 19. Jahrhundert kannte. Diese scheint im *Armanen-Orden* zumindest bei den Leitern und der älteren Generation verbreitet zu sein.[64]

Politische Ziele und Aktivitäten

Der *Armanen-Orden* tritt nach außen hin nicht mit klar umrissenen politischen Zielen und Ideen auf und wird im tagespolitischen Geschehen nicht aktiv. Er versteht sich als eine religiöse Vereinigung mit elitären Zügen. Unter den Mitgliedern sind die politischen Ansichten nicht einheitlich, es wird kein irgendwie geartetes Dogma vertreten. Andererseits haben die religiösen Überzeugungen der Armanen »sicher Konsequenzen im politischen Bereich«[65], wie Adolf Schleipfer es formuliert.

Bis zurück ins sagenhafte Atlantis verlegen die Armanen den Ursprung der Germanen – eine theosophische Idee, die wohl über Guido von Lists Theorien in den Orden gelangte. In der atlantischen Zeit habe es Menschen gegeben, die die Wurzel aller Dinge, das »Goth«, erkannt hätten, nach dem sie sich Goden nannten. Von diesen Goden stammten die Arier ab, die »Lichtgeborenen« oder »Kinder der Sonne«. Sie zeichneten sich aus durch helle Haut und ein »leuchtendes Wesen«. Nach dem Untergang des atlantischen Kontinents hätten diese Arier alle Teile der Welt besiedelt und ihnen Kultur gebracht.[66] Durch diese Konstruktion begründet man, daß die Germanen – meist gleichgesetzt mit der gesamten weißen Rasse – die ältesten und größten Kulturschöpfer der Welt seien. Am reinsten hätte sich ihre Kultur jedoch im nord- und mitteleuropäischen Raum erhalten, in dem es keine Vermischungen mit eingeborenen Völkern gegeben haben soll.[67]

Diese »Ario-Germanen« sollen in einer streng hierarchisch gegliederten Ständegesellschaft gelebt haben. Den obersten Stand bildeten die »Armanen«, eine Art eingeweihter Priesterkönige, die absolut herrschten. Diese Eingeweihten hätten geahnt, daß ihr Religionssystem, wie jedes andere auch, untergehen muß, um nach einer »Dunkelzeit« wieder zu erstehen. Sie hätten daher schon lange vor Einführung des Christentums Einrichtungen geschaffen, um ihre Religion über diese Zeit der »Götterdämmerung« zu retten. Deshalb gehen die Armanen davon aus, daß in Zunftbräuchen, in Märchen, aber auch im christlichen Brauchtum heidnisches Wissen verborgen (in ihrer Terminologie »verkalt«) liege, das nur richtig entschlüsselt werden müsse.[68] Die Christen hätten allerdings ihrerseits alle Mittel eingesetzt, um dieses heidnische Wissen und damit

> *»unsere Rasse und unser Volkstum nicht nur verächtlich zu machen, herabzusetzen, zu verhöhnen, zu bleidigen [sic] und zur Aufgabe unseres Platzes im Weltkonzert zu zwingen, sondern sogar uns auf jede mögliche Art zu vernichten!«*[69]

So sieht man die Germanen, insbesondere die Deutschen, als ein unterdrücktes Volk, das einer jahrhundertelangen Gehirnwäsche unterzogen worden sei und daher kein »normales Selbstbewußtsein« habe. Um diese Behauptung zu begründen, greifen die Armanen auf einen völkisch-antisemitischen Vorwurf zurück: Die Juden verstünden aufgrund rassischer Veranlagung die Macht des Geldes zu nutzen, damit hätten sie die »Arier« in die »Zinsknechtschaft« gebracht und trieben so den »Untergang der weißen Rasse« voran.[70]

Die Armanen übernehmen die Idee eines eben anbrechenden neuen »Wassermann-Zeitalters« (allerdings umbenannt in »Heimdall-Zeitalter«) von der New-Age-Bewegung. Mit diesem neuen Zeitalter, so meinen sie, kündige sich ein Neuerstehen der germanisch-heidnischen Religion an.[71] Sie gehen davon aus, daß sie nach der Zeit der »Götterdämmerung« in ihrem Orden die »lebensgesetzliche Organisationsform der weißen, abendländischen Nordmenschen« wiederverwirklicht haben, die von Eingeweihten nach kosmischen Grundsätzen eingerichtet worden sei. Wenn man dies nur ins Volk hinaustrage und die ganze Gesellschaft auf diesen Lebensgesetzmäßigkeiten aufbaue, werde Politik unnötig, da dann die »Urdemokratie« herrsche.[72] In die Praxis umgesetzt bedeutet dies, daß man die Utopie eines regionalistischen Stammessystems hegt, das in vorgeschichtliche Zeiten zurückprojiziert wird.[73] Dieses System – mit einem Ausdruck Guido von Lists auch »Armanische Gauverfassung« genannt – wird von Adolf Schleipfer in einem Artikel in der *Irminsul* folgendermaßen beschrieben:

> *Nur wer die entsprechende geistige Bewußtseinsstufe erreicht hatte, war auch befähigt, die dementsprechende Gemeinschaftsgrößenordnung verantwortlich zu leiten! [...] Die alte armanische Gauverfassung war demgemäß eine aristokratische (hierarchische) Republik, d.h. es gab also eine hierarchische Führungsordnung, demzufolge aber unter den Ranggleichen und dann natürlich nur auf der jeweiligen Bewußtseins- bzw. damit verbundenen Waltungsebene mehrheitliche Abstimmungen erfolgen konnten.«[74] [Kursive im Original unterstrichen]*

Der Einsatz für eine Mischung aus lebensschützerischen, rassistischen und ökologischen Ideen bildet das wichtigste unmittelbar politische Anliegen des *Armanen-Ordens*. Ausgangspunkt ist die Überzeugung, daß das Heidentum einer Ausbeutung der Natur widerspricht, weil es in ihr das Walten göttlicher Mächte erblickt. Allerdings grenzt man sich innerhalb der grün-alternativen Bewegung stark von »Gegnern« aus dem linken und christlichen Lager ab. Kritisiert wird vor allem das Engagement der *Grünen* für die »völkermordende Politik der Ausländerintegration«.[75]

Dagegen befürwortet man mit biologistischen Argumenten, die in ökologischer Terminologie vorgetragen werden, eine ausländerfeindliche Politik der absoluten Rassentrennung. Die Armanen vertreten die Meinung, auch bei den menschlichen Rassen müsse eine natürliche Vielfalt erhalten werden, deshalb müsse man alles verhindern, was zu einer Vermischung der Rassen führe.

Diese Mischung aus »grünem« und rechtsextremistischem Gedankengut spiegelt sich auch in den politischen Aktivitäten einzelner Mitglieder: Einige waren oder sind noch Mitglieder bei den *Grünen* und versuchen dort unter anderem, ihre Ideen durchzusetzen, die allerdings nicht immer mit denen der Partei übereinstimmen.

Die Unterwanderung des Berliner Landesverbandes der *Grünen*, die 1985 aufgedeckt wurde, ging ebenfalls von einigen Mitgliedern des *Armanen-Ordens* und anderer heidnischer Gruppen aus.[76] Die meisten Ordensmitglieder haben durch ihr esoterisches Weltbild jedoch wohl zu praxisferne Vorstellungen, um sich auf Dauer auf eine Parteiideologie festlegen zu lassen. So wechseln auch die politisch engagierteren unter ihnen häufig ihre Betätigungsfelder. Ein jüngerer Armane erzählte mir beispielsweise, er sei zunächst bei der Wiking-Jugend aktiv gewesen, darüber gekommen, zum *Armanen-Orden*, habe sich mit orientalischen Kampfsporttechniken beschäftigt, eine Zeitlang bei den *Republikanern* mitgearbeitet und habe jetzt einen *Arbeitsring zur Reichskultivierung*, einen Verlag und eine Zeitschrift *Wolfszeit – Bote des neuen Zeitalters* (inzwischen umbenannt in *Lebensborn*) gegründet, um auf diese Weise seine Ideen weiter zu verbreiten.[77]

»Keine Ideologie [kann] auf ihr Feindbild verzichten«[78] – so steht es in der Broschüre *Der Heidenstaat*, die vom Armanen-Verlag vertrieben wird und Auskunft über politische Zielvorstellungen des Ordens gibt. Als Hauptgegner gelten die christlichen Kirchen. Neben gemäßigten Aussagen, wie z. B. der, daß das Christentum zwar seine Berechtigung habe, aber nicht die richtige Religion für die Europäer sei und aus naturgesetzlichen Gründen im neuen Zeitalter ohnehin verschwinden werde[79], stehen weitaus aggressivere Meinungen.

Man wirft dem Christentum zunächst den Verlust des geistkörperlichen Gleichgewichts und damit des Wissens um die Göttlichkeit des Menschen vor. In den »Erlösungsreligionen« werde Gott außerhalb des Menschen gesehen, dadurch entstehe ein künstliches Weltbild und ein dogmatischer, blinder Glaube.[80] Die Herkunft dieser Religionen – und damit auch die Gegnerschaft zu ihnen – wird im Orden meist in rassischen Kategorien erklärt. Mit dem Ariosophen Jörg Lanz von Liebenfels (siehe S. 68 ff.) wird behauptet, Christus sei derjenige, der die weißen Menschen von der Rassenmischung erlösen solle. Daraus zieht man den Schluß, die christliche Religion sei vorzüglich für Mischrassige geeignet, die durch den Verlust der Reinrassigkeit auch das Gefühl für die Ganzheit verloren hätten. Folglich seien sie unglücklich auf der Erde und müßten diese als Jammertal sehen, von dem sie Erlösung erhoffen. Einem reinrassigen Arier, der die Religion der »Schöpfungswonne« in sich trage, sei so etwas aber fremd, ja sogar schädlich, weil er sich dadurch von seiner Naturgrundlage entferne.[81]

Weiter vertritt Harry Radegeis, ein ehemaliges Mitglied des *Armanen-Ordens*, dessen Schriften heute noch von Adolf Schleipfer vertrieben werden, jeder sei als Gegner zu betrachten, der auf »widernatürlichen Grundlagen« weltweite Gleichheitsideen, Zentralismus und »überstaatliche Machpolitik« vertritt, weil das der im Armanentum verkörperten »göttlichen Vielfalt«[82] widerspreche, die »es für ARMANEN zu kennen, zu wahren und zu kultivieren(veredeln)« gelte.[83] Da man sich für Vertreter der »Urdemokratie« hält, führen diese Ansichten schließlich zu Konstruktionen wie dieser: Der Gedanke der Gleichheit mache die Demokratie unmöglich, führe zwangsläufig zum Zentralismus und münde in den faschistischen Polizeistaat. Parlamentarismus, Liberalismus und Pluralismus werden abgelehnt, weil sie Ideen nebeneinander stellen, ohne diese zu bewerten.[84]

Verantwortlich für die Idee der Gleichheit aller Menschen seien die Juden; neben die heftige Ablehnung der Kirchen tritt beim *Armanen-Orden* ein extremer Antisemitismus. In einem Leitbrief werden die Juden als ein unterdrücktes Wüstenvolk beschrieben, dessen Priester atlantische Weisheit aus umliegenden Völkern für ihre Bedürfnisse umgeformt hätten. Sie hätten von ihnen vor allem die Gesetze zur Reinhaltung des Blutes übernommen. Durch die daraus resultierende Stärkung hätten sie das Wissen für sich hüten und für andere zerstören können, beispielsweise durch die »innere Zerstörung des Herrenvolkes« in Ägypten. Die Ideen von Gleichheit und die damit einhergehende Unwissenheit werde von den Juden verbreitet, damit sie sich ihre eigene Freiheit bewahren können. Ihr Mittel sei es, in allen Völkern als Minderheit zu leben und das jeweilige »Wirtsvolk« zu zerstören. Diese Lehre der Juden sei eingemündet in das Christentum.[85]

Auf Juden und Christen schließlich geht nach Meinung der Armanen auch die »Ideologie der Weltverschwörer« bzw. der »Einweltler« zurück. Kirchen, Liberalismus, Kapitalismus und Sozialismus wollten im Grunde gemeinsam ein materialistisches Weltbild durchsetzen und seien »internationale Ausbeuter, Volks- und Naturzerstörer.« Dies geschehe mit Hilfe der »Geheimorden« der Jesuiten, Freimaurer und Zionisten, die UNO gilt als eine »humanistische Tarnorganisation« dieser Verschwörer, ihr wirtschaftliches Pendant sei die EG.[86] Sie bedienten sich folgender Methoden, um die Weltherrschaft durchzusetzen: »Die Volksaustrocknung durch Geburtenschwund«, die »Ausländerintegration«, die der Schaffung eines »sprach- und charakterlosen Menschengemischs« dienen solle, die Energiepolitik, die gegen Autarkie gerichtet sei und die Umerziehung der Eltern- und Großelterngeneration.[87]

Auch die Teilung und Wiedervereinigung Deutschlands wird dieser »Weltverschwörung« angelastet:

> *»Wer einigermaßen über die Machenschaften der überstaatlichen Mächte, der ›Insider‹ und ›One-world‹-Vertreter, der oberen 300 [...] informiert ist, den wird der noch gar nicht verarbeitete unglaubliche und ungeheure Umschwung in der weltpolitischen Lage und Strategie einigermaßen beschäftigen. Nach allen einschlägigen Quellen war bekannt, daß die ›One-world‹ Initiatoren schon etwa seit der Jahrhundertwende die Teilung der Welt in zwei gegnerische Lager beschlossen hatten um einerseits den (esoterisch) bekannten Polaritätsgesetzen zu genügen (ohne die auf unserer Erde und im*

Weltall nichts geht) und andererseits den Menschen nur die Wahl des kleineren Übels zu lassen, und so der Möglichkeit zu berauben, sich für dritte, natürliche Möglichkeiten zu entscheiden. Diese Vorstellungen konnte man nach erfolgreichem Abschluß der beiden Weltkriege dann endlich verwirklichen.«[88]

Die derzeitigen Umwälzungen bedeuteten lediglich, daß die »Einweltler« inzwischen statt des Kommunismus den Kapitalismus »für alle« vorgesehen hätten.

Diese Ansichten rücken den *Armanen-Orden* in die Nähe von rechtsextremen Ideologien. Man bemüht sich jedoch um Distanz zur nationalsozialistischen Ideologie, indem man darauf hinweist, daß Bestrebungen zur Wiederbelebung der germanischen Religion im »Dritten Reich« nicht gern gesehen bzw. verfolgt worden seien. Adolf Schleipfer vertritt die Meinung, zum Nationalsozialismus bestehe nur insofern eine Parallele, als dort »zumindest der Anschein erweckt wurde, Volkstum und Rasse bewahren zu wollen.«[89] Die Mittel, mit denen das durchgesetzt werden sollte, lägen den Armanen jedoch völlig fern, außerdem widersprächen sowohl die Reichsidee, die ursprünglich christlich sei, wie der Führerkult der »armanischen Gauverfassung«.

Auf das »durch die Karolinger und die Sieger von 1945 schon arg verstümmelte *Siedlungsgebiet* der deutschen Stämme [...], das auf dem Gebiet des »deutschen Reiches« liegt«, will man allerdings nicht verzichten.: »Wir möchten es vielmehr eingefügt wissen in das gesamte germanisch-keltische Siedlungsgebiet mit einer armanischen Gauverfassung ohne zentralistischen machtstaatlichen Apparat«.[90] Solche Forderungen relativieren die Abgrenzung vom Nationalsozialismus und Rechtsradikalismus. Zudem ist in der Broschüre *Esoterik und Geheimpolitik* von Harry Radegeis zu lesen, die Hochrüstung unter Hitler sei nur die Anpassung der Armee an den europäischen Standard gewesen, es habe sich nicht um eine Angriffsarmee gehandelt. Der Autobahnbau habe nicht militärischen Zwecken gedient, von Hitler seien nur Gebiete mit deutscher Bevölkerung annektiert worden, die seit 1919 vom Reich abgetrennt waren, und dies sei berechtigt gewesen. Im übrigen hätten Großbritannien und Frankreich den Krieg erklärt, der von den USA schon lange geplant gewesen sei. Was Grausamkeiten vor allem auch bei der Besetzung der UdSSR angehe, so stehe Deutschland nicht schlechter da als andere Kriegsteilnehmer. Schließlich wird noch der Mord an sechs Millionen Juden als nicht bewiesen hingestellt.[91]

Eine einheitliche politische Linie gibt es – wie anfangs schon erwähnt – im *Armanen-Orden* nicht. Es lassen sich aber Tendenzen erkennen, die im Widerspruch zueinander stehen.

Zum Teil wird dieser Meinungsstreit im Orden offen ausgetragen, meist bleibt er aber unterschwellig und bricht nur ab und zu auf, versteht man sich doch als unpolitische religiöse Vereinigung.

Ein Teil der Ordensmitglieder – vor allem Angehörige der älteren Generation – sieht sich noch direkt in der Tradition des Nationalsozialismus und ist geneigt, Hitler und Himmler zu glorifizieren. Einige von ihnen stehen oder standen der NPD nahe. Im Laufe der letzten zehn Jahre machte sich unter der jüngeren Generation die Tendenz breit, sich von dieser »alten Rechten« zu lösen. Viele Armanen wandten sich von der NPD ab, als diese sich für den Ausbau der Kernenergie einsetzte. Man entdeckte zunehmend ökologische Ziele und forderte:

> *»Löst den NPD-Haufen endlich auf! Was Besseres könnte garnicht passieren! Geht in die Basis! Arbeitet bei den Grünen, Alternativen, Nationalrevolutionären usw. mit. Bringt dort euer Wissen ein! [...] Das wäre echter Forschritt! Das würde den Gegner verwirren! Dann wüßte er nicht mehr, wo er uns suchen soll und wie überwachen.«*[92]

Daß diese Forderung nicht nur auf dem Papier stehen blieb, beweist der oben geschilderte Versuch einiger Ordensmitglieder, bei den *Grünen* Fuß zu fassen.

Dieselbe Gruppe versucht auch, sich von ihrem rechtslastigen Image zu lösen, einen »Dritten Weg« zwischen Sozialismus und Kapitalismus einzuschlagen und grün-alternative Kreise unter dem Vorwand praktisch zu »umarmen«, man wolle ja im Grunde dasselbe, nämlich eine ökologische Politik:

> *»Wir befinden uns aus dem ›rechten Lager‹ kommend und in Richtung ›Grün‹ vorstoßend in annähernd ähnlicher Lage wie die [...] ›Linken‹, die von diesem Lager kommen und sich in dieselbe Richtung wie wir (Grün) bewegen.«*[93]

Innerhalb des Ordens, unter anderem in der *Irminsul*, wurden diese Forderungen heftig diskutiert, vor allem unter ausländerfeindlichen und rassistischen Gesichtspunkten.[94] Diese Auseinandersetzungen spiegeln diejenigen zwischen »alter« und »neuer« Rechter, die in dieser Zeit auf der politischen Ebene geführt wurde. Als Neue Rechte wird

> *»diejenige Strömung des rechtsextremen Lagers bezeichnet, die Ende der 60er, Anfang der 70er Jahre aus den Organisationsstrukturen des ›Alten Rechtsextremismus‹, vor allem der NPD, ausgebrochen ist, um fern von der diskriminierenden organisatorischen Nähe zur NPD und ihren Umfeldorganisationen, unter Rückgriff auf Ideologie-Elemente der ›Konservativen Revolution‹ der Weimarer Republik eine Erneuerung der ideologischen Grundlage des rechtsextremen Lagers in der Bundesrepublik zu erarbeiten.«*[95]

Teile der Neuen Rechten, insbesondere die Nationalrevolutionäre und Solidaristen versuchten in diesen Jahren, in der entstehenden Ökologiebewegung Fuß zu fassen und ökologische Programmpunkte zu vertreten. Hierzu gehörten schließlich ebenfalls Versuche, die *Grünen* zu unterwandern, eine Strategie, die jedoch inzwischen sowohl von der Neuen Rechten als auch von deren Anhängern im *Armanen-Orden* wieder aufgegeben wurde.[96]

Mit nationaler Ideologie identifizieren sich viele der jüngeren Ordensmitglieder – im Gegensatz zu den älteren – häufig nicht mehr. Sie beziehen sich lieber auf »Germanien«, das wiederum in Stämmen, nicht in Nationen organisiert sein solle. Dies dürfte ebenfalls einer Position der Neuen Rechten entsprechen, nämlich deren regionalistischen Ideen. Insgesamt läßt sich feststellen, daß diese Armanen mit ihren Ideen der Ideologie der Neuen Rechten nahestehen – die Diskussion innerhalb des Ordens ist damit auch keine zwischen rechts und links, sondern entspricht dem Generationenstreit, wie er in der gesamten europäischen Rechten geführt wird.

Der geschilderte Generationenkonflikt innerhalb des Ordens, aber auch interne Streitigkeiten anderer Art haben in letzter Zeit einige sehr aktive Mitglieder des Ordens, die zudem eigene regionale Gruppen leiten, dazu gebracht, den Orden endgültig zu verlassen. Hierzu gehören z.B. Geza von Neményi, Matthias Wenger und Harry Radegeis. Teilweise fürchten sie offenbar, daß die rassistische und rechtsextreme Linie des Ordens ihre eigenen Gruppen in Verruf bringt. (Siehe hierzu S. 42ff. und 49ff.).

Neugründungen Sigrun von Schlichtings

Sigrun v. Schlichting ist schon seit Beginn ihrer »Karriere« im *Armanen-Orden* bestrebt, über den engen, esoterischen und elitären Kreis hinaus nach außen zu wirken. Die Gründung der *Gemeinschaft zur Erhaltung der Burgen e.V. (GEB)* als kultureller und handwerklicher Zweig des *Armanen-Ordens* war ein Versuch Sigrun v. Schlichtings, über ideologisch unverdächtige Vereine und Zusammenschlüsse Kontakte mit Kreisen zu bekommen, die an Brauchtum, Vorgeschichte, Esoterik und ähnlichem Interesse haben. Der als gemeinnützig und besonders förderungswürdig eingetragene Verein mit seinen in unregelmäßigen Abständen erscheinenden *Burgnachrichten* will meines Erachtens eine Art Aushängeschild des Ordens sein. In einem Informationsblatt werden Burgen als »letzte Paradiese der Romantik« in einer Welt des Fortschritts, der Technik, der Moderne gepriesen, »wenn sie ihre urtümliche Eigenart nicht verloren haben, für die Bevölkerung zugänglich, lebendig bewohnt oder bewirtschaftet werden«.[97]

Burg-Nachrichten

1992

14. Jahrgang

Einzelpreis
Burgspende DM 3.-

LIEBE BURGENFREUNDINNEN,
LIEBE BURGENFREUNDE,

wieder ist ein Burgenjahr verstrichen und es hat sich viel ereignet. Zunächst danken wir allen unseren Mitgliedern, Freunden, Mitarbeitern und Förderern für ihr Interesse, ihre Mithilfe und Unterstützung, sowie für die gute Zusammenarbeit im vergangenen Burgenjahr.

Der im vorigen Jahr schon sichtbare Umschwung in Anerkennung auch geistiger, kultureller und religiöser Werte außerhalb materieller Zweckdienlichkeiten, hat sich weiterhin in unserer Mitgliederschaft verstärkt und wendet sich zunehmend vom Alleinvertretungsanspruch der Kirchen eines ausschließlich christlichen Abendlandes ab. Zu deutlich wird unsere frühere heimische Kultur sichtbar, je mehr der wunderbaren Zeugnisse höchster keltischer und germanischer Kunst, Handwerksarbeiten und naturnaher Technologie die Spatenwissenschaft ans Licht unserer Gegenwart bringt.

Auch besinnen sich viele Menschen aufgrund der multikulturell zersetzenden Propaganda höchster Minister und Cigarettenkonzerne, auf unsere überkommene gesamteuropäische Kultursubstanz und beginnen wieder zu schätzen, was moderne Zeitgeistler als überholt und suspekt einstufen.

In sofern ist es sehr erfreulich, daß sich unsere GEMEINSCHAFT zur ERHALTUNG der BURGEN e.V. immer mehr zu einer Anwältin, unserer gesamteuropäischen Überlieferung in Denkmalpflege, Kultur und Hand-

Die Burg Racepuri im heutigen Snappertuna, 80 Kilometer westlich von Helsinki. Von ihr berichtet die Saga, ihr Grundstein sei vor 9000 Jahren gelegt worden. Sie wäre damit die älteste Burganlage in ganz Europa

Der Tempel im Granit soll sein Geheimnis preisgeben

Von Udo Schneider

Der Schwerpunkt der Forschung des letzten noch lebenden Bocks liegt aber bei dem legendären Lemminkainen-Tempel. Der Sage zufolge befindet er sich in Gumbostrand, finnisch Akkanpesä, 30 Kilometer östlich von Helsinki. Der obere Teil der Anlage, stellt dabei nach der Überlieferung den eigentlichen Tempel dar, der für Zeremonien genutzt wurde. Im unteren, spiralförmig angeordneten Teil vermutet man ein aus vielen Räumen bestehendes Lager, angefüllt mit Kultgegenständen aus vorchristlicher Zeit. In der Heidenzeit, so berichtet die Saga, herrschte eine große natürliche Bewunderung für die Könige des Nordens, denen aus der ganzen Welt Geschenke und Gaben dargebracht wurden. Ihr Sitz war Racepuri, eine Burg im heutigen Snappertuna, 80 Kilometer westlich von Helsinki. Der Grundstein soll dort nach der Rückkehr von Gotland gelegt worden sein; die Burg wäre also 9000 Jahre alt. Für lange Zeit wurden in ihr die Geschenke für den Bock oder Lemminkainen aufbewahrt, dessen Amtsperiode jeweils 50 Jahre dauerte. Racepuri wurde aber bald zu klein, und so trans-

Abb. 2:
Titelblatt einer Ausgabe der *Burgnachrichten*.

Das ursprüngliche Ziel des Vereins, für den Orden eine Burg zu kaufen, diese mit historischen Techniken zu renovieren und dort altes Handwerk zu betreiben, konnte allerdings bisher nicht verwirklicht werden. 1985 stellte daher die Burgengemeinschaft einen Teil ihres Kapitals für zwölf Steinaltäre im Kultraum des Schleipferschen Hauses zur Verfügung. Obwohl die Burgengemeinschaft als gemeinnütziger Verein Steuerbegünstigungen genießt, scheinen auch hier keine größeren finanziellen Reserven zu bestehen. Das Vermögen betrug 1988 12000.– DM. Die *Burgnachrichten* berichteten jedoch 1993, daß nach der Wiedervereinigung Verhandlungen über den Erwerb verschiedener Burgen »mit mehreren Städten, Behörden, der Treuhandgesellschaft und Privatpersonen wegen des Kaufs einer Burg« unter anderem in den neuen Bundesländern geführt wurden.[98]

Ähnlichen Zielen dient die neueste Initiative Sigrun v. Schlichtings, die *Arbeitsgemeinschaft naturreligiöser Stämme Europas (ANSE)*, mit der Zeitschrift *Huginn & Muninn*, die Sigrun v. Schlichting seit April 1990 herausgibt.

> *»HUGINN & MUNINN vermittelt Europas Urreligion für jeden Einzelnen und damit Gesundheit, Ökologie und Frieden. Der mytische [sic] Name Europas ist MIDGART und sein Symbol, das MIDGART-zeichen am Kopf unserer Zeitung bedeutet die Sitzanordnung der abendländischen Urdemokratie, die bis 999 n.d.Zw. parlamentarisch tagte. In Island, wo seit 1972 der alte Glauben wieder offiziell gilt.«*[99]

Huginn & Muninn erscheint monatlich, kostet DM 3.– und bringt in jeder Ausgabe etwa einen Artikel der Herausgeberin, ansonsten Ausschnitte und kopierte Artikel aus anderen Zeitungen, die sich mit archäologischen Funden, Volkstumspflege und vor allem mit kirchenkritischen oder gegen Ausländer gerichteten Themen beschäftigen.

> *»Die ANSE strebt an, in jedem Stammesgebiet eine VERBINDUNGSSTELLE einzurichten, die den ganzen Stammesverband regelmäßig mit MIDGART-Informationen beliefert.*
> *Die ANSE arbeitet mit allen MIDGART-Gruppen zusammen. Das sind solche, die sich auf geschichtlicher, kultureller, religiöser, ökologischer oder sonst verwandter Grundlage um die Erhaltung der europäischen Religion und Kultur bemühen.*
> *Die ANSE empfiehlt die Vernetzung aller Gruppen und die gegenseitige Teilnahme an Veranstaltungen der Gruppen untereinander.«*[100]

Damit soll die *ANSE* im Gegensatz zum *Armanen-Orden*, der sich eher als Mysterienschule einiger weniger Eingeweihter versteht, werbend nach außen wirken und den Kontakt mit anderen heidnischen Gruppen verstärken. Ergebnis der bisherigen Bemühungen sind die Gründungen zahlreicher »Stammesverbände«, etwa der

Chatten, Alemannen, Markomannen, Bajuwaren usw., die regelmässig zu Stammestreffen zusammenkommen und in denen sich Mitglieder verschiedener neugermanisch religiöser Gruppen treffen, etwa der *Deutschgläubigen Gemeinschaft* und der *Artgemeinschaft* (Siehe S. 46f. und S. 47f.).

Germanen – Wenden – Thelemiten

Die neugermanisch heidnische Szene Berlins

Einige jüngere Mitglieder des *Armanen-Ordens* ergriffen Anfang der 80er Jahre die Initiative, germanisch heidnische Aktivitäten in Berlin auf regionaler Ebene zu verstärken. Um die aus diesen Anfängen entstandenen Gruppen und deren Leitungspersonen Matthias Wenger und Geza von Neményi soll es in diesem Kapitel gehen.

Matthias Wenger

Hervorgegangen sind alle diese Gruppen aus einem Kreis, der sich um das damalige Mitglied des *Armanen-Ordens*, Harry Radegeis, und seine Zeitschrift *Heidenspaß* sammelte.[1] Aus Gesprächen und Interviews mit Mitgliedern der *Heidnischen Gemeinschaft* und der *Gemeinschaft für heidnisches Leben* geht hervor, daß nach Radegeis' Wegzug aus Berlin offenbar ein anderes Mitglied des Ordens, Matthias Wenger, die Führung der *Germanischen Glaubensgemeinschaft*, wie sich die Gruppe mittlerweile nannte, übernommen hat. Sie sammelte vor allem in Berlin ansässige Armanen und Mitglieder der *Artgemeinschaft* (siehe S. 46f.).[2] Die Gruppe wurde 1985 unter dem Namen *Heidnische Gemeinschaft* als Verein eingetragen. Vermutlich aufgrund von Meinungsverschiedenheiten über diesen Schritt verließ Wenger mit einigen Anhängern die Vereinigung und gründete seine *Gemeinschaft für heidnisches Leben* als weniger fest strukturiertes Sammelbecken für Berliner Heiden.[3]

Wenger sieht sich als germanischen Heiden, kommt aber offensichtlich ursprünglich aus dem *O. T. O.* (*Ordo Templi Orientis*).[4] Dieser zu Anfang des 20. Jahrhunderts von dem Okkultisten Theodor Reuß gegründete, von Aleister Crowley geprägte Orden stand in enger Verbindung mit der Lebensreformbewegung und propagierte insbesondere eine Art Sexualmagie. Der Orden verbreitete sich später vor allem in den USA und gab entscheidende Impulse für das Wiederaufleben okkultistischer Ideen in unserer Zeit.[5]

Wenger und seine Anhänger streben nicht nach originalgetreuer Rekonstruktion der altgermanischen Religion, sondern nach einer »tiefenpsychologisch und gegenwartsorientierte[n] glaubwürdige[n] Sichtweise der germanischen Religion«.[6] Dieser Ansatz erlaubt es ihm und seinen Anhängern, auch Lehren der

Wicca-Bewegung, des Okkultismus und anderer esoterischer Systeme in ihren Glauben einzubeziehen.

> *»Es ist auch so, daß man aus anderen Religionen Dinge übernehmen kann, wenn man mutmaßen kann, daß es eben eine Parallele zu etwas darstellt, was es auch in der germanischen Religion gegeben hat. [...] Das heißt, wir haben natürlich auch bestimmte Impulse aus der zeitgenössischen Esoterik, also halt aus dem Yoga und aus der Ritualmagie. Das übernehmen wir natürlich auch.«*

Dabei hat man nicht den Anspruch, originalgetreues Heidentum in Übereinstimmung mit wissenschaftlichen Theorien zu rekonstruieren:

> *»Das ist natürlich spekulativ. Also der Religionswissenschaftler würde das natürlich ablehnen, das ist klar. Das darf er ja auch gar nicht anders. Aber das ist ja auch keine Religionswissenschaft, sondern eine Religion.«*[7]

Synkretistisch wird das kombiniert, was sich in der religiösen und rituellen Praxis als wirksam erweist. Dies wiederum schafft eine deutliche Nähe zur Wicca-Bewegung und zum New Age, Richtungen, denen sich Wenger und ein Teil seiner Anhänger verwandt fühlen und mit denen sie zunehmend Kontakt aufnehmen.

Für direkte Verbindungen mit diesen Kreisen sorgt Wenger mit seiner Zeitschrift *Der Hain – Zeitschrift für Heidentum und Naturreligion,* »die sich dem gesamten Spektrum des Naturreligiösen und Magischen gewidmet hat.«[8] Mitherausgeber war lange Zeit Michael Frantz, der in Berlin einen Wicca-Coven leitet. Dadurch und durch die Themenwahl, die verstärkt das gesamte Neuheidentum, insbesondere die Wicca-Szene berücksichtigt, bildet der *Hain* ein Bindeglied zwischen der neugermanischen und der allgemein neuheidnischen Szene in Deutschland. Zu dieser Funktion tragen nicht zuletzt auch die ausführlichen Adressenlisten und Kontaktanzeigen in jeder Nummer bei. Hier finden sich sämtliche neugermanischen Gruppen im In- und Ausland neben Wicca-Coven und magischen Orden.

Seit 1991 hat sich Frantz aus der Arbeit am *Hain* zurückgezogen, dafür ist nun Okachai Ben Al Surth (Holger Schnepf) Mitherausgeber. Schnepf fungierte einige Zeit als »Hohepriester« der *Gotarike Wikinger,* einer Gruppe, die sich der Wiederbelebung alter Handwerks- und Kampftechniken gewidmet hat[9] (vgl. dazu auch Kapitel 4), ist jedoch schon länger in *Thelema* aktiv, einem Orden, der sich wie der *O. T. O.* auf die Lehren Aleister Crowleys stützt. Ensprechend hat sich der inhaltliche Schwerpunkt des *Hain* von Wicca auf Ritualmagie und Kabbalistik verschoben, die nun mit germanischem Heidentum kombiniert werden. Der Untertitel des Heftes lautet seither: »Zeitschrift für Heidentum, Naturreligion und thelemitische Philosophie«.

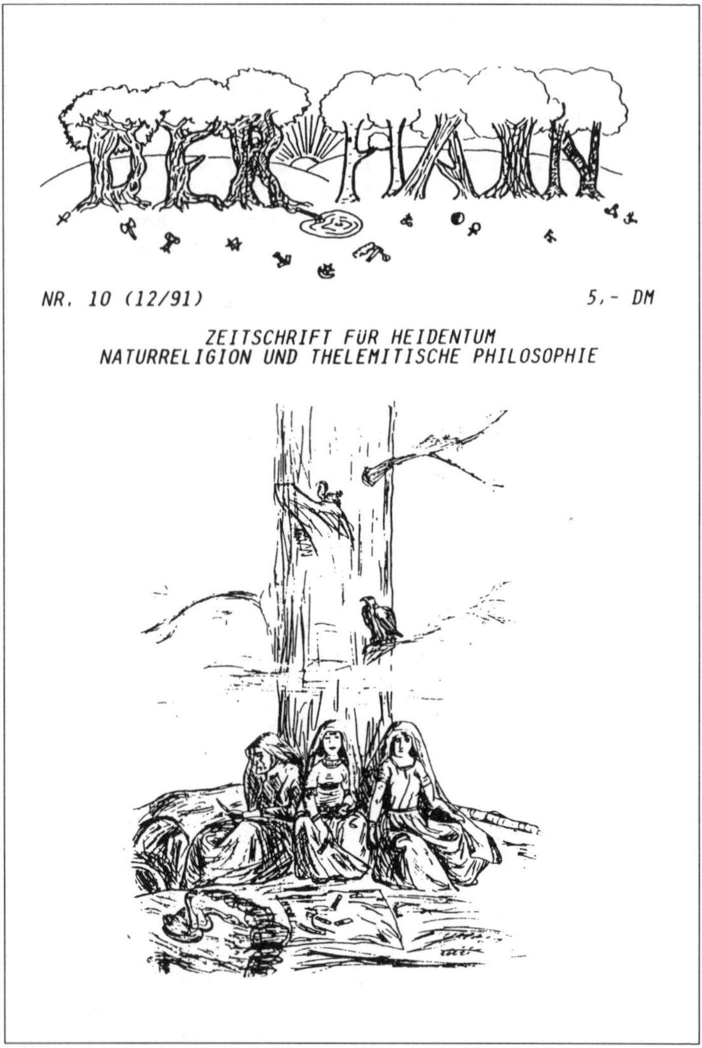

Abb. 3:
Titelblatt der Zeitschrift *Der Hain*, die von Matthias Wenger herausgegeben wird.

Wengers politische Linie und Aktivitäten sind schwer zu durchschauen. In einer Radiosendung über die Unterwanderung der Berliner *Grünen* wird berichtet, daß er zunächst neben seiner Mitgliedschaft im *Armanen-Orden* Kontakte zu dem militanten Rechtsradikalen Arnulf-Winfried Priem unterhielt. Mit ihm zusammen gründete er 1980 den *Asgard-Bund* als religiös-weltanschaulichen Ableger der *Kampfgruppe Priem.*[10] Während seiner Zeit als Leiter der *Gemeinschaft für heidnisches Leben* fand sich zumindest ein Mitglied in seinem Kreis, das eine wichtige Funktion innerhalb der Berliner NPD einnahm.[11]

Im Mai 1992 begann Wenger sich jedoch mit einem Artikel unter der Überschrift »Es ist zum Kotzen« im *Hain* von rassistischen, rechtsradikalen Tendenzen innerhalb der neugermanisch heidnischen Szene zu distanzieren. Hier schrieb er beispielsweise:

> *»Im Augenblick gibt es eine ganze Reihe von sehr energiegeladenen Leuten, die das Heidentum dazu mißbrauchen wollen, ihren politisch rechten Ideen einen religiösen Anstrich zu verpassen«.*[12]

Dies führte in den folgenden Ausgaben der Zeitschrift zu heftigen Anwürfen von Seiten seiner ehemaligen Anhänger und Mitstreiter, vor allem aus dem Umkreis des *Armanen-Ordens* und der *ANSE*, die ihm zudem seine neuerliche Wendung zu Thelema ankreideten:

> *»Ich muß auch ehrlich sagen, daß mir das thelemitische Zeug im HAIN stinkt, das ist doch alles verkapptes Judentum mit seinen dämonischen Ritualen und eines Germanen unwürdig. Unsere eigene Magie ist doch viel einfacher und wirkungsvoller, nämlich die Magie des stärkeren Willens und der Mythos, Deutsche zu sein. Zur Zeit sortiert das Schicksal, glaube ich, aus, wer wirklich Deutscher ist und wer nur zufällig hier wohnt,«*[13]

ließ ein Leserbriefschreiber verlauten.

Möglicherweise könnten die Distanzierungsversuche Wengers mit der Zunahme rechtsradikaler Gewalt im vereinten Deutschland zusammenhängen. Ob sie wirklich einen Gesinnungswandel darstellen oder lediglich eine Taktik, das germanische Heidentum davor zu schützen, mit solchen Aktivitäten in Verbindung gebracht zu werden, mag die Zukunft erweisen.

Deutlich zumindest scheint, daß Wenger mit seinen Angriffen eine neuerliche Spaltung innerhalb der Berliner neugermanisch heidnischen Szene bewirkt hat, die sich allerdings schon seit 1991 anbahnte. *Der Hain* 8 berichtet von der Gründung des Verbandes *Tempel der Semnonen*, der

> *»die Unverbindlichkeit der GEMEINSCHAFT FÜR HEIDNISCHES LEBEN durch eine ordensmässig aufgebaute Gemeinschaft [...] erset-*

zen [soll], deren Mitglieder sich ernsthaft an der Erforschung und Praktizierung der heidnischen Tradition und Lebensweise beteiligen.«[14]

Gründer dieser Gruppierung ist Bernhard Schulz, ein ehemals aktives Mitglied des Kreises um Wenger, gleichzeitig Mitglied des *Armanen-Ordens*. Über die Mitgliedschaft im *Tempel der Semnonen* soll ein Zwölferrat einstimmig entscheiden. Die Zielsetzung der Gruppe, wie sie im *Hain* 9 veröffentlicht ist, weist eine deutliche Nähe zu Vorstellungen und Diktion des *Armanen-Ordens* auf. So versteht sich der *Tempel* denn auch als Teil der *ANSE* Sigrun v. Schlichtings und als

»ein heidnisch ausgerichteter Stammesverband und kultisch religiöser Orden der Sueben für die ursprünglichen Heimatgebiete der Sueben zwischen Elbe und Oder.«[15]

Versatzstücke ariosophischer Ideen kommen in folgendem zweiten Grundsatz der neugegründeten Gruppe zum Ausdruck:

»Der Tempel der Semnonen betreibt als Ziel die Wiederauffindung des alten suebischen Zentralheiligtums und die dortige Wiedererrichtung einer Halgadomschule zur Ausbildung des suebischen Lehrstandes, der Semnonen.«

Daneben vertritt er die vielen neugermanisch heidnischen Gruppen eigene Kombination kulturkritischer, umweltschützerischer, antichristlicher und rassistisch-völkischer Anschauungen:

»3. Der Tempel der Semnonen setzt sich ein für eine heidnische und natürliche Lebensweise, für Umweltschutz und Arterhaltung, natürlich auch bezogen auf die Erhaltung unserer Art und Kultur – der Ur-Kulte. [...]
5. Der Tempel bemüht sich auch um eine mystische Annäherung unseres Bewußtseins an die Natur und die in ihr verborgenen Kräfte. Eine lebendige Wechselbeziehung zu den Göttinnen und Göttern soll uns helfen, unser Leben freier von der Scheinwelt der modernen Zivilisation zu gestalten. [...]
7. Ein Ziel des Tempels besteht in der Befreiung unseres Stammesgebietes von allen Formen zwanghafter, menschen- und naturverachtender Religiosität.«

Geza von Neményi

Bereits seit der Ablösung von Wengers Kreis von der *Heidnischen Gemeinschaft* hat sich der langjährige Leiter dieser Gruppe, Geza von Neményi von Rassismus und Faschismus distanziert. Seit der Vereinsgründung 1985 verlangt die Satzung der *Heidnischen Gemeinschaft*:

»Als Mitglieder können gläubige Heiden aufgenommen werden, sofern sie sich vom Faschismus oder Rassismus distanzieren.«[16]

Der Verein ist mittlerweile als gemeinnützig anerkannt und umfaßte 1990 etwa 20 Mitglieder, ein Drittel davon Frauen. Von Anfang an trat die *Heidnische Gemeinschaft* mit Vortragsreihen an die Öffentlichkeit. Außerdem »werden die naturgegebenen Feste mit ihren heidnischen Kulten durchgeführt und dazu das überlieferte Brauchtum gepflegt.«[17] Zudem treffen sich einzelne Mitglieder in themengebundenen Arbeitsgruppen, etwa zu Naturheilkunde, Musik, Kleiderschneidern, Kriegertum und Kampftechniken oder Esoterik.[18] Die Aktivitäten der *Heidnischen Gemeinschaft* umfassen damit sowohl Wissensvermittlung als auch Brauchtumspflege, Kulthandlungen und Beschäftigung mit Esoterik.

Neményi selbst war offenbar noch bis mindestens 1991 Mitglied des *Armanen-Ordens*. Darauf weist unter anderem die Tatsache hin, daß er in der Einladung zum Herbst-Thing 1991 des *Armanen-Ordens* als »Herr Geza/AO« auftaucht, eine Bezeichnung, die Mitgliedern vorbehalten ist. Außerdem ließ er sich unter anderem von Sigrun v. Schlichting zum »Goden« weihen.[19] Im Gegensatz zum Orden, dessen ariosophische Ausrichtung er als «Phantasiereligion« einordnet, geht es ihm darum, sich ausschließlich auf ältere Quellen wie Edda, Sagas, aber auch Märchen, Volkslieder, Sagen und Bräuche zu stützen und daraus die heidnische Götterreligion möglichst originalgetreu zu rekonstruieren.[20]

Aus diesen Quellen entwickelt Neményi einen polytheistischen Glauben, der die einzelnen Götter als Ausdruck »natürliche[r] und kosmische[r] Kräfte«[21] überall am Werke sieht. In diesem Bild der Götter werden drei Sichtweisen integriert, so daß die Götter als Heroen der Vorzeit, als Naturkräfte und als persönliche Wesen höherer Welten verstanden werden können.

> *»Ich denke wir können alle drei Möglichkeiten ohne Widersprüche anerkennen: Alle Naturkräfte der materiellen Welt existieren auch in höheren Welten (Mikrokosmos-Makrokosmos), und diese Kräfte müssen nicht unintelligent sein; sie können sich personifizieren und uns so erscheinen; sie können sich (wie das viele heidnische Kulturen auch von ihren Göttern glauben) auch in dieser Welt verkörpern (inkarnieren). Diese intelligenten Kräfte müssen nicht so aussehen, wie es uns überliefert ist; die überlieferten Bilder sollen uns nur helfen, die dahinterstehende Kraft zu erkennen. Dazu dienen auch die Attribute der Götter. Gleichzeitig stellen sie auch Seelenurbilder dar, die wir seit Jahrtausenden in unserem Unterbewußtsein tragen.«*[22]

Dabei grenzt man sich sowohl von pantheistischen Vorstellungen wie vor allem auch vom Eingottglauben ab:

> *»So, wie überall in der Natur vielfältige, unterschiedliche Lebensformen existieren, muß es auch viele Gottheiten geben, sonst hätten diese in ihrer Schöpfung keine Vielfalt hervorbringen können: Ein Gott schafft Einfalt, viele Götter schaffen Vielfalt.«*[23]

Da der Mensch im Glauben der *Heidnischen Gemeinschaft* als Teil der Natur gesehen wird, bilden die »Feste des Jahreskreises nach den alten Überlieferungen«[24] den wichtigsten Bestandteil des Kultes:

> *»Da hinter den Naturkräften Gottheiten stehen, sind die verschiedenen Jahreszeiten auf die Wirkungen unterschiedlicher Götter und Göttinnen zurückzuführen.«*[25]

In der Regel werden die Sonnenwenden, die Tag- und Nacht-Gleichen sowie vier dazwischenliegende Feste begangen. Im Gegensatz zum *Armanen-Orden* legt die *Heidnische Gemeinschaft* Wert darauf, im Freien zu feiern, in der Regel »auf Kraftorten, die schon bei unseren Vorfahren als heilige Plätze galten.«[26] Dabei haben Anrufungen der Götter aus alten Texten ebenso ihren Platz wie Runenübungen, Tänze, das Opfern von Speisen sowie ein Umtrunk aus einem Horn und ein gemeinsames Mahl.[27] Weiter bietet die Gruppe

> *»Feste des Lebenskreises, von der heidnischen Wasserweihe eines Neugeborenen über die Hochzeit bis zum Bestattungsfest. Diese Feste kann jeder Heide oder jede Heidin selbst durchführen, auf Wunsch werden auch Priester unserer Gemeinschaft hier tätig.«*[28]

Außerdem ist für die Mitglieder, die eine »Godenprüfung« abgelegt haben, das Ritual der Godenweihe vorgesehen, die zu einer Art Priesterstand befähigen soll.[29]

Wie ernst die Abgrenzung der *Heidnischen Gemeinschaft* von Faschismus und Rassismus zu nehmen ist, scheint momentan unklar. Michael Pflanz, der zur Zeit als »Ewart« der Gruppe fungiert, wurde zumindest 1984 in einem Bericht des Landesamtes für Verfassungsschutz in Berlin als »Rechtsextremist« bezeichnet, der »zu den aktivsten Neonazis in Berlin (West)« Kontakte hielte und »darüber hinaus als Verteiler von Flugblättern der Artgemeinschaft e.V. in Betracht« käme.[30]

Neményis politische Einstellung erscheint ähnlich ambivalent. Er vertritt nach außen hin nirgends rechtsextreme Positionen. Seine neueste Aktivität, die Wiederbegründung der *Germanischen Glaubensgemeinschaft (GGG)*, deutet jedoch darauf hin, daß ihm möglicherweise die starke persönliche Position innerhalb des germanischen Heidentums wichtiger ist, als die Distanzierung von rechtsradikalen Positionen. Die Tatsache, daß Neményi sich überhaupt für die Wiederbegründung der GGG entschied, scheint gegen eine starke Distanz zum rassistischen Denken zu sprechen. Die um 1912 von dem Maler und Kunstprofessor Ludwig Fahrenkrog gegründete Vereinigung hatte zum Ziel, »den Germanen zu sich selbst zu führen« und denjenigen,

Abb. 4:
Titelblatt der Zeitschrift *Germanen-Glaube*, die Geza von Neményi, der Leiter der 1991 wiederbegründeten *Germanischen Glaubens-Gemeinschaft* herausgibt.

die den christlichen Kirchen den Rücken gekehrt hatten, eine religiöse Alternative auf rassischer Grundlage zu bieten. Dementsprechend verlangte die Satzung auch von ihren Mitgliedern die »germanische Abkunft« und »Reinhaltung« ihres arischen Blutes.[31]

Neményis Ziel war es offenbar zunächst, die *HG* allmählich in die GGG zu überführen. Möglicherweise hoffte er, dadurch seine Aktivitäten in eine längere Tradition zu stellen und seine persönliche Stellung innerhalb des neugermanischen Heidentums zu stärken. Zu diesem Zweck rief er gleichzeitig auch wieder das Blatt *Germanen-Glaube* ins Leben als »Neuausgabe des Germanen-Glaube, des amtlichen Anzeigers der Germanischen Glaubens-Gemeinschaft«. Mit diesen Neugründungen scheint er jedoch einen schon vorher bestehenden Streit mit dem Zweiten Vorsitzenden der *HG* eskaliert zu haben, der schließlich zum Austritt Neményis aus der Gruppe und damit zu einer weiteren Spaltung der Heidenszene Berlins führte.[32]

Gleichzeitig provozierte er durch seine Neugründung einen Streit mit der *Artgemeinschaft* und deren Vorsitzendem, dem Rechtsanwalt Jürgen Rieger, der bis in die zweite Instanz vor Gericht ging. Auch die *Artgemeinschaft* sieht sich nämlich als Rechtsnachfolgerin der GGG. Beide Instanzen gaben jedoch Neményi Recht.[33]

Hingegen scheint es Neményi gelungen zu sein, mit anderen neugermanisch heidnischen Gruppen im Bundesgebiet Kontakte zu knüpfen, etwa mit dem *Hecksenkreis Yggdrasil* aus Frankfurt. Dieser Kreis wird ebenfalls von einem Mitglied des *Armanen-Ordens* geleitet, inseriert regelmäßig in *Huginn & Muninn* der *ANSE* (siehe S. 34f.) und stellt mit seiner Betonung des Hexenwesens zudem eine Verbindung zur Wicca-Bewegung sowie zu magischen Orden her.[34] Die Kontakte zur *Deutschgläubigen Gemeinschaft* (siehe S. 47f.) scheint Neményi ebenfalls gefestigt zu haben. Zumindest besuchte er 1992 den Jahrestag der Gemeinschaft. Auch Neményis Austritt aus dem *Armanen-Orden* hat offensichtlich nicht zu seiner völligen Distanzierung von dieser Vereinigung geführt. Der *Germanen-Glaube* berichtet zumindest von einem Besuch von Pflanz und Neményi beim Armanen-Thing.[35]

Die erwähnten Kontakte des Vorsitzenden der GGG, Geza von Neményi, zu Vereinigungen, die explizit die Zugehörigkeit zur »weißen Rasse« zur Bedingung machen und auch sonst rechtsradikalem Gedanken nicht abgeneigt sind, lassen seine Behauptung, sich völlig von Rassismus und Faschismus zu distanzieren, nicht recht glaubwürdig erscheinen. Es stellt sich die Frage, ob er und andere Mitglieder der Berliner neugermanisch heidnischen Szene, etwa Michael Pflanz, ihre politischen Aktivitäten möglicherweise gezielt ableugnen. In der oben erwähnten Radiosendung »Braune bei den Berliner Grünen« wurde zumindest aus einem Papier zitiert, das den Unterwanderern des Grünen Landesverbandes »genaue Verhaltensmaßregeln« gibt:

> *»Also, wen die Presse ins Licht der Öffentlichkeit zerren will, der soll sich nicht den Schein des Helden oder Rechthaberischen zulegen. Alles was geht ableugnen, herunterspielen, verharmlosen. Nichts zugeben, was nicht eindeutig durch polizeiliche oder gerichtliche Untersuchungen nachgewiesen und zum Prozeßabschluß – Verurteilung – kam. Nur vor einem Richter müssen wir aussagen, und auch nur das, was eindeutig durch Indizien und Zeugenaussagen nachzuweisen ist.«*

Weiter solle man »›NS-Ideologien‹ ableugnen, sich sogar so äußern: man lehne NS-Ideologien streng ab.«[35]

Artglaube – Kampfspiele – Hitlerkult

Spielarten neugermanischer Religiosität

Deutschgläubige Gruppierungen

Geza von Neményi betont zwar auch nach der Wiedergründung der GGG die Bedeutung des Polytheismus und der Quellentreue für die Rekonstruktion der neugermanischen Religion. Die 1912 erstmals gegründete Glaubensgemeinschaft hat jedoch ihre Wurzeln in einem anderen Zweig der Bewegung, der sich um eine Erneuerung der Religion auf »arteigener« Grundlage bemühte. Die meisten Vertreter dieser Richtung legten größeres Gewicht auf einen »arteigenen Monotheismus«, eine »deutsche Frömmigkeit« und werden daher besser mit dem Attribut »deutschgläubig« charakterisiert. In dieses Spektrum gehört beispielsweise die *Artgemeinschaft,* die unmittelbar auf die 1927 von der *Deutschgläubigen Gemeinschaft* abgespaltene *Nordische Glaubens-Gemeinschaft* zurückgeht. Wilhelm Kusserow, eines der führenden Mitglieder der *Nordischen Glaubens-Gemeinschaft*, gründete 1951 diesen »Glaubensbund wesensgemäßer Daseinsgestaltung« neu.[1]

Abwechselnde Zusammenschlüsse und Spaltungen prägten die Geschichte der *Artgemeinschaft* auch nach ihrer Neugründung. So schlossen sich 1965 die *Nordisch-Religiöse-Gemeinschaft*, in den 80er Jahren die *Nordungen* der *Artgemeinschaft* an.[2] 1980 wurde Kusserow von jüngeren Mitgliedern als Vorstand abgesetzt, er verließ die Gemeinschaft mit anderen älteren Anhängern und gründete seinen *Treuekreis Artglaube Irminsul*. Die *Artgemeinschaft* wird heute von einem der Gegner Kusserows, dem Hamburger Rechtsanwalt Jürgen Rieger, geleitet.[3] Rieger ist neben seiner Tätigkeit in der *Artgemeinschaft* noch in der rassistischen *Gesellschaft für biologische Anthropologie, Eugenik und Verhaltensforschung e. V.* aktiv, deren Zeitung *Neue Anthropologie* er als Chefredakteur betreut. Wie andere führende neugermanische Heiden war er in den 60er Jahren Funktionär beim *Bund Heimattreuer Jugend*, außerdem ist er »seit 1975 [...] als Rechtsanwalt für zahlreiche Neonazis in Erscheinung getreten.«[4]

»Die Bewahrung und Erneuerung der Weißen Menschenart zu schöpferischer Kulturgestaltung und neuer Volksgesittung aufgrund einer religiösen Seelen- und Geist-Bindung an die ewigen

Lebensgesetze«[5] gilt als oberstes Ziel der *Artgemeinschaft*. In ihrem »Bekenntnis«, ihrem »Artgelöbnis« und ihrer »Tafel der Werte« bekennen sich die Mitglieder zu einem rassebedingten, antichristlichen und antikommunistischen Glauben an »den ewigen Kampf der gestaltenden gegen die zerstörenden Kräfte in Erde und All«.[6] Die Zitate zeigen, daß die Ideologie der *Artgemeinschaft* weniger religiös dogmatisch als gesellschaftspolitisch, ethisch und lebenspraktisch ausgerichtet ist, wobei vor allem die Rassenlehre, eine »heroische Lebensauffassung«[7] und das »Führerprinzip«[8] im Vordergrund stehen.

> *»Da ursprünglich das Wort ›god‹ im Germanischen sächlich war, sprechen wir von ›dem Göttlichen‹. Wir meinen nicht, daß Religion ›die Sache mit Gott‹ sei, wie dies ein zeitgemäßer Theologe mal gesagt hat. In unserer Gemeinschaft kann man glauben, daß es die germanischen Götter gibt, daß die germanische [sic] Götter Archetypen entsprechend der Lehre von C. G. Jung seien, daß es einen Gott als ›Allvater‹ gibt, oder daß es überhaupt keinen Gott oder Götter gibt. Dies ist nicht zentral für unsere Glaubensauffassungen, die im Artbekenntnis niedergelegt werden, wobei daraus eher eine Sicht der Welt deutlich wird. Ich habe den Vergleich unserer Auffassungen zu denjenigen von Konfuzius gezogen, der es ebenfalls abgelehnt hat, sich über Götter zu unterhalten, aber sehr viel Wert auf die Restaurierung von Bräuchen und ein festgefügtes Sittengesetz gelegt hat.«*[9]

Von einer Orientierung am germanischen Polytheismus kann also nicht die Rede sein. Dennoch weist die *Artgemeinschaft* Gemeinsamkeiten mit anderen neugermanischen Gruppen auf und steht in Kontakt mit vielen von ihnen.

Ähnliches gilt für die oben erwähnte *Deutschgläubige Gemeinschaft,* die 1957 wiedergegründet wurde, nachdem sie von 1935 bis 1955 mit der *Artgemeinschaft* zusammengeschlossen war.[10] Glaubensinhalte spielen für diese Gruppe offenbar eine geringe Rolle: »Der Deutschgläubige bekennt sich nicht durch das, was er glaubt, sondern wie er glaubt«[11], heißt es in einer Zeitschrift der *Deutschgläubigen Gemeinschaft*, und an anderer Stelle:

> *»Deutschgläubigkeit ist die volkhaft-religiöse, ist die bei Anerken nung der natürlichen Bindungen an das eigene, ›gewachsene‹ Volk [...] durchaus ›artgläubige‹ [...] Haltung.«*[12]

Dezidiert grenzt man sich gegen »die Sterndeuter, die Ariosophen und Runenrätsler« ab:

> *»Nichts jedoch lag den Gefährten der jungen Deutschgläubigen Gemeinschaft [...] ferner, als den untauglichen Versuch zu unternehmen, aus den Trümmern der uns überlieferten religiösen Anschauungen unserer fernen Vorfahren Lehren und Kulte einer neuen nordischen oder arischen Religion zusammenzubrauen. Erst recht halten wir nichts von den abenteurlichen Versuchen, ein europäisches oder ur-arisches*

Weistum aus verschütteten Quellen längst vergangener Zeit künstlich herauszudestillieren.«[13]

Seit der Weimarer Zeit besteht der *Bund für Gotterkenntnis (Ludendorff)*, wenn auch unter wechselnden Namen. Diese Vereinigung baut auf den Schriften der Nervenärztin Mathilde Ludendorff auf, die in dritter Ehe mit dem bekannten General des Ersten Weltkriegs verheiratet war. Ihre »Gotterkenntnis« legt in erster Linie Gewicht auf die Gegnerschaft zu einer angeblichen »jüdisch-freimaurerischen Verschwörung [...] die auch hinter dem Kommunismus zu suchen sei. Das Christentum sei ebenfalls eine »Propagandalehre für die Judenherrschaft«.[14] Gotterkenntnis hängt für die Anhänger der Ludendorff-Bewegung eng mit dem »Rassecharakter« zusammen, dessen Erhaltung und Pflege wie in den anderen neugermanischen Gruppen zentral steht. Dabei kennt der *Bund für Gotterkenntnis* jedoch »keinen Kult«, Esoteriker wie die Armanen werden nicht ernstgenommen, vielmehr propagiert man die »Übereinstimmung der Naturwissenschaften mit ihrer [d.i. Ludendorffs, S.v.S.] Religionsphilosophie.«[15]

Ebenfalls ins deutschreligiöse Umfeld gehören die *Deutschen Unitarier*, die sich nach 1945 als Zusammenschluß ehemaliger Mitglieder der *Deutschen Christen* und der *Deutschen Glaubensbewegung* formierten.[16] Eine Neugründung der 50er Jahre ist der *Goden-Orden*, der 1957 von Hermann Musfeldt (geb. 1897) ins Leben gerufen wurde. Die Tatsache, daß Sigrun v. Schlichting – damals unter dem Namen Sigrun Strauß(-Hammerbacher) – hier lange Zeit aktiv war, bevor sich der *Armanen-Orden* vom *Goden-Orden* abspaltete, zeigt, daß diese »Vereinigung zur Förderung und Pflege der uns wesensgemäß geprägten Religion und Kultur« ein Zwischenglied zwischen deutschgläubiger Ideologie und Neugermanentum darstellt.

Die Goden vertreten eine »rassemäßig bedingte«[17] Religion und glauben an keinen personhaften Gott, denn: »Das Göttliche wird in aller Kreatur, den Menschen, Tieren, Pflanzen, Mineralien, in den natürlichen und kosmischen Gesetzen geschaut.«[18] Trotz einer ausgeprägten Kirchenfeindlichkeit und einer Ablehnung sowohl des als jüdisch apostrophierten und damit als »artfremd« abgelehnten Alten Testaments und der paulinischen Lehre, zählen die Goden den »Meister der Gerechtigkeit«[19] Jesus zu ihren Propheten, »die immer wiederkehrende Inkarnation des arischen Krist, des Lieblingsgeschöpfes der Gottheit«.[20]

Daneben finden sich bei den Goden auch der Glaube an die Wiedergeburt und die Überzeugung, man trete derzeit in das »kommende 2000jährige Wassermannzeitalter« ein. Die »Unterstützung des wissenschaftlichen Okkultismus«[21] wird mit einem elitären Menschenbild verknüpft. Dies sind Elemente, die den Orden in die Nähe der neugermanisch heidnischen Bewegungen rücken, die seit den 70er Jahren auftauchen. Im entscheidenden Punkt stimmen sie mit diesen allerdings nicht überein:

> *»Goden haben auch lockere Beziehungen zu den [...] ›Armanen‹ und der ›Heidnischen Gemeinschaft‹, glauben im Gegensatz zu diesen aber nicht an die personenhaften Götter und halten es für unmöglich, diese wieder ›einführen‹ zu wollen. Es wäre im Psychologischen kein großer Unterschied zu der Christenreligion mit all ihren Auswirkungen.«*[22]

Wikingergruppen

Ein anderer Protagonist des neugermanischen Heidentums in Deutschland ist der bereits im Zusammenhang mit der Berliner Szene erwähnte Harry Radegeis, ehemals Mitglied des *Armanen-Ordens* und Herausgeber des *Heidenspaß*. Er gab den Anstoß zur Etablierung einer Bewegung, die nicht in erster Linie den Götterglauben, sondern das Nachleben der altgermanischen Kultur unterschiedlicher Epochen in Kleidung, Waffen, Handwerk und Schaukämpfen ins Zentrum ihrer Aktivitäten stellt. Nach einem Besuch von Peter Seymour und seinen *Thorguard Vikings* beim Ostara-Thing des *Armanen-Ordens* 1983 schloß sich Harry Radegeis mit einigen anderen Ordensmitgliedern dieser Schaukampfgruppe an. Zwei Jahre später gründete er die deutschen *Thors-Wikinger*.[23]

Ziel der *Thors-Wikinger*, insbesondere ihres Leiters Radegeis, war nicht nur eine möglichst originalgetreue Rekonstruktion von Wikingerkleidung und Waffen sowie die Organisation von öffentlichen Schaukämpfen. Die *Thors-Wikinger* wollten darüber hinaus

> *»neue Ideale setzen, ein gemeinsames Zusammenleben auf der Grundlage von Initiative, Kameradschaft und Fähigkeiten probieren und somit einen Modellversuch für größere Gemeinschaften durchführen.«*[24]

Auch die religiöse Dimension spielte für Radegeis – für ein aktives Mitglied des *Armanen-Ordens* liegt dies nahe – eine Rolle, war doch ein Ziel, das er mit den *Thors-Wikingern* erreichen wollte, »Werbung für das Heidentum im Allgemeinen«.[25]

Die Gruppe bekam relativ schnell Zulauf, so daß eine regionale Aufgliederung in »Stämme« möglich und nötig wurde.[26] Eine größere Zahl dieser neuen Mitglieder war offenbar wenig aufgeschlossen für Radegeis' »Modellversuch für größere Gemeinschaften« auf heidnischer Grundlage, obwohl er auch innerhalb der Gruppe für seine heidnische Weltanschauung warb.[27] So beklagte er sich später über seine ehemaligen Anhänger:

»Diese [abenteuerlustigen Leute] hatten jedoch die heutige liberale Allerweltsmeinung und waren trotz Schulung durch mich dem heidnischen Gedankengut wenig zugänglich.«[28]

Nach einer Reihe erfolgreicher Schaukampfauftritte, die in der Presse ein positives Echo fanden, gerieten die *Thors-Wikinger* jedoch ins Zwielicht, nachdem sich ein Journalist näher mit Radegeis' politischen Aktivitäten beschäftigt hatte. Jochen Maes berichtete in verschiedenen Zeitungen über einen Auftritt der Wikingertruppe beim »mittelalterlichen Burgfest« in Spandau und darüber, daß Radegeis – ursprünglich aus einer marxistisch-leninistischen Gruppe kommend – in den 70er Jahren der nationalrevolutionären *Aktionsgemeinschaft Unabhängiger Deutscher* (AUD) angehört habe.[29] Auch innerhalb des *Armanen-Ordens* hat sich Radegeis immer wieder zu politischen Fragen zu Wort gemeldet, etwa mit seinen Broschüren *Der Heidenstaat* und *Esoterik und Geheimpolitik* (siehe S. 54). In seiner Zeitschrift *Heidenspaß*, die er vor der Gründung der *Thors-Wikinger* in Berlin herausgab, verbreitete er seine »›nationalrevolutionären‹ Vorstellungen, im Sinne des abtrünnig gewordenen NSDAP-Funktionärs Strasser«[30] im weiteren neuheidnischen Umfeld (vgl. dazu auch S. 55).

Erst auf die »Enthüllungen« von Maes hin distanzierten sich eine Reihe von Radegeis' Anhängern von ihrem »Stammesfürsten« – oder, wie er es selbst ausdrückt:

»Meine ›treue Gefolgschaft‹ benutzte diese Gelegenheit, um ganz aus der Gruppe und dem Heidentum auszusteigen. Sie gründeten mehrere Schaukampf- bzw. archäologische Forschungsgruppen oder fielen auseinander.«[31]

Radegeis ist mittlerweile aus dem *Armanen-Orden* ausgetreten, leitet aber weiterhin einen Kreis, der sich *Thors-Wikinger* nennt. Seine jetzigen Anhänger stehen nun allerdings seinen politischen und religiösen Anschauungen nahe, es ist der Kreis »derjenigen, die bereits weiter sind und wissen, um was es geht.«[32] Zudem ist Radegeis weiterhin im gesamten heidnischen Umfeld aktiv:

Ich »vertreibe [...] jetzt Wikingerschmuck und Ausrüstungen und Literatur, mache (Dia)-Vortragsreisen, Forschungen an Kultstätten und Erarbeitung von künftigen heidnischen Konzeptionen.«[33]

Mittlerweile gibt es im gesamten Bundesgebiet zahlreiche andere Wikinger- und archäologische Gruppen. Teilweise sind sie, wie die *Gotarike-Wikinger* aus ehemaligen »Stämmen« der *Thors-Wikinger* hervorgegangen, teilweise sind sie, wie beispielsweise der *Chattenbund* in Frankfurt, unabhängig entstanden. Ihre weltanschauliche Ausrichtung und das Ausmaß ihrer religiösen Aktivitäten unterscheiden sich erheblich, einige widmen sich ausschließlich der Kulturpflege oder dem Schaukampf, andere verbinden damit auch religiöse oder politische Ansprüche.[34]

Politisches Heidentum

Die Beschreibung neugermanisch religiöser Gruppen hat ergeben, daß einige ihrer Leiter und Mitglieder Verbindungen ins rechtsextreme Lager haben oder daß sie rechtsextreme Ideologien verbreiten. Es existieren jedoch auch Vereinigungen, die direkt neonazistisches oder extremistisches Gedankengut in ihre Glaubensvorstellungen integrieren und deren Mitglieder oder Leiter großen Wert auf entsprechendes politisches Engagement legen.

Die wichtigste Gruppe dieser Art sind wohl die *Gylfiliten*, die sich verstehen als

> *»eine Vereinigung religiöser Menschen, die ihr Leben nach den Lehren der Edden ausrichten. Sie haben sich die Verbreitung dieser Lehre zur Aufgabe gemacht.«*[35]

Den Glauben an »*das* Gott«, aus dem sich die germanischen Götter manifestieren, verbinden die *Gylfiliten* mit modernen Spekulationen über die Existenz zahlreicher Menschheiten auf verschiedenen Planeten und mit der sogenannten »Welteislehre« des Physikers Hanns Hörbiger. Dessen Theorie, die astronomische Erscheinungen mit der Existenz von im Kosmos herumschwebenden Eisstücken erklärt, wurde wissenschaftlich nie anerkannt, fand jedoch in Hitler, Himmler und einigen weiteren führenden Männern des »Dritten Reichs« Anhänger, da sie in ihr eine »arische Physik und Astronomie« verwirklicht sahen. Die *Gylfiliten* gehen davon aus, daß es mehrere Universen mit jeweils eigenen Schöpfergöttern gibt, denen wiederum eine »Großzahl ›Engel‹ unterstehen, die (jeder für sich) eine eigene Gottheit sind.«[36] Daneben spielen apokalyptische Vorstellungen eine zentrale Rolle. Der eddische Ragnarök wird gedeutet als Atomkrieg, in dem alles untergeht, die »Guten« allerdings würden von den Göttern mit Hilfe eines Raumschiffes gerettet.[37]

Verknüpft werden diese Vorstellungen mit buddhistischen Gedanken, wie etwa der Idee, daß das Dasein auf dieser Welt Leiden bedeute, das mit der Zahl der Wiederverkörperungen wachse. Auch die kultischen Techniken erinnern teilweise an die östlicher Religionsgemeinschaften, wie etwa der Vorschlag, das »Mantra« »Omi Odin, Omi Odin« täglich zu »raunen«. Leiter Wolfgang Kantelberg hat zudem eine eigene Kultsprache, das »Diutisk« entwikkelt, das – in »gesamtgermanischen Runen« geschrieben – mit seinen Schwingungen Geist und Gesundheit beeinflussen soll.[38]

Auch für die *Gylfiliten* ist die Erhaltung und Reinhaltung der germanischen Rasse eine »göttliche Forderung«[39]. Damit verbunden ist eine stark antisemitische Haltung und eine heftige Ablehnung des Christentums, dem zusammen mit dem Judentum Ritualmorde und andere Greueltaten zugeschrieben werden.[40] Darüber hinaus wird der Glaube an die germanischen Götter in stärkerem Maße mit politischen Stellungnahmen verbunden als bei den bisher beschriebenen Vereinigungen. Dies zeigt die Tatsache, daß Hitler als eine Art Heiliger, neben Siegfried, Arminius und »Preußenkönig Friedrich« als Verkörperung Odins verehrt wird:

> *»Wie Arminius die Germanen vor dem römischen Imperialismus bewahrte, rettete uns Adolf Hitler nachweisbar vor der kommunistischen Weltdiktatur«.*[41]

Auch anderenorts finden sich eindeutige Bekenntnisse zum Nationalsozialismus:

> *»Man kann nicht gebildet sein und mitreden, wenn man ›Mein Kampf‹ nicht im Original gesehen hat. Wir Gylfiliten sind zwar unparteilich, sehen aber in echte [sic] Nationalsozialisten unsere Bruder- u. Schwesterseele – sonst nichts! (Und das ist viel!)«*[42]

In der Zeitschrift der *Gylfiliten, Odrörir,* wurde dementsprechend auch für nationalsozialistische Gruppen wie etwa die *Faschistische Front* oder die *Partei der Arbeit* der *Volkssozialistischen Bewegung* (VSBD) Friedhelm Busses geworben.[43] Der Leiter der Gruppe, Wolfgang Kantelberg, soll nach Angaben des *Stern* selbst Gründungsmitglied der *VSBD* sein.[44] Nach eigenen Angaben war er zunächst Mitglied der *NPD,* wo er mit Anhängern Marbys Kontakt bekam und schließlich in den *Goden-Orden* eintrat. 1976, nach Auseinandersetzungen mit der Ordensleitung, in die auch Sigrun Schleipfer verwickelt war, auf deren Seite er stand, gründete er seine eigene Religionsgemeinschaft.[45] Bereits vor Gründung des *Armanen-Ordens* arbeitete Kantelberg mit der *Guido von List-Gesellschaft* zusammen, die sich als Pate den *Gylfiliten* zur Verfügung stellte.[46]

Heidnisches Netzwerk

Personelle und organisatorische Zusammenhänge

Betrachtet man die in den vorherigen Kapiteln ausführlich geschilderten Gründungen, Spaltungen, Auseinandersetzungen und Zusammenschlüsse der verschiedenen neugermanisch heidnischen Gruppen in Deutschland, so scheint die gesamte Szene hoffnungslos zersplittert. Andererseits ist deutlich geworden, daß fast alle neugermanischen Gruppen trotz ihrer Meinungsverschiedenheiten Kontakte untereinander pflegen und daß sie teilweise auseinander hervorgegangen sind.

Allgemein läßt sich feststellen, daß *Armanen-Orden* und *ANSE* Zentren darstellen, von denen viele Aktivitäten der neugermanischen religiösen Bewegungen ausgehen. Viele Mitglieder des Ordens haben inzwischen eigene Gruppen gegründet, stehen aber weiter mit ihm in Verbindung. Der Kontakt dieser Gruppen untereinander wiederum ist allein schon durch gemeinsame Besuche der Veranstaltungen der *Armanen* gewährleistet. Dies betrifft im übrigen nicht nur germanisch ausgerichtete Gemeinschaften, sondern reicht auch weiter ins Neuheidentum hinein. Der inzwischen verstorbene Jürgen Kronshage, der sich später Arienvey na' Corr-glass nannte, war häufiger Gast bei Things des *Armanen-Ordens*, gründete zunächst einen *Keltisch-Schamanistischen Arbeitskreis Bielefeld* und eröffnete dann das *Triskel-Zentrum* in Wildemann im Harz, in dem er Schulungskurse zum »esoterischen Wissen der Kelten« abhielt.[1]

Die für alle »wohlwollenden Interessenten« offenen Veranstaltungen des *Armanen-Ordens* bilden ein »Forum [...] da trifft man Heiden aus dem ganzen Bundesgebiet«.[2] Veranstaltungen anderer heidnischer Gruppen erfüllen eine ähnliche Funktion, wenn auch nicht im gleichen Ausmaß: So hielten beispielsweise Michael Pflanz von der *Heidnischen Gemeinschaft* und Geza von Neményi von der *Germanischen Glaubensgemeinschaft* Vorträge auf dem 81. Jahrestag der *Deutschgläubigen Gemeinschaft* in Rosengarten-Sottorf.[3]

Gute Kontakte bestehen jedoch mittlerweile auch mit neugermanisch heidnischen Gruppen in den USA, England und Skandinavien. Seit den 70er Jahren haben sich auch in diesen Ländern Vereinigungen mit ähnlichen Zielsetzungen etabliert, wie sie neugermanisch religiöse Gruppierungen hierzulande vertreten.[4] Auch für diese internationalen Verbindungen spielt der *Armanen-*

Orden eine gewisse Rolle, bestehen doch mittlerweile gute Kontakte sowohl zu französischen, britischen als auch amerikanischen, norwegischen, schwedischen und isländischen Gruppen oder Einzelpersonen. Die herausragende Rolle für die internationale Bewegung nehmen allerdings die isländischen *Ásatrúarmenn* ein. Sie erfüllen dadurch eine Vorbildfunktion, daß sie seit 1973 als Religionsgemeinschaft offiziell staatlich anerkannt sind. Daneben spielt es wohl eine Rolle, daß sie sich großer Aufmerksamkeit in der isländischen und internationalen Presse erfreuen und ihr Bekanntheitsgrad damit viel größer ist als der anderer Gruppen. Die Kontakte zu den *Ásatrúarmenn* laufen vorwiegend auf schriftlichem Wege oder über Besuche einzelner Interessenten auf Island. Daneben übernehmen sie eine Vermittlerfunktion, indem sie Adressen und Namen anderer Gruppen und Heiden aus aller Welt weitergeben.[5]

Neben den erwähnten Gruppen gibt es eine Reihe aktiver Einzelpersonen, die für den Zusammenhalt der gesamten Szene Entscheidendes leisten. An erster Stelle ist hier Sigrun v. Schlichting zu nennen. Sie verfügt durch ihre Herkunft und ihre frühere Mitgliedschaft im *Bund Heimattreuer Jugend* und im *Goden-Orden* über zahlreiche Verbindungen. Sie ist daneben seit Jahren darum bemüht, Kontakte zu anderen Gruppen zu schaffen und selbst in neuheidnischen Kreisen im weitesten Sinne präsent zu sein. Da sie zudem mit Horoskopen und Runenorakeln, mit der Leitung von Kulten, Ritualen und Kursen praktische »Lebenshilfe« leistet, gilt sie in weiten Kreisen als *die* Zentralfigur des deutschen germanischen Heidentums.

Wichtig als verbindende Personen sind weiter die Leiter anderer Gruppen, etwa Geza von Neményi und Matthias Wenger, die sich erfolgreich um Kontakte zu so gut wie allen anderen germanischen Heiden bemühen. Matthias Wenger stellt durch seine ehemalige Mitgliedschaft im *O. T. O.* (siehe S. 36) zudem die Verbindung zur okkulten Szene her. Eine weitere Zentralfigur ist Harry Radegeis, obwohl er im Augenblick keiner Gruppe mehr angehört. Das ehemalige Mitglied des *Armanen-Ordens* und der Gründer der deutschen *Thors-Wikinger* pflegt nach eigenen Angaben eine intensive »Zusammenarbeit mit anderen Heiden des In- und Auslandes«,[6] die sich z. B. darin äußert, daß er zu Vorträgen von anderen Gruppen eingeladen wird, etwa von der *ANSE*,[7] dem *Armanen-Orden*[8] oder der *Artgemeinschaft*.[9] Durch seinen politischen Hintergrund und seine Publikationen fungiert er als weltanschaulicher Vordenker der neugermanischen Szene.

Neben diesen aktiven Personen dürfen nicht die zahlreichen am germanischen Heidentum Interessierten vergessen werden, die teilweise nicht einmal Mitglied in irgendeiner Vereinigung sind, aber immer wieder Veranstaltungen verschiedener Gruppen besuchen und so für einen Austausch in der Szene sorgen.

Wichtig für die Kontakte in der neugermanischen religiösen Bewegung sind weiter Zeitschriften, und zwar weniger die Publikationen einzelner Gruppen als Blätter, die sich explizit als Kontaktorgane verstehen. Das erste Blatt dieser Art war der *Heidenspaß*, der zwischen 1981 und 1985 erschien. Gründer und Herausgeber war Harry Radegeis, der dieses »Esoterisch-kulturelle Kampfblatt der Heiden« zu einer Publikation machte, die vor allem Ideen der Neuen Rechten mit germanisch heidnischen Elementen vermischt verbreitete.[10] Doch war der *Heidenspaß* nicht nur als ideologischer Wegbereiter wichtig, sondern auch als Forum für die Vorstellung einzelner Gruppen und durch seine Kleinanzeigen als Kontaktbörse für einzelne Heiden untereinander. Zudem sind über den Kreis der Herausgeber des *Heidenspaß* innerhalb Berlins zahlreiche Kontakte zustande gekommen. Geza von Neményi fand hier seine erste Verbindung zum Heidentum und zum *Armanen-Orden*.[11]

Heute erfüllt Matthias Wengers Zeitschrift *Der Hain* eine ähnliche Funktion durch die ausführlichen Adressenlisten von heidnischen Gruppen und durch Kleinanzeigen. Im Unterschied zum *Heidenspaß* reichen die Verbindungen des *Hain* jedoch zunehmend weniger in die politisch rechte Szene, sondern auch in das übrige neuheidnische und okkultistische Umfeld.

Im internationalen Rahmen ist es das isländische Magazin *Huginn & Muninn* von Thorsteinn Gudhjónsson, einem Mitglied der *Ásatrúarmenn*, das die Verbindung zwischen Heiden aus verschiedenen Ländern schafft, vor allem durch die Veröffentlichungen von Auszügen aus Briefen, die über Aktivitäten von heidnischen Gruppen informieren. Zudem ist *Huginn & Muninn* die einzige Zeitschrift, die sich in größerem Umfang an germanische Heiden anderer Länder wendet.

Seit Jahren gewinnen nationale und internationale Treffen an Bedeutung für die Kontakte der Gruppen untereinander. Diese Funktion erfüllt zum Beispiel die jährlich stattfindende *Machalett-Tagung* an den Externsteinen. Der 1983 verstorbene Walter Machalett leitete einen *Arbeits- und Freundeskreis für die Vor- und Frühgeschichte der Externsteine im Teutoburger Wald*, war Mitglied des *Armanen-Ordens* und stand der *Guido von List-Gesellschaft* nahe.[12] Die Tagung ist bis heute ein wichtiger Treffpunkt für Menschen, die sich als germanische Heiden verstehen.[13]

Seit den 80er Jahren veranstaltet Sigrun v. Schlichting für deutschsprachige Gruppen in zweijährigem Abstand das »Fest der Leinernte« im September, das ein Forum für die Selbstdarstellung unterschiedlicher Gruppen sowie Raum für Gedankenaustausch bietet.[14] Inzwischen hat sie diese Aktivitäten auf internationaler Ebene erweitert. Im Sommer 1988 nutzten sie und einige Mitglieder des *Armanen-Ordens* ihre Kontakte zu den isländischen *Ástrúarmenn* und feierten mit diesen das »Erste asisch-wanische Midgart-Thing« auf Island.[15] Ein Nachfolgetreffen fand 1990 in England statt, als sich der *Armanen-Orden* am »National Moot« des *Odinic Rite* beteiligte.[16]

Auch einzelne Orte, die für Neuheiden eine besondere religiöse Bedeutung haben, dienen in der Praxis als Zentren des Austauschs zwischen verschiedenen Gruppen und Personen, schon allein aus dem Grunde, weil hier viele Gruppen bestimmte Feste des Jahreskreises, insbesondere die Sonnenwenden, feiern. In Deutschland sind besonders die in der Nähe von Paderborn gelegenen Externsteine ein solcher »heiliger Ort«, an dem sich Heiden der verschiedensten Ausrichtungen versammeln. Diese bizarre Felsformation, an der sich auch eine christliche Kapelle befindet, gab schon im 19. Jahrhundert Anlaß zu Spekulationen über ein altgermanisches Heiligtum an diesem Ort. Im »Dritten Reich« faßte Heinrich Himmler Interesse an diesen Theorien und es existierten sogar Pläne, hier wieder eine Kultstätte zu errichten.[17]

Weiter sind Versuche zu nennen, die auf einen Zusammenschluß mehrerer Gruppen bzw. die Gründung von heidnischen Dachverbänden zielen. Ein entsprechender Versuch, der Ende der 80er Jahre in Berlin unternommen wurde, scheiterte an Meinungsverschiedenheiten vor allem zwischen Geza von Neményi und Vertretern der *Gemeinschaft für heidnisches Leben*.[18] Mit der Wiederbelebung der *Germanischen-Glaubens-Gemeinschaft* verfolgt Neményi ähnliche Ziele. Bisher am erfolgreichsten ist in dieser Hinsicht wiederum Sigrun v. Schlichting mit der *ANSE*. Auf den Veranstaltungen der einzelnen »Stammesverbände« gelingt es ihr, Angehörige verschiedener Gruppen zu sammeln. Ein Beispiel dafür ist die Teilnahme des Leiters der *Deutschgläubigen Gemeinschaft* Odfried Jungklaaß an einem »Stammestreffen der Friesen, Holsten, Stormarn, Dithmarschen und Angeln« im Jahre 1991.[19] Die von der *ANSE* herausgegebene Zeitschrift *Huginn & Muninn* bietet zudem Platz für die Selbstdarstellung nahezu aller wichtigen neugermanischen und -keltischen Gruppen. Mit der *ANSE* ist es Sigrun v. Schlichting inzwischen auch gelungen, über den sich elitär gebärdenden engeren Kreis des *Armanen-Ordens* hinaus Kontakte ins Ausland zu knüpfen.[20]

Schließlich bilden Verlage und Versandbuchhandlungen Kontaktmedien zwischen verschiedenen Gruppen und Personen

Die Wiedereinsetzung des Glaubens unserer Vorfahren, ist die große Hoffnung für das Überleben unsere Völker.

Ralph Harrison, England.

Huginn und Muninn

Deutschsprachige MIDGART-Zeitung für europäische Religion, Kultur und Mysterien

Nr. 9-10 Julmond 1991 und Hartung 1992 DM/SF 4,50, öS 32,-, 2. Jahrgang

Herausgeber: ANSE - Arbeitsgemeinschaft naturreligiöser Stammesverbände Europas

DIE ENTDECKUNG EUROPAS.

Lange galt für die klassischen Autoren Nordeuropa als das Land der Hyperboreer, der mythischen Völker der kühlen Regionen, Verehrern der Frauen und Anbetern der Sonne. - Der Name Kelten erscheint in schriftlichen Texten erst ab dem 6. Jahrh. v. d. Ztw., einer Zeit, auf die auch die ersten schriftlichen Zeugnisse in keltischer Sprache zurückgehen. Im darauffolgenden Jahrhundert werden sie auf fast alle transalpinen Völker ausgedehnt, die mit den griechischen Warenlagern im Mittelmeerraum und und den etruskischen Werkstätten der Poebene in Berührung kamen. Obwohl sie als gefürchtete Krieger und Eroberer von den südöstlichen Kulturen die Bezeichnung "Barbaren" = (die Bärtigen) erhielten, erreicht ihre Kultur seit dieser Zeit eine originale Qualität und einen Reichtum, die sie zu den Grundpfeilern der europäischen Kultur machen.

Das keltisch-(germanische) Europa, das sich von den Inseln des Ozeans bis weit in den Osten, über die Karpaten, den Ural und den Bosporus hinaus, von den großen Ebenen des Nordens bis zu den Küsten des Mittelmeers ausdehnt, ist das erste Europa unserer Geschichte, das seine Wurzeln bereits 35.ooo Jahre früher prägte.

Das keltische Kunstgefühl ist niemals von der geistig-religiösen Welt getrennt. Diese tiefe Religiosität findet ihren großartigen Ausdruck in einer stets anwesenden und erlebten übernatürlichen Welt. Ihr tapferes Leben endet mit dem "guten Tod" der sie ihren unsterblichen GÖTTINNEN und GÖTTERN ähnlich macht. Ihre ganze Kultur ist auf ein Weiterleben über den Tod hinaus, aufgebaut und ihr Weitblick ist auf lange Zeiträume gerichtet.

Abb. 5:
Als Dachverband für neugermanische Heiden versteht sich die *Abeitsgemeinschaft naturreligiöser Stammesverbände Europas*, die die Zeitschrift *Huginn und Muninn* publiziert.

des germanisch heidnischen Umfeldes. In die Reihe dieser Institutionen gehört die *Armanen-Versandbuchhandlung* Adolf Schleipfers ebenso wie der *Historische Fachversand* für »Runenweistum, Germanische Kultur und Historische Gegenstände« Karl Aldingers in Stuttgart. Aldinger vertreibt unter dem Titel *Runentruhe* »germanische« Esoterik sowie Nachbildungen von Schmuckstükken, Brakteaten und Waffen der Wikingerzeit. Sein Ziel ist zwar nicht die Wiederbelebung alter heidnischer Kulte, durch seine Tätigkeit möchte er jedoch einen Beitrag leisten zu »eine[r] notwendige[n] Neubesinnung«, für die »die Beschäftigung mit unseren Wurzeln und ihren ewiggültigen Prinzipien durchaus sinnvoll und wünschenswert ist.«[21] Offenbar besteht zwischen Aldinger und Sigrun v. Schlichting Kontakt, jedenfalls war er im Herbst 1991 als Referent bei einem Stammestreffen der *ANSE* angekündigt.[22]

Aus den geschilderten Tatsachen läßt sich der Schluß ziehen, daß die neugermanischen religiösen Bewegungen national wie international durch Kontakte der Gruppen untereinander, durch Einzelpersonen, Veranstaltungen, Zeitschriften und übergeordnete Treffen eng miteinander verknüpft sind. Es ist durchaus gerechtfertigt, von einer »Bewegung« oder von einem »Netzwerk« zu sprechen. Vernetzt sind die neugermanischen religiösen Bewegungen aber nicht nur untereinander, wie schon aus den vorhergehenden Einzelbeschreibungen deutlich wurde. Wichtige Verbindungslinien laufen ins politisch rechte bzw. rechtsextreme Lager.

Betrachtet man die Verbindungen einzelner neugermanisch religiöser Gruppen mit politisch ausgerichteten Vereinigungen im Überblick, so ergibt sich folgendes Bild: Vor allem rechtsextremistische Jugendorganisationen, insbesondere der *Bund Heimattreuer Jugend* und die *Wiking Jugend* bilden Sammelbekken und Kontaktpunkte auch für den religiös ausgerichteten Teil der rechtsextremen Szene. Daneben bestehen Kontakte zu allen rechten Parteien von den *Republikanern* bis zur *NPD* sowie zu den verschiedensten Vereinigungen der alten und neuen Rechten. Auch für diese politische Kultur gilt, was oben über die neugermanischen Bewegungen gesagt wurde: ihre Zersplitterung ist nur eine scheinbare:

> *»Die auf den ersten Blick verwirrende Vielfalt alt- und neofaschistischer Organisationen folgt wohl eher dem Konzept der ›organisierten Verwirrung‹, die über den Grad tatsächlicher Vernetzung hinwegtäuschen soll – was augenscheinlich auch gelingt.«*[23]

Weiter konnte gezeigt werden, daß die Kontakte einzelner neugermanischer Gruppen in die New-Age-Bewegung, die okkultistische Szene und das übrige Neuheidentum, den Neoschamanismus und die indianisch religiösen Gruppen hineinreichen.

Gerade die New-Age-Bewegung scheint seit den 80er Jahren ein Umfeld zu sein, an das völkisch religiöse Gruppen anknüpfen, aus dem sie Ideen aufnehmen können, mit denen sich ihre Ideologie zeitgemäßer gestalten läßt. Diese Bewegung hat in den letzten Jahren eine Entwicklung genommen, die dem neugermanischen Heidentum entgegenkommt. Zu Beginn hatten sich ihre Anhänger stark an Versatzstücken aus östlichen Religionen, wie dem Hinduismus und Buddhismus, orientiert, später mehr Gewicht auf die Rezeption naturwissenschaftlicher Theorien gelegt, die das eigene »kosmische Weltbild« stützen sollten. Heute wendet man sich verstärkt dem zu, was man unter einer »einheimischen esoterischen Tradition« versteht, und kommt damit, neben der Wiederentdeckung von Hermetik, Tarot und Okkultismus, auch zu vermeintlich »uralten, eigenen Techniken«, wie dem Runenorakel oder der keltischen und germanischen Götterlehre.

Margot Adler, die wohl den materialreichsten Überblick über neuheidnische Gruppierungen in den USA liefert,[24] arbeitet gemeinsame Merkmale heraus, die das Neuheidentum zwar als Teil der New-Age-Bewegung ausweisen, es jedoch auch als abgrenzbare Richtung innerhalb derselben erkennbar werden lassen. Wie große Teile der New-Age-Bewegung sind die meisten neuheidnischen Religionen nach Adler undogmatisch und synkretistisch, ihr Gottesbild ist nicht transzendent, sondern immanent, das heißt man sieht Gott oder die Götter als Kräfte, die im Menschen und in der Natur wirken, nicht außerhalb von Mensch und Welt stehen. Man behauptet, für ökologische Belange und für das Aufbrechen der Geschlechterrollen einzutreten, das Weibliche stärker zu betonen. Schließlich, so Adler, verfolgen neuheidnische Gruppen im Gegensatz zur New-Age-Bewegung in der Regel keine kommerziellen und finanziellen Interessen. Die genannten Kriterien treffen auch auf den *Armanen-Orden* und auf viele andere neugermanische Gruppen zu.

Innerhalb des Neuheidentums ist die sogenannte *Wicca-Bewegung* die wohl traditions- und einflußreichste Strömung. Die Wiccas postulieren eine gesamteuropäische vorchristliche Urreligion, in der Frauen eine herausragende Rolle gespielt haben sollen. Die im Mittelalter verfolgten Hexen seien Vertreterinnen dieses heidnischen Kultes gewesen. Öffentlich wirksam wurde der Wicca-Kult nach der Abschaffung des Verbotes der Hexerei in Großbritannien. Protagonist der Bewegung war Gerald Brosseau Gardner, der durch seine Veröffentlichungen die Kulte der Wiccas bis heute beeinflußt. Heute kann man in der gesamten Bewegung folgende Flügel unterscheiden: die auf Gardner zurückgehenden *Gardnerian Wiccas*, die *Alexandrian* Richtung, so genannt nach dem Gründer Alex Sanders, die *Hereditary Wiccas*, die ihre Religion als Familienerbe verstehen, und schließlich *feministische Hexen*, die in der Regel nur Frauen in ihre Vereinigungen aufnehmen. Die Wiccas organisieren sich nicht zentral, sondern in sogenannten »Coven«, die meist nicht mehr als dreizehn Mitglieder haben.[25]

Es bestehen aber nicht nur solche Ähnlichkeiten zwischen den Ideenwelten der verschiedenen religiösen und esoterischen Subkulturen. Das neugermanische Heidentum wie auch die New-Age-Bewegung stehen auch in einer historischen Kontinuität. Hans-Jürgen Ruppert behauptet zwar, die religiöse Suche nach Archaischem, Ureigenem und/oder Exotischem[26] sei

> *»das eigentlich Neue, das heutige esoterische Strömungen und Tendenzen bieten [...] der Rückgang bis zu den ältesten okkulten Traditionen der Archaik im Rahmen einer Art ›Neoprimitivismus‹«.*[27]

Neoschamanismus, neue Hexen zählen für ihn ebenso zu diesem »neuen Heidentum« wie »Indianernostalgie, die Beschäftigung mit der Weisheit der Kelten, mit Geomantik, Runenmagie und »germanischer Esoterik«und anderes nordisches Gedankengut«.[28]

Der historische Rückblick im nächsten Kapitel wird jedoch zeigen, daß es ähnliche Entwicklungen bereits zu Beginn unseres Jahrhunderts gab. Auf deren Ideen baut das neugermanische Heidentum unserer Tage direkt auf.

Die Ariosophie

Historische Wurzeln des neugermanischen Heidentums

Im wilhelminischen Kaiserreich formierte sich in Deutschland eine Bewegung, die auf der Suche nach »eigenen Wurzeln« in der altgermanischen Religion Ideen des zeitgenössischen Okkultismus mit der Ideologie der Völkischen[1] kombinierte und die sich programmatisch »Ariosophie« nannte. Die Schriften eines der Hauptvertreter dieser Strömung, Guido (von) List, bilden die Grundlage des Weltbildes des *Armanen-Ordens* (siehe S. 12ff.). Auch andere germanisch heidnische Gruppen stützen sich auf die Werke von List, der als Begründer der esoterischen Runenkunde gilt.

Okkultismus und Theosophie

Die Hauptströmung des europäischen Okkultismus um die Jahrhundertwende organisierte sich 1875 in der *Theosophischen Gesellschaft*. Die Theosophen bauten vor allem auf den Schriften der gebürtigen Russin Helena Petrovna Blavatsky (1831–1891) auf, die ihr Wissen angeblich medialen Fähigkeiten und dem Kontakt mit sogenannten »Meistern« verdankte. Diese Meister, hohe Adepten, von denen es ganze Hierarchien in der sinnlichen und übersinnlichen Welt geben sollte, sind nach Blavatsky die Lehrer der Menschheit, von denen alle Religionen, Wissenschaft und Kunst stammten.[2]

Blavatsky ging davon aus, daß alle Religionen eine gemeinsame esoterische Essenz enthielten, die in ihren Schriften *Die entschleierte Isis* (*Isis Unveiled*, 1877) und *Die Geheimlehre* (*The Secret Doctrine*, 1888) enthüllt werde. Blavatsky vertrat eine pantheistische Grundauffassung, lehrte, daß in allen Dingen bereits die beiden Prinzipien Geist und Materie vorhanden seien und beschrieb ein System von Weltsphären, Bewußtseinsstufen und Körpern des Menschen. Ein Teil dieser Körper werde beim Tode abgeworfen, die höheren, die die Individualität bildeten, verkörperten sich wieder. Als höchster göttlicher Plan wurde von den Theosophen die Entwicklung gesehen, die sich im einzelnen Menschen und in der gesamten Welt vollziehe. Ziel dieser Entwicklung und damit die höchsten Werte waren Brüderlichkeit der gesamten Menschheit, Einheit, Liebe und Schönheit.[3] In diesem Zusammenhang wurde auch die Idee eines »Neuen Zeitalters«, das die Menschheit auf eine höhere kosmische Stufe bringen soll, aktuell. Charakteristisch für die Theosophie – ähnlich wie heute für die New-Age-Bewegung – ist allerdings weiter, daß sie gerade keine einheitliche Lehre verbreitete, sondern eine Kombination verschiedener Religionen, aus der sich die einzelnen Mitglieder eine eigene Synthese schaffen konnten.[4]

Die Kombination darwinistischer Entwicklungstheorien und der okkulten Lehre von kosmischen Sphären und Hierarchien führte in der Theosophie zu der Idee, die Menschheit entwickele sich in sogenannten »Wurzelrassen«. Die heutige fünfte Wurzelrasse sei auf Atlantis entstanden und gliedere sich wieder in fünf Unterrassen. Diese stünden auf verschiedenen Entwicklungsstufen mit den »Ariern« an der Spitze. Die Lehre von der okkulten Herkunft der Rassen und damit auch die Idee einer auserwählten Rasse oder eines auserwählten Volkes spielte innerhalb der Theosophie eine immer größere Rolle, drängte die Weltverbrüderungsgedanken zurück und beeinflußte schließlich auch nationalistische Bewegungen.[5]

In Deutschland verband sich die Theosophie zunächst mit der Lebensreform-Bewegung (vgl. zur Lebensreform S. 89ff.). Ihre Ideen von weltweiter Verbrüderung und Einheit brachten die Theosophen politisch in die Nähe linksliberaler Strömungen. Dies trifft vor allem auf die theosophischen Kreise zu, die sich in den lebensreformerischen Kolonien, z. B. auf dem Monte Verità bei Ascona, zusammengeschlossen hatten, um dort die Keimzelle einer neuen, besseren Gesellschaft zu bilden.[6] Auch in Wien war die Theosophie zunächst in der progressiven Bohème zuhause, d. h. in Kreisen um Hugo Wolf, Hermann Bahr oder den Gründer der sozialdemokratischen Partei Österreichs, Victor Adler.[7] Beeinflußt wurden die Wiener Theosophen jedoch auch von Wagnerianern, und es bestanden von Anfang an vereinzelt Kontakte mit völkischen Kreisen, die vorwiegend die theosophische Rassenlehre rezipierten und weiterentwickelten.[8]

Ein wichtiges Verbindungsglied ist das Werk des Theosophen Max Ferdinand Sebaldt von Werth (1859–1916). Sebaldt, der auch unter den Namen Professor Herman und Max Ferdinand schrieb, war Vorsitzender einer theosophischen Loge und Mitglied eines *Druiden-Ordens*.[9] Er postulierte eine Sexualreligion der Arier in der Vergangenheit, die dazu dienen sollte, die Rassereinheit zu erhalten und betonte »den ausgeprägte[n] nordische[n] Sinn für Polarität« als Grundlage seiner Lehre, sowie die »Dreiheit der höchsten Gewalten«.[10] Sein Anliegen ist darzustellen, daß alle Kultur aus dem »arischen Norden« stammt[11]

Auch in Österreich entwickelten sich enge Verbindungen zwischen Theosophen und Ariosophen. Viele von Lists Förderern und Anhängern standen der *Theosophischen Gesellschaft* nahe. So war beispielsweise Lists Biograph Johannes Balzli Herausgeber der theosophischen Zeitschrift *Prana* und Sekretär der *Theosophischen Gesellschaft* in Leipzig.[12] Umgekehrt findet sich in einem Mitgliederverzeichnis der *Guido von List-Gesellschaft* die *Theosophische Gesellschaft* in Wien.[13]

Guido (von) List

Guido (von) List war wohl der erste populäre Schriftsteller, der Okkultismus und Theosophie mit der völkischen Ideologie verband. Der 1848 geborene Kaufmannssohn[14] folgte trotz seines Interesses für Archäologie und Altertumskunde den Wünschen seines Vaters, absolvierte eine Handelsausbildung und übernahm dessen Geschäft. Vor dem verhaßten Büroleben flüchtete er in eine private Welt der Kunst, Phantasie und Naturverehrung und fand schließlich im völkischen Milieu Wiens eine Heimat. Nach dem Tod seines Vaters zog sich List 1877 aus dem Geschäft zurück. In den folgenden Jahren schlug er sich mit Hilfe eines geringen Vermögens und mittels kleiner Verdienste als Journalist in nationalistischen und völkischen Blättern durch, wo er sich vor allem Themen wie Österreichs Landleben, Volksbräuche und Heraldik annahm, die er für Reste alter germanischer Bräuche hielt. Bis zur Jahrhundertwende verfaßte er eine Reihe historischer Romane, Novellen und von Richard Wagner inspirierte Dramen und Weihespiele, die gekennzeichnet sind durch eine Mischung aus sadistischen Morden, Hinrichtungen, Opferungen und Selbstopferungen und einer »süßlichen Sentimentalität«.[15] Außerdem war List im *Bund der Germanen* aktiv, der der alldeutschen *Los-von-Rom-Bewegung* um Georg Ritter von Schönerer nahestand. Schönerer propagierte ein nationales Christentum, in dem er die katholische Kirche mit den germanenfeindlichen römischen Missionaren identifizierte, von denen es sich zu befreien galt.[16]

Eine Erkrankung an Schichtstar im Jahre 1902, nach der List elf Monate lang blind war, führte zu einer Wende in seinen Ideen. Während seiner Krankheit meinte er, durch Intuition und vermeintliche Erinnerungen an frühere Inkarnationen, die er »Erberinnerung« nannte, den Ursprung der Runen und der Sprache gefunden zu haben. Er distanzierte sich von seinen literarischen Werken und widmete sich nur noch seinen »Schauungen« über die germanische Frühzeit.

In den folgenden Jahren begann der Genesene, sich Guido

von List zu nennen. Ab 1907 führte er auch im Wiener Adreßbuch diesen Namen und behauptete, seine Familie stamme aus niederösterreichischem und steirischem Adel, erst sein Urgroßvater habe den Titel abgelegt. Einer Klage wegen unberechtigter Führung des Adelstitels wurde stattgegeben, nachdem Nachforschungen im Adelsarchiv ergebnislos blieben. List wurde die Führung des Titels zwar untersagt, was aber nur zur Folge hatte, daß er Publikationen unter seinem alten Namen herausgab, sich aber weiter Guido von List nennen ließ.[17]

Die erste Veröffentlichung, die List nach seiner Genesung im neuen Stil herausgab, war eine Denkschrift, in der er seine »Schauungen« über eine angebliche Ursprache darlegte. Sie wurde 1903 von der Kaiserlichen Akademie der Wissenschaften in Wien nicht beantwortet. Eine Interpellation, die von 15 Wiener Honoratioren unterschrieben und dem Parlament vorgelegt wurde, brachte zwar ebenfalls nicht den gewünschten Erfolg, führte aber dazu, daß Lists Ideen in weiteren Kreisen Verbreitung fanden. So konnte 1908 die *Guido von List-Gesellschaft* gegründet werden, die Lists »Forschungen« künftig finanzierte und publizierte. Die Mitgliederlisten führten hauptsächlich Angehörige des Großbürgertums und des Adels, Großindustrielle, Regierungsräte, Professoren und Militärs, außerdem einige völkische Vereinigungen und die gesamte Wiener *Theosophische Gesellschaft*. Lists Bekanntheit in völkischen und theosophischen Kreisen wuchs, und bald begannen sich andere Autoren auf seine Ergebnisse zu stützen. List starb an den Folgen einer Lungenentzündung am 7. Mai 1919.

Hauptanliegen von Lists »intuitiven Findungen« war es zu beweisen, daß die Deutschen und Österreicher kulturell keine Nachzügler, sondern im Gegenteil gerade Vorreiter waren,[18] daß die Germanen keine ungebildeten Heiden waren, sondern »daß sie ihre eigene uralte Kultur selbständig und von anderen Kulturzentren unbeeinflußt aufgebaut und entfaltet hatten«.[19] Daraus schloß er, daß »überhaupt alle Kulturen arischer Völker bis auf den heutigen Tag ([...] aus ihr hervorgegangen [sind].«[20]

Als Primärquellen, die er durch einen esoterischen »Schlüssel« deutete, dienten ihm religiöse und mythologische Werke, vor allem die Liederedda, außerdem Volksbräuche, Feste, Heldenlieder, Sagen, Legenden und archäologische Fundstücke und Stätten aus Österreichs Vor- und Frühgeschichte.[21]

List beschrieb in seinen Werken ab 1902[22] die Kultur, Religion und Gesellschaft dieser »Ario-Germanen« bis in alle Einzelheiten. Er ging von dem theosophischen Grundkonzept aus, nach dem alle Religionen in ihrem Kern dieselbe esoterische Lehre vertreten. Die äußere Erscheinungsform der Religion dient nach List dem Volk, den niederen sozialen Klassen, die geistig nicht so hoch entwickelt seien und daher die Umwandlung der abstrakten Begriffe in konkrete göttliche Persönlichkeiten bräuchten. Ein solches System sei die polytheistische Religion der Ario-Germanen gewesen, wie sie in Sagen und Mythen überliefert sei und die List »Wuotanismus« nannte. Der esoterische Kern dieses Wuotanismus, der »Armanismus« oder die »Wihinei«, dagegen sei monotheistisch, da die Wissenden erkennen, daß die Götter immer nur Personifikationen der Sondereigenschaften »des einen, großen unnennbaren Gottes«[23] darstellten.

List vertrat wie die Theosophen ein pantheistisches Grundkonzept, bei dem Gott die ganze Welt, Geist und Körper durchdringt. Auf diese Ideen projizierte er lediglich Namen aus der nordischen Mythologie. So sah er auch den Menschen als Teil dieser göttlichen Kraft. Diese sei wiederum aufzulösen in eine Menge »beideinig-zwiespältiger Zweiheiten«, »dreieinig-dreispältiger Dreiheiten« bis hin zu »vieleinig-vielspältigen Vielheiten«, etwa den Molekülen und Atomen, deren jedes wieder eine Welt für sich darstelle, gleichzeitig aber der nächsthöheren »Vieleinheit« unterworfen sei.[24]

Nach theosophischem Vorbild entstand eine hierarchische Gliederung der Wesen, die nach ihrem geistigen Entwicklungsstand eingeordnet wurden. Die verschiedenen Stufen nannte List »Geistringe«, die sich zu immer weiteren Kreisen vereinigen: den Rassen- und Volksgeistern, dem Erdengeist, dem Sonnengeist und schließlich dem Weltgeist. Jedes Individuum verkehre nur mit dem Geist oder Gott, auf dessen Stufe es sich befindet. Somit spielte die Volks- und die Rassenzugehörigkeit in seinem System eine herausragende Rolle. Die »Arier« hätten darin den höchsten Entwicklungsstand innegehabt.[25]

Die Aufgabe des Wuotanismus sah er vorwiegend darin, die arische Rasse zu erhalten und eine »Edelrasse« heranzuziehen. Dies sei auch die Hauptaufgabe der Ehe.[26] Für die Begründung dieser Rassereligion griff Guido von List unter anderem auf die Lehre von der Wiedergeburt, wie sie die Theosophie verbreitete, zurück. Der Mensch verkörpert sich seiner Meinung nach immer auf der Stufe, die seinem Entwicklungsstand aus dem vorhergehenden Leben entspreche. So wurde auch die Zugehörigkeit zu einer »niederen« Rasse als selbstgewählt und sinnvoll dargestellt. Die Reihe der Wiedergeburten wiederhole sich so lange, bis die Seele mit Gott wiedervereint sei.[27]

Als einzige Kulturgründer besaßen die »Arier« für List auch die Ursprache, aus denen alle anderen Sprachen hervorgegangen seien (z. B. Sanskrit, Latein, Griechisch), die sich aber im Deutschen am reinsten erhalten habe. Er führte diese Sprache auf die Runen zurück, bei denen er Buchstaben-Runen und »Heilszeichen-Runen« unterschied. Die letzteren hätten die »Keim- und Urworte der arischen Ursprache«[28] gebildet. Er ging in seinem Werk *Das Geheimnis der Runen* (1908) von einer seiner Meinung nach uralten 18teiligen Runenreihe aus, die er den einzelnen Strophen der Zaubersprüche in den eddischen Hávamál zuordnete und jeweils mit einer okkulten Deutung und einem zusammenfassenden Motto versah.

Entsprechend behandelte er Symbole in *Die Bilderschrift der Ario-Germanen* (Wien 1910). Er deutete die »Ur-Glyphen, Runen, Ziffern, Sigille« gemäß seiner Kosmologie mit Hilfe einer Mischung aus theosophischen Lehren, Zahlenmystik, germanischer Religion, Alchemie und Magie und gelangte so zu seiner speziellen Wappenkunde. In diesen Zusammenhang stellte er das Hakenkreuz als wichtiges »arisches Symbol«. Für ihn bildet dieser »Fyrfos« die 2. Urglyphe, die Swastika, die aus den urarischen Wörtern »thu« und »ask«, also »tue wachsen«, gebildet sei und die »Feuerzeugung« symbolisiere, nämlich Muspilheim und Surtur. So stilisierte er das Hakenkreuz, das schon die Theosophie als wichtiges Emblem verwendete, als einer der ersten zum völkischen Symbol, zur »hochheiligen Schöpfungsglyphe«, zum »Sonnenzeichen« der Arier.[29]

List gilt als der Begründer der okkultistischen Runologie. Er inspirierte mit seinen Schriften und Ideen zahlreiche Epigonen und dürfte über diese auch auf die Runensymbolik des Nationalsozialismus einen beträchtlichen Einfluß gehabt haben.[30]

Über die soziale Ordnung der Ario-Germanen hatte List ebenfalls genaue Vorstellungen. Er projizierte seine Ideen und Wünsche des idealen Staates, der elitäre, rassistische und imperialistische Züge trägt, in eine phantasierte Vergangenheit. Seiner Ansicht zufolge war das Volk in drei Stände unterteilt: den Nährstand, den Wehrstand und den Lehrstand, denen er verballhornte Namen aus Tacitus *Germania* gab: Ingfoonen, Istfoonen und Armanen. Dem ersten Stand mußte jeder angehören. Die Istfoonen als Wehrstand waren, so List, nicht diejenigen, die für die Verteidigung des Landes zuständig waren, sondern sie waren die »Zuvielgeborenen«, die auszogen, um neues Land zu besiedeln. So sollen die Ario-Germanen ihre Kultur im Laufe der Jahrhunderte in sämtliche Teile der Welt gebracht haben.[31] Den höchsten Stand bildeten schließlich die »Armanen«, die sich List als Wissende, Gelehrte, Priester, Richter und Fürsten gleichzeitig dachte. Sie hätten durch Beherrschung okkulter Kräfte und mit ihrem »durch

Abb. 6:
Die von Guido von List und seinen Nachfolgern entwickelte Runenesoterik hat auch heute noch Anhänger nicht nur in neugermanisch orientierten Kreisen, sondern auch im weiteren Neuheidentum und der esoterischen Bewegung. Hier ein Bild aus einem Prospekt, der für das Buch *Runen im Leben der Völker* von Harry Radegeis (vgl. S. 49ff.) wirbt.

intuitives Empfinden gefundenen Erkenntniswissen«[32] absolut geherrscht.

Die Christianisierung Germaniens bildete für List, wie für viele Völkische, den Wendepunkt in der glorreichen Geschichte der Ario-Germanen. Mit der »Machtpolitik« Karls des Großen – von List in völkischer Manier nur »Karl der Sachsenschlächter« oder »der blutige Karl« genannt – sei die friedliche Umgestaltung der Religion jedoch unterbrochen worden, und es folgte die blutige Ära der Christianisierung, die den Wuotanskult gewaltsam ausrotten sollte.[33] Gleichzeitig habe eine Einwanderung fremder Rassen eingesetzt, die den Intellekt der Deutschen durch Rassenmischung vermindert habe, so daß auch das ans »reine arische Blut« gebundene Gesetz, die »Rita«, im Bewußtsein des Volkes verlorengegangen sei.[34]

Um ihre Religion für bessere Zeiten aufzubewahren, bildete eine Gruppe der Armanen, die List »Kalander« nannte (eigentlich der Name einer im 13. Jahrhundert gegründeten geistlichen Bruderschaft), Geheimbünde, um ihre Rita, ihre Wihinei, in die »hohe heimliche Acht« zu nehmen. Sie pflegten eine Geheimsprache, die »Kala«, die ihnen erlaubte, ihr Wissen in allen möglichen Formen zu überliefern. So meinte List, daß in den Bauhütten und den Ritterorden, in der Feme,in den Minnesängerorden und schließlich im Hexentum »altes armanisches Weistum« »verkalt« tradiert worden sei.[35]

Ein Vergleich der Weltanschauung Lists mit derjenigen des *Armanen-Ordens* zeigt, daß dieser wesentliche Ideen von List übernommen und weitergeführt hat. Charakteristisch ist für beide die kulturpessimistische Grundhaltung, der eine »altgermanische Hochkultur« als Alternative entgegengesetzt wird. Auch die Kombination von Okkultismus, germanischer Kultur und Religion und Mittelalterschwärmerei sowie der Gedanke, daß diese Weltanschauung ein neues Zeitalter einleitet, finden sich bei List und den Armanen. Ähnlich sind zudem die Vermischung von Reinkarnations- und Rassenlehre und die Methode, mit der man zur eigenen Weltanschauung gelangt, nämlich die Betonung der Intuition vor der Ratio sowie charakteristische etymologische Spekulationen. Direkt übernommen hat der *Armanen-Orden* schließlich auch die Idee einer germanischen »Gauverfassung«.

Abweichend von List betonen die Armanen die Bedeutung der einzelnen Götter stärker und haben sich eine Wiederbelebung des germanischen Polytheismus zum Ziel gesetzt. Zudem beziehen sie sich gleichermaßen auf die keltische Religion, die List als entartete Religionsform der »Welschen« ablehnte. In diesem Punkt und in der Betonung der Polarität, die für die germanische Religion charakteristisch sei, gleicht die Weltanschauung der Armanen eher derjenigen Sebaldts. Mir ist allerdings nicht bekannt, ob sich der Orden direkt auf Sebaldts Werk stützt oder ob es sich um zufällige Übereinstimmungen handelt.

Jörg Lanz von Liebenfels

Ebenfalls aus Wien stammt der zweite Denker, der die Ariosophie bis auf den heutigen Tag beeinflussen sollte, Jörg Lanz von Liebenfels. Am 1. Juli 1874 wurde er als Sohn eines Lehrers geboren und auf den Namen Adolf Josef Lanz getauft.[36] Mit 19 Jahren trat er als Bruder Georg ins Zisterzienserstift Heiligenkreuz ein, das er aus nicht genau bekannten Gründen 1899 wieder verließ.

Ab 1900 schrieb Lanz regelmäßig in völkischen und sozialdarwinistischen Zeitungen und entwickelte in diesen Artikeln seine neugnostische, rassistische Religion. 1905 veröffentlichte er seine rassenreligiöse Grundschrift *Theozoologie* und gründete eine eigene Zeitschrift namens *Ostara*.[37] Diese

»einzige und erste rassenwirtschaftliche Zeitschrift, die die Ergebnisse der Anthropologie praktisch in Anwendung bringen will, um den Umsturz und das Urrassentum wissenschaftlich zu bekämpfen und die europäische Edelrasse durch Reinzucht vor dem Untergang zu bewahren«,[38]

behandelte anfangs vor allem politische und wirtschaftliche Probleme der Habsburger Monarchie von einem antiliberalistischen und alldeutschen Standpunkt aus. Später nahmen Themen wie rassische Somatologie, Anti-Feminismus und Anti-Parlamentarismus breiteren Raum ein. Zu den Autoren zählten unter anderem Mitglieder der *Guido von List-Gesellschaft*.[39]

Daneben widmete sich Lanz der Verwirklichung seines Traumes von einem neuen, elitären Tempelritterorden, der die Rassereligion, die er in seinen Schriften entwickelt hatte, wiederbeleben sollte. Er gründete diesen *Neuen Templer Orden* (*ONT* oder *Ordo Novi Templi*) wohl schon im Jahre 1900.[40] 1907 kaufte er mit Hilfe von Wiener Freunden die Burg Werfenstein im Strudengau an der Donau. Der Orden sollte laut Satzung das rassische Bewußtsein durch genealogische und heraldische Forschung und Schönheitswettbewerbe fördern, außerdem gab es eine Liturgie und Zeremonien für Eingeweihte sowie eine siebenstufige Hierarchie, deren Kriterien Rassereinheit, Alter und Funktion innerhalb des Ordens waren.[41]

Um den politischen Wirren zu entgehen, verließ Lanz Ende 1918 Österreich und siedelte sich in Budapest an. Seine Aufenthaltsorte in den Jahren bis 1939 sind nicht genau bekannt, 1939 scheint er wieder in Wien gelebt zu haben, wo er 1954 starb.[42]

»Lanz-Liebenfels' Ziel ist [...], alle diese blonden Edelmenschen über die in ihnen schlummernden Rassekräfte aufzuklären und das in ihnen bereits triebhaft vorhandene Rassebewußtsein zu wecken, zu schärfen und zu bilden.«[43]

So beschreibt ONT-Mitglied Johann Walthari Wölfl das Hauptanliegen von Lanz. Die Theosophie, vor allem die Geheimlehre Blavatskys, der Monismus und die zeitgenössische vitalistische Philosophie sowie einige völkische Publizisten hatten starken Einluß auf sein Werk, das zudem von »tiefgreifende[n] monastisch-christliche[n] Einflüsse[n]« geprägt war.[44] Im Unterschied zu List zeigte er sich an Zeugnissen germanischer Religion weniger interessiert als an der biblischen Überlieferung. Folglich wird er von heutigen neuheidnischen Gruppen kaum direkt rezipiert, zumal er sich auch in seinem Orden auf christliche Traditionen – wenn auch völlig pervertierter Art – berief. Seine rassenmystischen Theorien wirken jedoch in der gesamten ariosophischen Bewegung fort.

Lanz ging – wie List und die Theosophen – von einer Allbeseelung aus, sah Gott als eine panpsychische Urkraft und alle anderen Energien als deren Ableitungen oder Vergröberungen. In dieser himmlischen Hierarchie gab es nach Lanz sogenannte »Theozoa« bzw. »Elektrozoa«, die die Aufgabe hatten, den Menschen künstlich zu züchten. Die so entstandenen gottgleichen Menschen seien die Vorfahren der heutigen »arischen Heldenrasse« gewesen. Einige von ihnen hätten das Gesetz der »Reinzucht« verletzt und sich mit Tieren vermischt. Durch diesen »Sündenfall« seien ihre elektrischen Organe verkümmert, die dem Kontakt mit geistigen Wesen, also mit Gott, gedient hätten, und es seien »Tiermenschen«, Vorfahren der »Niederrassen«, entstanden.[45] Folglich setzte Lanz den Besitz dieser Organe mit der Fähigkeit zur Religiosität gleich, die also nur Reinrassige besitzen könnten. Rasse und Gott waren damit für ihn eins. Das Ziel der biblischen Religion sei gewesen, die Rasse wieder hochzuzüchten, die Götter wiedererstehen zu lassen. Christus wurde für ihn zum reinen Urbild des arisch-heldischen und göttlichen Menschen, der im Mysterium der Erlösung, dem Gralsmysterium, den Weg zur Entmischung der Rassen gezeigt habe.[46]

Zentral ist für Lanz die Gralsmystik, sieht er doch den Gral als »elektrisches Symbol« der reinen arischen Rasse, den die Gralshüter (die nordischen Menschen) wiederzuerlangen strebten. In diesem Zusammenhang sah er auch die historische Aufgabe der Klöster und seines *ONT.* Die Kreuzritter, insbesondere die Templer, die er mit den Gralsrittern identifizierte, hätten die Mission gehabt, die Rassereinzucht der »Blonden« zu erhalten oder wiederherzustellen.[47]

Schuld an der Sünde der Rassenmischung war für Lanz vor allem die Frau, die einen Hang zu Tieren bzw. Männern niederer Rasse zeige. Dabei sei nicht nur die Zeugung eines Mischlingskindes sündhaft, das Sperma eines minderrassigen Mannes »imprägniere« vielmehr eine Frau und wirke rasseverschlechternd auf alle ihre Nachkommen. Die Aufgabe des arischen Mannes sei es, die Frau »ritterlich aber streng« zur »Zuchtmutter« zu erziehen, damit sie nicht die Rassereinzucht gefährde.[48]

In seinen *Ostara*-Artikeln zog Lanz auch praktische politische Folgerungen, die nicht so sehr auf nationalistische, sondern mehr auf übernationale rassistische Ideen zielten. Er sah seit Beginn der Neuzeit eine »Herrschaft der Juden, Tschandalen (so bezeichnete er die »Mischrassigen«, d. Verf.) und Bettelorden, besonders der Jesuiten«,[49] die mit Hilfe böser Geister den Ariern überlegen seien. Allerdings hätten sich letztere aufgrund ihrer einseitigen Verstandesausbildung und eines Verlustes der Religion selbst in die schwächere Position gebracht.[50] Die Lösung sah Lanz in der Schaffung einer Rassenaristokratie, die die Hochzucht wiedereinführen sollte und deren erster Künder der *ONT* sei.

Obwohl Lanz andere Schwerpunkte setzte als List, waren die beiden eng befreundet und beeinflußten sich gegenseitig seit ihrem Kennenlernen in Gars 1893. So war List Mitglied des *ONT*, Lanz Mitglied der *Guido von List-Gesellschaft*, in ihren Publikationen empfahlen sie ihre Werke gegenseitig. Daher ist auch der Einfluß des einen auf die nachfolgenden Ariosophen kaum von dem des anderen zu trennen.

Die Ariosophie nach dem Ersten Weltkrieg

Die Kriegsniederlage brachte in Deutschland einen neuen Aufschwung für völkische und rassistische Ideen und gleichzeitig eine »religiöse Renaissance« in den 20er Jahren. Dies kam dem *Neuen Templer Orden* zugute, der sich nach der Gründung des Priorats Hollenberg durch Detlef Schmude in Deutschland verbreitete. Lanz' Ideen wurden bei einem weiteren Publikum bekanntund verbreiteten sich ab 1932 über den rechtsradikalen rassistischen *Lumenclub* in das gesamte völkische Umfeld.[51]

Lanz' Verleger, der 1892 geborene Herbert Reichstein, sorgte ebenfalls für eine weitere Verbreitung von dessen Ideen, nicht nur durch seinen Buchverlag, sondern auch als Herausgeber der *Zeitschrift für Menschenkenntnis und Menschenschicksal*, deren Name 1926 in *Zeitschrift für Menschenkunde und Schicksalsforschung*, später nochmals in *Zeitschrift für Geistes- und Wissenschaftsreform* geändert wurde. Hier erschien 1929/30 eine »Geschichte der Ariosophie« von Lanz.[52] 1928 gründete Reichstein die *Neue Kaland Gesellschaft*, die unter dem geistigen Einfluß von Lanz stand und für die Reichstein zwischen 1929 und 1931 Treffen und Vorträge organisierte. Später zog diese Gesellschaft von Pforzheim nach Preßbaum im Wienerwald und nannte sich *Ariosophische Kulturzentrale*. Von hier aus unterhielt Reichstein rege Kontakte zum *ONT* und zur *NSDAP*.[53] Auch Lists Ideen fanden in dieser Zeit neue Unterstützung. Politisch aktive Anhänger Lists führten seine Lehre von den Ario-Germanen in die rassistischen und völkischen Organisationen Deutschlands und Österreichs ein, denen sie angehörten.[54] Anhänger und Leser von List und Lanz, die deren Ideen in eigenen Werken verwendeten und weiterentwickelten, bildeten einen weiteren Kanal, durch den sich ariosophische Ideen verbreiten und an Einfluß gewinnen konnten.

Lists Runologie inspirierte zudem zahlreiche Epigonen zu weiteren Spekulationen. Philipp Stauff (1876–1923), der langjährige Vorsitzende der *Guido von List-Gesellschaft*, hatte bis zu seinem Selbstmord 1923 großen Erfolg mit einer esoterischen Abhandlung über »Runenhäuser«. Er wendete die Symboltheorien Lists auf Fachwerkbauten an, in deren Balkenwerk er runische Botschaften der Armanen »verkalt« sah.[55] Ähnliche Theorien vertrat Richard Sinning, während Werner von Bülow meinte, in den Märchen eine runische Geheimsprache entdeckt zu haben.[56] Friedrich Bernhard Marby und Siegfried Adolf Kummer entwikkelten ihre »Runengymnastik« oder »Runenyoga«. Das Werk eines von List und Lanz inspirierten Ariosophen, Rudolf John Gorslebens 1930 erschienenes *Hochzeit der Menschheit* wird noch von heutigen neuheidnischen Gruppen als Standardwerk empfohlen und kursiert in weiteren esoterisch interessierten Kreisen als »Geheimtip«.[57]

Ein weiterer Kanal, durch den ariosophisches Ideengut in rechtsextremen Kreisen verbreitet wurde, ist eine Reihe von Vereinigungen, Bünden und Orden. Zu ihnen zählt die von Gorsleben gegründete *Edda-Gesellschaft*, die vor allem in den 20er Jahren hohe Mitgliederzahlen aufwies. Die einflußreichsten unter ihnen unterhielten auch direkte Verbindungen zu führenden Kreisen der *NSDAP*: der *Germanen-Orden*, der *Reichshammerbund* und die *Thule-Gesellschaft*.

Der Präsident der *Guido von List-Gesellschaft*, Philipp Stauff, faßte mit anderen Ariosophen und völkischen Aktivisten um 1910 den Entschluß, eine Loge gegen die angebliche jüdische Weltverschwörung zu gründen, aus der 1912 der *Germanen-Orden* entstand. Diese Vereinigung, die nur für Mitglieder »germanischer Abstammung« offenstand, pflegte rassistische und von Wagner und freimaurerischen Zeremonien geprägte Rituale und zeigte in einigen Regeln deutliche Einflüsse Lists.[58] Ein enger Zusammenhang bestand zwischen dem *Germanen-Orden*, der als antisemitischer Geheimbund logenartig aufgebaut war, und dem *Reichshammerbund*, der als »öffentliche und allen Volksschichten und Parteien offene antisemitische Sammelbewegung«[59] fungierte.

1916 verließ ein Teil der Mitglieder nach der Absetzung des Großmeisters Hermann Pohl die Gesellschaft und gründete den *Germanenorden-Walvater*. Der andere Teil formierte sich um Philipp Stauff in Berlin und wurde nach 1918 von Großmeister Eberhard von Brockhusen, ebenfalls einem Mitglied der *Guido von List-Gesellschaft*, straffer organisiert. In den 20er Jahren fungierte der Orden nicht mehr nur als propagandistischer Verfechter der Ariosophie, sondern scheint seine Ideen militanter, unter anderem durch die Planung von Attentaten gegen politisch Andersdenkende durchgesetzt zu haben.[60]

Eng verbunden mit der *Thule-Gesellschaft* ist der Name Rudolf von Sebottendorff. Dieser kosmopolitische Abenteurer, Hochstapler und Spion wurde 1875 unter dem Namen Alfred Rudolf Glauer geboren. Nach einem abgebrochenen Ingenieursstudium fuhr Glauer zur See, widmete sich bei mehreren Aufenthalten in Ägypten und der Türkei okkultistischen Studien und kam dabei zu dem Schluß, daß die islamische Mystik und die Runen dieselben arischen Wurzeln haben müßten. 1916 traf er in Deutschland auf den *Germanen-Orden*, für den er in Bayern aktiv wurde und faßte Interesse an Lists Runologie. 1918 gründete er in München eine eigene Loge unter dem Namen *Thule-Gesellschaft. Thule-Gesellschaft* und *Germanen-Orden* trugen in den 20er Jahren nicht unerheblich dazu bei, ein Klima zu schaffen, in dem der Nationalsozialismus gedeihen konnte.[61]

1918 erwarb Sebottendorff den *Münchner Beobachter und Sportblatt*, den er ab August 1919 *Völkischer Beobachter* nannte. Hier erschienen antisemitische Propaganda und Berichte über Pferderennen. Das Blatt wurde 1920 kurz vor dem finanziellen Ruin von Dietrich Eckart gekauft und bildete von diesem Zeitpunkt an die publizistische Basis der *NSDAP*. Obwohl von vielen Autoren behauptet, ist hieraus wohl nicht abzuleiten, daß Sebottendorff Mentor und Financier dieser Partei war.[62] Sebottendorff besaß außerdem ein Waffenlager, mit dem er Freikorps und alldeutsche Bewegungen unterstützte, und er gründete den *Kampfbund Thule* gegen die bayerische Räterepublik. In seiner *Thule-Gesellschaft* schuf er ein Forum für spätere Größen des Nationalsozialismus. Dietrich Eckart, Rudolf Heß, Alfred Rosenberg und viele andere verkehrten dort als Gäste oder Mitglieder.[63]

1919 zog sich Sebottendorff aus der Loge zurück und wendete sich astrologischen Studien zu. Nach Aufenthalten in Lugano und der Türkei kam er 1933 wieder nach München mit dem Ziel, die *Thule-Gesellschaft*, um die es seit 1926 still geworden war, in den NS-Staat einzugliedern. Diese Aktivitäten waren jedoch nicht gern gesehen, weil er in seinem Buch *Bevor Hitler kam* sich und die *Thule-Gesellschaft* als wichtigste Vorläufer und Vordenker der Nationalsozialisten dargestellt hatte.[64] 1934 wurde er deswegen kurz interniert, danach arbeitete er in der Türkei für den deutschen Geheimdienst und ertränkte sich am Tag der Kapitulation Deutschlands im Bosporus.

Das Schicksal Sebottendorffs ist symptomatisch für dasjenige vieler Ariosophen während Hitlers Herrschaft. Es ist offensichtlich, daß zwischen den Ideen der Ariosophen und denen der Nationalsozialisten weitgehende Parallelen bestehen. So gab es auch während der nationalsozialistischen Herrschaft Personen,

Gruppierungen und Strömungen, die Germanenschwärmerei und von der Ariosophie angeregte Ideen pflegten und verbreiteten. Dazu gehörte der Kreis um Alfred Rosenberg und vor allem der um Heinrich Himmler, der in der SS die ariosophischen Ideen einer Rassenelite zu verwirklichen suchte. Himmler interessierte sich für populäre Geschichtstheorien und hatte einen Hang zum Okkultismus, insbesondere zur Astrologie. Er umgab sich mit Schwarmgeistern und Runenokkultisten und stellte ihnen im *Ahnenerbe*, der Forschungsstätte der SS, Raum und Mittel zur Verfügung, ihre Theorien in größerem Rahmen weiterzuentwickeln.[65]

Einer dieser von Himmler bevorzugten undurchsichtigen »Magier« war Karl Maria Wiligut, der unter dem Namen Weisthor als »privater Erberinnerer« der SS bis 1939 Dienste leistete. Dieser 1866 geborene pensionierte Offizier pflegte seit Anfang des Jahrhunderts Kontakte mit völkischen und ariosophischen Kreisen in Wien und stand Gorslebens *Edda-Gesellschaft* nahe.

Trotz dieser vereinzelten Beispiele von Okkultisten und Ariosophen wurde die Ariosophie insgesamt im »Dritten Reich« ungern gesehen. Viele Gruppen stellten ihre Aktivitäten ein oder wurden direkt verboten. Dies mag vor allem daran liegen, daß die individualistischen, elitären Konzepte sich schlecht in die »Volksgemeinschaft« integrieren ließen und daß den Machtpolitikern des »Dritten Reiches« letztlich die Allianz mit den mächtigeren christlichen Konfessionen wichtiger erschien.

Herman Wirth

Ein Beispiel für das Schicksal völkisch religiöser Denker während der NS-Herrschaft ist der 1885 geborene deutsch-holländische Privatgelehrte Herman Wirth. Er stellt darüberhinaus ein Bindeglied zwischen romantischer Germanenschwärmerei der 20er Jahre, dem Nationalsozialismus und den Wiederentdeckern einer »einheimischen Urreligion« nach dem Krieg dar. Wirth[66] entwickelte früh eine nationalromantische, deutsch-völkische Weltanschauung, setzte sich für einen europäischen Pan-Germanismus ein und wandte sich später dem Nationalsozialismus zu. Er entwarf eine zivilisationskritische Lehre von einem steinzeitlichen Gottesmythos, der Deutschland eine geistig-religiöse Erneuerung bringen sollte.[67] 1928 erschien bei Eugen Diederichs sein Werk *Aufgang der Menschheit*, in dem er erstmals von einer Urkultur berichtete, die in Atlantis entstanden sei und sich bis in die ältere Steinzeit zurückverfolgen lasse. Die damalige Gesellschaft sei mutterrechtlich organisiert gewesen. Aus dem Umlauf der Sonne hätten die Menschen die monotheistische, kosmische

Religion mit dem Glauben an einen Vatergott und dessen Offenbarung durch den Sohn erfahren. Aus diesem solaren Gotteserleben seien auch die symbolischen Zeichen, z. B. die Runen, entstanden. Ihrer Deutung und dem Vergleich prähistorischer Symbole, Ornamente und Schriftzeichen aller großen Kulturen der Welt widmete Wirth den größten Teil seines Lebenswerkes. Aus der Wiedererwekkung dieser Urkultur erhoffte er sich die »Wiedergeburt der nordischen Rasse« und die Befreiung der Menschheit vom Fluch der Zivilisation.[68]

Nicht anerkannt von der Fachwissenschaft gelang es ihm erst, sich zu etablieren, als Heinrich Himmler auf ihn aufmerksam wurde. Unter seiner Protektion wurde Wirth 1935 Mitbegründer und Präsident des *Deutschen Ahnenerbes*, In dieser »Pflegstätte für Schrift- und Sinnbildkunde«, die sich später zur großen Forschungseinrichtung der SS entwickelte, hatte er Spielraum für seine Forschungen und schrieb an seinem zweiten großen Werk *Die heilige Urschrift der Menschheit*. Auch hier geriet er jedoch zunehmend unter den Druck der Fachwissenschaft und wurde 1937 als Präsident des Ahnenerbes von Walther Wüst abgelöst. Er blieb aber in Kontakt mit Himmler und behielt seinen Rang als SS-Hauptsturmführer.

Nach 1945 war Wirth zwei Jahre lang als Kollaborateur interniert, 1952 emigrierte er nach Schweden, gründete ein *Institut für Farbphotographie* und pflegte Kontakte mit spiritistischen Kreisen. Es gibt zahlreiche Hinweise dafür, daß er nicht nur seinen urreligiösen Matriarchatstheorien, sondern auch seiner nationalsozialistischen Ideologie treu blieb. So erklärte er 1956, »daß auch vieles Gutes im nationalsozialistischen Reich gewesen wäre und daß dies noch heute meine Überzeugung sei«.[69] Einen Brief an Rudolf Mund unterzeichnete er 1958 »mit deutschem Gruß«.[70] Ihn als Verfolgten des nationalsozialistischen Regimes darzustellen, wie er und seine späteren Anhänger es versuchten, scheint also unangemessen.[71]

Die Aktivitäten zur Wiederbelebung seiner rassistischen, matriarchalischen, germanischen Urreligion nahm Wirth ebenfalls bald nach dem Krieg wieder auf mit der Neugründung des *Ahnenerbes* als *Heimskringla*, womit ihm zunächst wenig Erfolg beschieden war.[72] In den frühen 70er Jahren gelang ihm jedoch der Anschluß an alternative Kreise und an die Indianerunterstützerszene über Waltraud Wagner und deren Schwiegersohn Andreas Lentz, der seine Ideen heute im *Armanen-Orden* verbreitet.[73] Für den Erfolg, den Wirths Ideen bei einigen Grün-Alternativen hatten, dürfte vor allem seine Konzeption des kultischen Matriarchats verantwortlich sein, die wenig gemein hat mit der soldatischen, männerbündischen nationalsozialistischen Ideologie und die ihn während der Herrschaft Hitlers vielen suspekt gemacht hatte. Über diesen Träumen von einem organischen Zusammenhang zwischen Mensch und Natur waren die späteren Anhänger Wirths offenbar bereit, über die rassistischen Bestandteile seiner Religion hinwegzusehen und sie als zeitbedingte menschliche Schwächen zu interpretieren.

Wirth bemühte sich in den 70er Jahren weiter um die offizielle Anerkennung seiner Ideen. Er gründete mit seiner Sammlung prähistorischer Symbole aus aller Welt ein Museum in Marburg, das jedoch bald wieder schließen mußte. Nach seinem Umzug in die Westpfalz fanden sich neue Förderer dieser Pläne. Roland Häke, ein Wirth-Schüler und SPD-Mitglied, wollte die Sammlung mit Hilfe von kommunalen und Bundesmitteln in der Zehntscheune in Lichtenberg als Museum der Öffentlichkeit zugänglich machen. Nach einer Protestkampagne der Jungsozialisten, der sich Fernsehen und Presse anschlossen und bei der die nationalsozialistische Vergangenheit Wirths ans Licht kam, nahm der Kreissausschuß 1980 Abstand von seinem Plan, das Museum zu unterstützen.[74] Wirth starb am 26. 12. 1981.

Es lassen sich also sowohl auf personeller als auch auf organisatorischer Ebene Kontinuitäten innerhalb des neugermanischen Heidentums nachweisen, die bis zum Anfang des 20. Jahrhunderts zurückreichen. Gleichzeitig stehen neugermanisch heidnische Gruppen gegenwärtig in Kontakt mit diversen religiös und gesellschaftlich engagierten Gruppen von der New-Age-Bewegung bis hin ins rechtsextreme Lager. Darüberhinaus lassen sich Zusammenhänge zwischen einzelnen Vorstellungen neugermanischer Gruppen mit verschiedenen historischen und zeitgenössischen geistig-politischen Strömungen nachweisen. Um einige dieser Problemzusammenhänge wird es in den nächsten Kapiteln gehen.

Auswege aus der Moderne?

Der Rückgriff auf vor- und nichtchristliche Religionen

Kritik an der eigenen Zeit und Gesellschaft führte in verschiedenen Epochen immer wieder Menschen dazu, positive Gegenbilder in einer vermeintlich heileren Vergangenheit zu suchen. Im deutschen Sprachgebiet und in Nord-Europa gerieten dabei auch die »eigenen Vorfahren«, die Germanen, ins Blickfeld, zunächst vor allem in das der volkskundlichen und philologischen Wissenschaft.

Germanenideologie und Wissenschaft

Ideologiegeschichtlich betrachtet lassen sich einzelne Elemente der neuzeitlichen Germanenrezeption und einer »Deutschen Germanenideologie«[1] bis in den Humanismus zurückverfolgen. Diesen Anfängen einer wissenschaftlichen und ideologischen Betrachtung der altgermanischen Kultur und Religion liegen allerdings keine religiösen Motive zugrunde, sie stehen vielmehr im Zusammenhang mit der Entwicklung der deutschen Philologie und der neuentstehenden Archäologie. Erste Ansätze einer religiösen Germanenrezeption finden sich in der Frühromantik, die bei ihrer Forderung nach einer »neuen Mythologie« auch Elemente der germanischen Götterwelt betonte. Herders Idee, daß jede Nation eine eigene Mythologie haben müsse, und die Schriften der Brüder Grimm, denen der Mythos als unmittelbarer Zugang zu den Ursprüngen des Volkhaften erschien,[2] bahnten zu Beginn des 19. Jahrhunderts schließlich den Weg zu einer primär politisch ausgerichteten Betrachtungsweise, die das Germanische aus nationalistischen Motiven in den Vordergrund stellte. Da nur äußerst wenige Quellen zum germanischen Altertum aus dem deutschen Raum existieren, griffen Vertreter dieser nationalen Strömung zurück auf den »romantischen Gedanken, daß die skandinavische Überlieferung der Ausdruck eines Volkstums sei, dem die Deutschen in gleicher Weise angehören wie die Skandinavier selbst«,[3] und sie versuchten, den nicht direkt in Quellen überlieferten deutschen Mythos in der Volksüberlieferung, insbesondere den Märchen, zu finden, in denen man Überreste der alten Mythologie vermutete.[4]

Ebenfalls im Denken der Romantik liegen die ersten Ansätze einer Verbindung zwischen der ethischen Hochschätzung des germanischen Menschen und der Ablehnung der christlichen Missionierung dieser Völker. In diese Kirchenkritik, die die Priester als »Träger der verfaulenden Zivilisation der Spätantike« sah, mischten sich erstmals auch starke zivilisationskritische und kulturpessimistische Züge.[5]

In dieser kulturpessimistischen Tradition ist die nicht primär religiöse, sondern mit wissenschaftlichem Anspruch arbeitende, völkisch-national begründete Germanenrezeption des beginnenden 20. Jahrhunderts zu sehen. Vor allem in der Volkskunde und germanischen Altertumskunde nahm die germanophile, kontinuitätsgläubige Reliktforschung ab 1900 ihren Aufschwung. Gustav Neckel, Herman Wirth oder Bernhard Kummer beispielsweise bemühten sich in den 20er Jahren des 20. Jahrhunderts darum nachzuweisen, daß die Altgermanen auf einer besonders hohen sittlichen und kulturellen Stufe gestanden hätten. Ihr Ziel war sicherlich nicht die Schaffung einer neuen oder die Wiederbelebung einer alten Religion, jedoch ebensowenig die wertfreie Erweiterung des Wissens über Kultur und Religion der alten Germanen, sondern die »geistige« Rekonstruktion einer »arteigenen« Lebenshaltung in der Gegenwart auf der Grundlage eines lebensreformerisch geprägten Ressentiments gegen die moderne Zivilisation.[6] Selbst nicht religionsbildend, gab diese Art von Kontinuitätsforschung in Märchen, Sagen und Sinnbildern Anregungen für Strömungen, die ab etwa 1900 versuchten, germanische Religion in der einen oder anderen Form wiederzubeleben. Für den Entwurf neugermanischer Religionssysteme war insbesondere die ahistorische Methode dieser Art von Wissenschaft fruchtbar zu machen, die die Mythen oder deren vermeintliche Überreste als Ausdruck unveränderlicher, zeitloser geistig-seelischer Grundzüge des eigenen Volkes verstand und sie auf diese Weise in der Gegenwart lebendig werden lassen wollte.

Wahrscheinlich ist auch, daß neugermanische Religionsentwürfe Einfluß auf wissenschaftliche Theorien hatten, verstanden doch viele der Gründer religiöser Vereinigungen ihre Werke und Theorien als wissenschaftliche Forschungsbeiträge.

Germanisierung des Christentums

Gemeinsam ist religiösen und wissenschaftlichen Entwürfen der – wiederum völkisch begründete – antirömische, und damit meist antichristliche Affekt. So forderten verschiedene völkische Ideologen einen »arteigenen deutschen Glauben« oder eine »Germanisierung des Christentums«,[8] das es von orientalischen, jüdischen oder römischen Einflüssen zu befreien gelte. Sie standen in

Abb. 7:
Neugermanische Heiden sehen in der Regel in den christlichen Kirchen ihre Hauptgegner. Gleichzeitig versuchen einige von ihnen, in der christlichen Überlieferung urgermanische Traditionen zu identifizieren. Das Bild zeigt die Titelseite eines Heftes der *Germanischen Reihe*, die Geza von Neményi, Leiter der *Germanischen Glauben-Gemeinschaft* herausgibt.

der Nachfolge Paul de Lagardes, der schon um die Mitte des 19. Jahrhunderts die wahre Einheit des deutschen Volkes durch die Schaffung einer nationalen Religion verwirklicht sehen wollte. Bereits Jacob Grimm hatte in der Vorrede zu seiner *Deutschen Mythologie* (1844) behauptet, daß die alten Germanen eine besondere Affinitität zum Christentum, insbesondere zum Protestantismus, besessen hätten. Lagarde und später Arthur Bonus spitzten diesen Gedanken dahingehend zu, daß sie das Deutschtum oder Germanentum zum Idealbegriff machten, der geeignet sein sollte, in der christlichen Überlieferung zwischen Gültigem und Ungültigem zu unterscheiden. Insbesondere der Autor des *Heliand*, der altsächsischen Evangelienharmonie des 9. Jahrhunderts, der Mystiker Meister Eckhart sowie der Reformator Martin Luther galten diesen Vertretern einer »heldischen Religion« als Gewährsleute für ihre Ansichten. Gleichzeitig war es ihr Ziel, das Christentum von jüdischen Einflüssen zu reinigen, die seit Paulus für die Fälschung der Evangelien verantwortlich gewesen seien.[9]

Die Vorwürfe, die solchen angeblich »artfremden« Einflüssen gemacht wurden, ähnelten sich, ob sie nun gegen Juden, gegen Rom oder gegen die Kirche gerichtet waren. Sie gründeten in einem zivilisationskritischen Kulturpessismismus, der den Rationalismus, die »scharfe Logik der Romanen, [die dem] deutschen Geiste niemals ganz genügt«[10] hat, für die Krise der modernen Welt verantwortlich machte. Befreiung aus der Krise suchte man folglich in einem bewußten Irrationalismus, der das »Gefühl gegen den Verstand, die Seele gegen den Geist«[11] ausspielte. Der Verleger Eugen Diederichs schreibt über seinen Plan, das Werk des Philosophen Bergson herauszugeben:

> *»Wir haben dann eine neue irrationalistische Philosophie, und die Bahn für das Religiöse wird frei. Also bitte glauben Sie an keine Zukunft eines neuen Rationalismus. Die Entwicklung kann nur im Gegensatz zum Rationalismus weitergehen«.*[12]

Solch eine neue Philosophie, ein neues Lebensgefühl, hoffte Diederichs mit vielen anderen in erster Linie im »nordischen Menschen« zu finden.[13] Dessen reinste Ausprägung sah man in einer idealisierten, von rationalistischen Ideen noch nicht angekränkelten Vergangenheit, was zu einer fast besessenen Suche »nach Anfängen, und je älter sie erscheinen, desto lieber«, führte.[14]

Von hier aus war der Weg nicht weit, nicht nur »römische« oder sonstige »artfremde« Überformungen des Christentums, sondern diese Religion insgesamt für die Krise der Moderne, für die Zerstörung der ursprünglichen germanischen Sittlichkeit verantwortlich zu machen. Während die einen, etwa Artur Dinter, in einem »arisch-heldische[n], wahre[n] und wahrhaftige[n]

Christentum« die »Wiederherstellung der nordischen Urreligion« sahen,[15] wandten sich andere ganz von der christlichen Religion ab und wollten diese vollständig durch Germanisches ersetzt sehen. Die Vertreter eines germanisierten Christentums konnten insbesondere in der Zeit des Nationalsozialismus innerhalb der Kirchen als »Deutsche Christen« Erfolge verbuchen. Die Anhänger der reinen germanischen Religion schlossen sich in verschiedensten Glaubensgemeinschaften zusammen (vgl. S. 119ff.) und vereinigten sich nach der »Machtergreifung« Hitlers unter der Führung des Religionswissenschaftlers Jakob Wilhelm Hauer zur *Deutschen Glaubensbewegung*.[16] Zu denjenigen, die eine Rettung der Religion und Kultur von der Rückwendung zur germanischen Götterlehre erhofften, gehörten auch Guido von List und seine Nachfolger.

Völkische Ideologie und germanische Religion

Klare Grenzlinien zwischen den Versuchen, das Christentum aus völkisch-nationalen Motiven heraus zu erneuern, und den Bestrebungen, eine neue Religion aus altgermanischen Überlieferungen zu schaffen, lassen sich für die Zeit um die Jahrhundertwende nicht ziehen. Bewegungen, die nicht explizit antichristlich und völkisch eingestellt waren, griffen beispielsweise auf Versatzstücke der nordischen Mythologie zurück, um ihre Weltanschauung als »ursprünglich« und aus uralten Wurzeln gewachsen zu legitimieren. Dies gilt für die Theosophie, die ohnehin in engem Kontakt zur Ariosophie stand, aber auch für die Anthroposophie Rudolf Steiners. Wie weit verbreitet eine altgermanisch inspirierte Symbolwelt zu Anfang des 20. Jahrhunderts war, belegt zudem die Tatsache, daß auch die Arbeiterbewegung nordisch-mythologische Themen und Bilder rezipierte und verbreitete, wie es sich beispielsweise an den sozialistischen Sonnwendfeiern und Weihespielen zeigt. Jugendbewegung und Lebensreform dürften hier die vermittelnden Instanzen gewesen sein.[17]

Bis 1945 blieben völkische, rassistische und kulturpessimistische Motive bestimmend für die religiöse Rezeption nordischer Mythologie und die damit einhergehende Ablehnung des Christentums. In den meisten Fällen wurde die altgermanische Religion in ein synkretistisches Gedankengebäude eingegliedert, das sich aus recht verschiedenen Quellen speiste. Dies diente dazu, die jeweiligen Bedürfnisse nach einer historisch legitimierten, sinnstiftenden Instanz zu befriedigen. Dabei spielte wirkliche historische Authentizität eine geringe Rolle, vielmehr dürfte das Gefühl entscheidend gewesen sein, die »eigenen Wurzeln« in einer »ursprünglicheren«, der Entfremdung der Moderne noch nicht ausgelieferten Ideenwelt gefunden zu haben. Das Beispiel Guido von Lists zeigt, daß sich in das Bild der germanischen Religion insbesondere mittelalterliche Ritter-, Grals- und Artusromantik mischte, in der List das Weiterleben altgermanischer Kultur zu sehen glaubte. Zusammengehalten wurden diese Ideen durch Denkfiguren des Okkultismus, mit dessen Lehre von verborgenen Entsprechungen und Zusammenhängen aller Dinge sich das jeweilige synkretistische Gedankenkonstrukt rechtfertigen ließ.

Kirchenfeindlichkeit, Esoterik und Neuheidentum heute

Vergleicht man die religiöse Rezeption germanischer Mythologie der 20er und 30er Jahre mit derjenigen unserer Zeit, so fallen zunächst Parallelen auf, die sich nicht allein durch die in den vorhergehenden Kapiteln dieser Arbeit beschriebenen direkten Kontinuitäten erklären lassen. Damals wie heute sind neugermanisch religiöse Bewegungen eingebettet in Strömungen, die gleichermaßen von der Ablehnung zumindest des in den großen Konfessionen organisierten Christentums gekennzeichnet sind wie von einer starken neureligiösen Welle. Dies schlägt sich in unserer Zeit im wachsenden Zulauf zu sogenannten »Jugendreligionen«, im Interesse für andere Weltreligionen und nicht zuletzt in der Esoterik-Welle des letzten Jahrzehnts nieder.

Aus Interviews mit Mitgliedern neugermanisch heidnischer Gruppen geht hervor, daß für die meisten die Enttäuschung über Kirche und Christentum sowie negative persönliche Erfahrungen mit kirchlichen Institutionen am Anfang ihres Weges zum Heidentum gestanden haben. So erklärt ein Mitglied der *Heidnischen Gemeinschaft*, daß er

> *»immer ein ulkiges Gefühl [...] bei der Kirche [hatte]. Es war mir nie so ganz ehrlich die Sache, und die Gottesvorstellung war zu abstrakt. Und das System erschien mir zu künstlich. Und ich hatte im Geschichtsunterricht auch schon erfahren von den Taten der Kirche so im Mittelalter. Und da hab ich mich auch schon gefragt, wie so ein System sich halten konnte bis heute.«*[18]

In die Ablehnung des Christentums mischen sich Kulturpessimismus und Antirationalismus, die für viele zu einer Suche nach »eigenen Ursprüngen« führen. Diese soll einen Ausweg aus der als zerrissen, entfremdet und krisenhaft empfundenen eigenen Welt bieten.

> *»Ich seh die Erde als Organismus. Es ist ganz klar, daß dieser Organismus sehr sehr krank ist. [...] Und ich hab das Gefühl, daß dieser Krankheitsprozeß auch ablaufen muß. [...] Und dann, wenn eben*

diese alte Welt zusammenbricht, dann wird man nach den Menschen suchen, die jetzt heilen können. [...] Dann ist das an einem Punkt angelangt, wo die Heilung nicht mehr dazu dient, daß man weitermachen kann wie bisher, sondern wo man dann wirklich sagt, also jetzt haben wir's kapiert, wir müssen wieder zurück in das alte Urgesetz eintreten.«[19]

Auch der Aspekt der »arteigenen« Religion wird betont:

»Das ist halt so, daß wir einmal persönlich durch unsere eigene Lebensgeschichte da hineingewachsen sind, das heißt, ich bin schon sehr früh mit dieser Religion bekannt geworden. [...] Es ist sicher auch so, daß eben die Region, in der wir jetzt hier leben, zumin dest zum Teil mal von germanischen Stämmen besiedelt war. Wo man eben in gewisser Weise auch sagen kann, daß die germanische Religion die Religion dieses Landes war.«[20]

Der Weg der einzelnen vom Christentum zum germanischen Heidentum verläuft dabei meist nicht direkt, sondern in sehr vielen Fällen über ein allgemeines Interesse an Esoterik und Okkultismus – zumindest bei denen, die nicht aus vordringlich politischen Interessen zu den religiösen Gruppen finden. Ein Mitglied der *Heidnischen Gemeinschaft* beschreibt seinen Weg folgendermaßen:

»Mein Vater hat [...] kirchenkritische Gedichte gemacht [...]. Ich wurde zwar noch katholisch erzogen und getauft und so, aber das ist dann irgendwann so mit 10, 12 Jahren [...] verlorengegangen. [...] Ich hab' mich dann mehr interessiert für Esoterik, so Agrippa von Nettesheim, die Richtung, so Tarot, also das Übliche halt, was so im Okkultleben drin ist. Und dann hat mich meine Tante mit nach Heiligenkreuz bei Berlin genommen, das ist ein Kloster. Und da hab ich dann so wieder dieses Christentum wiederentdeckt. [...] Dann habe ich mich firmen lassen. [...] Na ja, und dann, das hat also gar nicht mehr gewirkt magisch. Das muß man auch mal sagen. Und dann wurde ich so Spiritist, also Geistloge Zürich, das heißt Offenbarungsspiritismus, oder man nennt's auch Geistchristentum. [...] Und rausgegangen bin ich dann, weil ich innerlich mich eigentlich von diesem Christentum abgestoßen gefühlt habe. Das war für mich immer so Wüste, und das war was Unangenehmes. Ich hatte dann schon durch ein Tarotbuch, da war auch was Tarot mit Runen. Und da hab' ich mir den Spiesberger geholt. Dann hatte ich Runen. Und dann war da was über die Edda drin, und da hab ich mir die Edda geholt. [...] Und das war natürlich, da hing ich mit dem Herzen dran. Das war so grüner Wald und so, da war wirklich was los. [...] Und dann hab' ich so für mich selbst das so gleichgesetzt: Jesus und Wotan. [...] Und dann irgendwann bin ich dann ganz von diesem Jesus weggekommen. [...] Ich glaub da nicht mehr daran.«[21]

Hier wird deutlich, daß der Entscheidung für das germanische Heidentum häufig ein längerer Weg durch verschiedene religiöse Gruppen vorangeht. In der Regel besteht dadurch bereits ein relativ festes, esoterisch begründetes Weltbild, in das die neugewonnenen Kenntnisse über die germanische Mythologie eingeordnet werden. Die Konzentration auf das vermeintlich einheimische Heidentum – und auch dies zeigt das Zitat – ist meist dadurch motiviert, daß bei aller Exotik hier das Gefühl hinzukommt, einem Glauben anzugehören, der der eigenen Kultur und Tradition entspricht, oder, wie es ein anderes Mitglied der *Heidnischen Gemeinschaft* ausdrückt:

> *»Ich mache Kung Fu und beschäftige mich mit Yoga-Systemen. Ich glaube [...], daß man von anderen Systemen auch lernen sollte. Aber dennoch, daß die Grundlage da doch das eigene System ist, weil diese Kraft, dieser Gedanke steckt noch im Land drin, steckt in den Menschen drin. Das [...] sind archetypische Muster, die in unserem Kulturkreis immer noch, sagen wir, am ersten stehen, sich am ersten dem öffnen.«*[22]

Der Weg einzelner Mitglieder durch unterschiedliche religiöse und esoterische Traditionen spiegelt sich auch in den Lehren der Gruppen. Wir haben gesehen, daß es sich in der Regel um synkretistische Gedankengebäude handelt – auch dies eine Parallele zu den neuheidnischen Religionsbildungen der Jahrhundertwende. Damals wie heute spielen okkultistische Systeme, Mittelalterschwärmerei und Gralsromantik eine wichtige Rolle. Dies läßt sich vor allem am *Armanen-Orden* und anderen ordens- oder logenartig aufgebauten Gruppen beobachten.

Orientierung an Stammesreligionen

Eine Entwicklung unserer Zeit hingegen ist die Rezeption anderer naturreligiöser oder vorchristlicher Religionssysteme innerhalb der neugermanisch religiösen Szene. Dies läßt sich schon an der Namensgebung der Gruppen bzw. der Beschreibung ihrer Religion ablesen, wo häufig Begriffe wie »germanisch-keltische Urreligion« (*Armanen-Orden*) oder »germanisch-wendisch-keltisches Heidentum« (*Heidnische Gemeinschaft*) auftauchen. Am häufigsten wird – neben regionalen Vorlieben – auf keltische, indianische sowie auf schamanistische Ideen aus verschiedenen Kulturkreisen zurückgegriffen. Dabei ist es nicht nur zur Aufnahme solcher Ideen ins eigene »germanische« Weltbild gekommen, vielmehr haben sowohl die Indianer- als auch die Keltenbewegung seit den 70er Jahren überhaupt erst entscheidende Impulse für das Wiederaufleben der Germanenrezeption geliefert.[23] *Armanen-Orden* oder *Gemeinschaft für heidnisches Leben* etwa fühlen sich indianischer Religiosität verbunden oder behaupten dies zumindest. Ab 1980 schließlich überlagerte die »ökologisch-esoterische Keltenwelle« die politisch motivierte »regionalistische keltische Revitalisierungsbewegung«:

»Mit den Kelten erleben nun auch zunehmend die ›Germanen‹ ihre Wiederkehr als esoterisch-ökologisches Vorbild. Die u. a. von der originären Indianerbewegung inspirierte Rezeption alter europäischer Naturreligionen löst ab 1975 im englischen Sprachraum eine Flut bekennender Neuheiden aus, die ab 1981 auch im deutschen Sprachraum wirksam wird«.[24]

Neu allerdings ist nur die enge Verbindung, in der heute keltische und indianische Religion mit germanischem Heidentum gesehen und praktiziert wird. Sowohl Indianer- als auch Keltenrezeption haben ebenfalls eine bis ins 18. Jahrhundert zurückreichende Tradition. Bereits um die Wende zum 19. Jahrhundert hatte Karl Freiherr von Münchhausen Kanada bereist in dem Glauben, »viele Gemeinsamkeiten zwischen den Huronen und seinen ›germanischen Ahnen‹ entdeckt« zu haben. Außer auf das Klischee der »wilden, roten Teufel« rekurrierte das 19. Jahrhundert in seiner Sehnsucht nach der verlorenen Urkultur auf eine »heroische Variante des Indianerbildes«, wie sie uns in den Büchern Karl Mays begegnet.[25]

Die Keltenrezeption in einer okkultistischen Variante begann bereits im 16. Jahrhundert mit Spekulationen über die Entsprechungen druidischer und altägyptischer Riten. Der Okkultismus des 18. Jahrhunderts entwickelte eine regelrechte »druidische Kabbalistik« im Zusammenhang mit der Idee, daß die druidische Religion die ursprüngliche Religion der Menschheit gewesen sei. Webb vermutet, die Kelten eigneten sich besonders als okkultistisches Spekulationsobjekt, weil so wenig über sie bekannt sei.[26] In diesem Zusammenhang kam es im ausgehenden 18. Jahrhundert zu ersten Gründungen neuer Druidenkulte, etwa dem 1781 entstandenen freimaurerischen *Druidenorden*.[27] Die Vorstellung von keltisch-germanischen Gemeinsamkeiten läßt sich ebenfalls bis in den Humanismus zurückverfolgen. Auch das barocke Germanenbild speiste sich aus keltischen Stoffen, da die skandinavischen Quellen zu dieser Zeit noch außerhalb des Blickfeldes lagen. Diese Tradition nährte später der Ossianismus und in seinem Gefolge die deutsche Bardendichtung.[28] Noch List-Vorläufer Ferdinand Sebaldt von Werth verband in seinem Werk okkultistisch-theosophische Germanen- bzw. Arierideologie mit dem Keltentum (siehe S. 62ff.). Guido von List selbst und die Propagandisten anderer nationalistisch geprägter neuheidnischer Strömungen im Deutschland der Jahrhundertwende dagegen diffamierten das Keltentum als dekadente Kultur des »Erbfeindes« Frankreich und setzten es mit römisch- christlichen Traditionen gleich.

Während heutige Gruppen also explizit keltische Religion rezipieren, mit der germanischen gleichsetzen und indianische

Religionssysteme aufnehmen, verläuft die Aufnahme des Schamanismus in neuheidnischen Gruppen und in der gesamten New-Age-Bewegung auf einer anderen Ebene. Schamanismus wird weniger als eine Lehre denn als eine Technik, losgelöst von religiösen Inhalten, wiederbelebt.

Zwei Hauptquellen lassen sich für die Schamanismus-Rezeption unserer Zeit identifizieren. Zum einen handelt es sich um das religionswissenschaftliche Werk Mircea Eliades, der

> *»seine Deutung des Schamanentums gewonnen [hatte], indem er von den gesellschaftlichen und geschichtlichen Verhältnissen der Gruppen und Stämme, bei denen in Sibirien Schamanen auftreten und anerkannt sind, abstrahierte und einige wenige Elemente des sibirischen Schamanismus, insbesondere die durch Ekstase hergestellte Himmelsreise und den dadurch, wie Eliade meint, ermöglichten Kontakt zum Heiligen, besonders herausstellte.«*[29]

Zum anderen sind es die Werke Carlos Castanedas, der mit seinen Büchern über den »Yaqui Zauberer« Don Juan die Schamanenbegeisterung in den USA der 70er Jahre initiiert hat.[30] Die New-Age-Szene rezipiert kein geschlossenes Weltbild als »Schamanismus«, sondern vielmehr eine Technik, die dem einzelnen ein außergewöhnliches, ekstatisches Erleben vermitteln, ihn in einen anderen Bewußtseinszustand versetzen soll.[31]

Insgesamt läßt sich feststellen, daß bei der Rezeption von vorchristlichen oder Stammesreligionen zunehmend weniger Wert auf die Perfektionierung intellektueller Gedankengebäude und Dogmen gelegt wird. Dafür wird das individuelle Erleben, vermittelt durch religiöse, meditative und ekstatische Praktiken betont. Dies trifft für die gesamte neuheidnische und ebenso für die New-Age-Bewegung zu. Ähnliches gilt für das neugermanische Heidentum der Gegenwart. Als Beispiel möge der *Armanen-Orden* dienen, der – auf der Ariosophie der Jahrhundertwende aufbauend – heute keltische Elemente übernimmt, sich den Indianern verwandt fühlt und angeblich ekstatische Techniken praktiziert. Letztere übernimmt er aus der Schamanismusrezeption der New-Age-Bewegung und legitimiert sie mit wissenschaftlichen Theorien zur Existenz schamanistischer Techniken in der altgermanischen Religion.

Folgerungen

Stammesreligionen und vorchristliche Systeme haben heute in der New-Age-Bewegung ihren festen Platz – man kann gar von dem »Rückgang bis zu den ältesten okkulten Traditionen der Archaik im Rahmen einer Art ›Neoprimitivismus‹« als dem »eigentlich Neuen sprechen, das heutige esoterische Strömungen und Tendenzen bieten«.[32] Personelle und institutionelle Kontakte zwischen Vertretern des neugermanischen Heidentums und Anhängern des New Age lassen sich aus diesen parallelen Denkmustern erklären. Gleichzeitig deutet dies darauf hin, daß die religiöse Rezeption germanischer Mythologie kein Phänomen ist, das sich auf dezidiert neugermanisch heidnische Gruppen beschränkt. Sie steht vielmehr in einer historischen Tradition und bildet einen Teil einer größeren gegenwärtigen Strömung.

Einem breiteren Publikum vermitteln unter anderem auch populäre Romane neuheidnische Inhalte solcher Art, wie etwa Marion Zimmer Bradleys Werk *Die Nebel von Avalon*. Die Autorin des Bestsellers mischt vermeintliche religiöse Vorstellungen der Druiden mit dem mittelalterlichen Artus-Stoff und Matriarchatstheorien auf eine Weise, die wenig Verständnis für historische Zusammenhänge verrät. Rezipiert wird der Roman dennoch häufig als Schilderung wirklicher historischer Begebenheiten. Dies macht ihn zu einer Art Kultbuch für zahlreiche neuheidnisch interessierte Menschen. Gleichzeitig ist die Autorin selbst direkt von Mitgliedern neuheidnischer Gruppen in den USA inspiriert.[33]

Die politische Ausrichtung der Rezeption germanischer Mythologie ist durchaus nicht immer eindeutig. Für so gut wie alle neugermanisch heidnischen Gruppen konnte zwar ein zumindest stark nationalistisches, meist auch völkisch-rassistisches und rechtsextremes Weltbild nachgewiesen werden. Auf der anderen Seite existiert eine emanzipative Richtung des Interesses an heidnisch germanischer Religion seit dem Humanismus. Heute betonen insbesondere diejenigen Kreise, die auf Schamanismus und indianische Kultur zurückgreifen, anarchistische und ökologische Werte und vertreten politisch eher »links« angesiedelte Einstellungen.

Gemeinsam ist den ansonsten sehr unterschiedlichen Strömungen die kulturpessimistische, zivilisationskritische Grundhaltung, die sich auch gegen die christlichen Kirchen richtet, sowie eine stark ausgeprägte Suche nach religiöser Orientierung. Möglicherweise werden diese Gemeinsamkeiten mit der Zeit bedeutsamer werden als die unterschiedlichen politischen Auffassungen.

Ökosozialistische Utopie oder Blut- und Boden-Mystik?

Neuheidentum als Naturreligion

Kulturpessimistische, zivilisationskritische Überzeugungen sind seit 1900 zentrale Motive für die Hinwendung zur altgermanischen Götterreligion. Diese wird nicht nur als Religion verstanden, die der eigenen Tradition und Kultur sowie dem eigenen Volk am nächsten steht, sondern auch als Religion, die naturverehrend und damit ökologisch orientiert ist. In welchem größeren historischen Zusammenhang ist nun diese Form der *Natur*-Religion zu sehen, und welche ideologischen, politischen und personellen Verbindungen bestehen heute zwischen neugermanischen Religionsbildungen und der ökologischen Bewegung?

Agrarromantik und Heimatschutz

Kulturpessimistische und »grüne« Ideen verbanden sich bereits Mitte des 19. Jahrhunderts in einer großstadtfeindlichen, agrarromantischen Ideologie, als deren Vordenker der Volkskundler und Publizist Wilhelm Heinrich Riehl (1823–1897) gilt. Er stellte der »unnatürlichen, kranken Stadt« das gesunde, vitale Leben der Landbevölkerung gegenüber. Diese Verherrlichung von Bauerntum und unberührter Natur, insbesondere des Waldes, verband er mit nationalistischen Vorstellungen. So waren für ihn der Wald und das Waldesgrün spezifisch deutsche Erscheinungen,[1] und er erhoffte eine Erneuerung des Volkes vom Lande und der Bauernschaft her.[2]

Aktualität, Popularität und eine ideologische Zuspitzung erlangten solche Ideen in der wilhelminischen Zeit, der Zeit der Hochindustrialisierung in Deutschland, eines rapiden Wandels vom Agrar- zum Industriestaat, rascher Urbanisierung und Landflucht und aller damit verbundenen sozialen und wirtschaftlichen Probleme. War einerseits die Industrialisierung von bürgerlichen Schichten getragen, so formierte sich andererseits die zunächst radikal antimodernistische Gegenbewegung ebenfalls im städtischen Bürgertum,[3] »das sich mit seiner eigenen Daseinsform nicht völlig identifizierte«.[4]

Dieser antimodernistische Protest institutionalisierte sich in verschiedenen lebens- und kulturreformerischen Bünden und Organisationen. Von weitreichender Bedeutung war die Natur- und

Heimatschutzbewegung, die neben naturschützerischen auch nationale Ideen vertrat und ihre dezidiert antimoderne Linie nach und nach zugunsten einer prinzipiellen Bejahung technischen Fortschritts aufgab. Dieser wurde begrüßt, sofern er nur dem eigenen Volk nütze und entspräche. Im Zuge dieser Entwicklung gewannen rassistische und antisemitische Züge an Bedeutung.[5] Das Werk Guido von Lists – der selbst führendes Mitglied des Alpenvereins und der Heimatschutzbewegung eng verbunden war – ist deutlich von dieser Ideologie beeinflußt. Er betont die zentrale Bedeutung des »Nährstandes«, der »freien Bauern«, bei den »Ariogermanen« und sieht in Sozialisten, Juden und Liberalen die Verantwortlichen für den Verfall des Bauernstandes.[6] Dies ist eine der zahlreichen Varianten populärer zeitgenössischer Verschwörungstheorien.[7]

Naturfrömmigkeit in der Jugendbewegung

Ein anderer wichtiger Träger des bürgerlichen Antimodernismus und einer »Zurück-zur-Natur«-Ideologie war die bürgerliche Jugendbewegung. Sie entwickelte selbst keine originellen politischen oder religiösen Ideen. Mit ihren Wanderungen aus der Stadt hinaus aufs Land setzte sie ihre »Opposition zu einer als zerstört empfundenen Welt«[8] aber in die Tat um. Das eigene Erlebnis, nicht eine feste Ideologie stand an zentraler Stelle ihres Empfindens. Damit wirkte sie als erfolgreicher Multiplikator lebensreformerischer, antimoderner und auch völkischer Ideen. Die »Naturfrömmigkeit und das kosmische Lebensgefühl«, die sie »der Technisierung und Instrumentalisierung, kurz: der Entfremdung der Welt, den differenzierten Vorgängen einer ihr unverständlichen und verächtlichen demokratischen Gesellschaft« entgegensetzte,[9] brachte sie in ideologische Nähe zu neugermanischen Religionsgründungen, mit denen enge Kontakte bestanden. Schließlich existierten auch dezidiert völkisch jugendbewegte Gruppen wie der *Wandervogel, Völkischer Bund*, die *Deutschjugend e. V.*[10] sowie die *Nordungen*,[11] die teilweise auch explizit religiöse Zielsetzungen hatten.

Lebensreform und Siedlungsbewegung

Eine utopische Gegenwelt zur industrialisierten, verstädterten deutschen Gesellschaft wollte die Siedlungsbewegung in ihren Landkommunen verwirklichen. Zusammen mit Naturheilkunde, Ernährungsreform, Vegetarismus und Freikörperkultur bildete sie die Lebensreformbewegung, deren Ziel die Wandlung der Gesellschaft durch Veränderungen im persönlichen Alltag darstellte.[12] Aus agrarromantischen, großstadtfeindlichen Impulsen entstand 1893 die Gartenstadt *Eden,* von der zahlreiche Siedlungsgründungen beeinflußt wurden, in denen biologische Anbauweise und Vegetarismus in Güter- und Lebensgemeinschaften am Stadtrand oder auf dem Lande verwirklicht werden sollten. Von Anfang an spielte in diesen Gemeinschaften das religiöse Element eine zentrale Rolle: mit Ideen der Freikörperkultur wurde eine Art »neuheidnischer Sonnenkult« gepflegt, Feste, Spiele und Tänze wurden als gemeinschaftsfördernde Rituale praktiziert oder sollten der Wiederbelebung der vorindustriellen Volkskultur dienen.[13]

Nach dem ersten Weltkrieg erhielt die Siedlungsbewegung einen neuen Aufschwung durch Mitglieder der Jugendbewegung.[14] Die Ziele der Siedlungen waren nun nicht mehr rein agrarisch, die Verwirklichung kultureller und sozialer Anliegen schob sich gleichzeitig mit einem spirituell-religiösen Element in den Vordergrund. Viele der Siedler führte das Fronterlebnis zu einer Sehnsucht sowohl nach einem Leben in der Natur als auch nach einer Überwindung der Klassengegensätze und der spirituellen Krise, in der man sich und die eigene Gesellschaft sah. Antikapitalistisch eingestellt waren all diese Siedlungsgründungen, ansonsten gehörten sie zu den verschiedensten politischen Lagern – es gab kommunistische, anarchoreligiöse, völkische, protestantische, anthroposophische, jüdische und feministische Siedlungen –, oder sie suchten eigenartige synkretistische Verbindungen zu verwirklichen, etwa christlich-völkische oder anarcho-christliche.[15]

Insbesondere waren jedoch völkische Ideen eng verknüpft mit dem Siedlungsgedanken. Man meinte, die »deutsche Wiedergeburt« sei nicht in der industrialisierten Stadt, sondern nur auf dem Land als Hort des Volkstums möglich. In einem Flugblatt der *Freiland- Siedlung Donnershag* heißt es:

> *»Die im Jahre 1919 begründete Siedlung verwirklicht zum ersten Male ein geschlossenes deutschgläubiges Gemeindeleben auf der Grundlage arischer Rasse und germanischen Boden- und Gemeinschaftsrechtes und erstrebt die Wiedergeburt unserer Volkheit an Seele und Leib durch ein gesundes, vernünftiges Leben, durch bewußte Sippenpflege und rassische Auslese sowie durch gemeinsame Pflege aller Werte und Güter deutschen Wesens.«*[16]

Theoretischer Vorreiter des völkischen Siedlungsgedankens war der Biologe Willibald Hentschel, der bereits 1901 in seinem rassentheoretischen Hauptwerk *Varuna* die Idee einer Rassezuchtkolonie »Mittgart« entwickelt hatte. Verstädterung, Industrialisierung, Geldwirtschaft und Luxus waren für Hentschel Entartungserscheinungen, die das Bestehen der »arischen Rasse« bedrohten. In Landkolonien sollte dem gezielt entgegengewirkt werden, nicht nur durch ein gesünderes und naturnäheres Leben, sondern auch durch gezielte Zuchtmaßnahmen und die »Mittgart-Mehrehe« mit einem Zahlenverhältnis zwischen Männern und Frauen von eins zu hundert.[17] Hentschel selbst gelang es jedoch nie, seine Siedlungsideen in die Tat umzusetzen. Nach dem ersten Weltkrieg aber wirkten sie erfolgreich weiter, etwa in der erwähnten völkischen Siedlung *Donnershag* (eigentlich Donars-Hag, also Garten des Gottes Donar), die Ernst Hunkel 1919 in Sontra (Hessen) gründete.

An dieser Siedlung läßt sich der enge Zusammenhang zwischen lebensreformerisch-grünen und völkisch-religiösen Ideen zeigen. Ziel des Projekts[18] waren wirtschaftliche Autarkie durch Landbau und Handwerk, man pflegte die Freikörperkultur, der Grundbesitz war nicht in privater, sondern genossenschaftlicher Hand. Letzteres wurde durch den Hinweis auf »altes deutsches Recht« legitimiert. Die Siedler verstanden sich als »geweihte Gilde (die Donners-Gilde)«; Voraussetzung für die Mitgliedschaft waren nicht nur »germanische Abstammung«, sondern auch ein »deutscher Glaube«: »Angesiedelt kann nur werden, wer dem Deutschen Orden und der Deutschgläubigen Gemeinschaft angehört«. Hunkel selbst war seit 1918 »Kanzler« des von Otto Sigfrid Reuter gegründeten *Deutschen Ordens*, einer Organisation der *Deutschgläubigen Gemeinschaft*. Deutschreligiöse Einflüsse schlugen sich im Gemeinschaftsleben durch das Erzählen von Sagen, Märchen und Geschichten nieder, Volkslieder und Volkstanz, »uralte Weihetänze aus reingermanischer Zeit« wurden gepflegt, Lebens- und Jahresfeste nach neuheidnischen Vorstellungen gestaltet.

In dieser Zeit bildeten völkische Siedlungen Zentren der Pflege germanisch-heidnischer Religiosität.

Zentrale Grundideen, insbesondere der Gedanke, eine spirituelle Entwicklung des Menschen sei notwendig, verbanden die Siedlungsbewegung wie die gesamte Lebensreformbewegung mit dem Okkultismus ihrer Zeit. Einige Siedlungen, allen voran *Monte Veritá* bei Ascona, waren stark von theosophischen Ideen beeinflußt und versuchten, diese in ihren Gemeinschaften zu verwirklichen. Auch an dieser Verbindung zwischen Okkultismus und Lebensreform zeigt sich ein enger Zusammenhang zwischen ökologischen Utopien und Engagement sowie dem Bemühen um spirituelle Erneuerung. *Monte Veritá* ist allerdings weiter ein Beispiel dafür, daß diese Kombination durchaus nicht immer völkisch oder rechtsextrem orientiert sein mußte. Vielmehr waren progressive, anarchistische und sozialistische Einflüsse hier ab 1902 vorherrschend, wovon prominente Namen wie Bakunin, Mühsam, Buber und Arp zeugen, die alle in Verbindung mit der Siedlung standen.[19]

»Ökosozialismus« vor 1933

Das Beispiel des Monte Veritá belegt, daß es fortschrittskritische, ökologisch orientierte Ideen, gepaart mit einer neuromantischen Wald- oder »Mutter-Erde«-Religiosität, im Kaiserreich und der Weimarer Zeit nicht nur im bürgerlichen und völkischen Lager gab. Nahezu im gesamten politischen Spektrum waren ähnliche Ansätze verbreitet. Die Arbeiterbewegung beispielsweise stand ebenfalls in engem Bündnis mit der Lebensreformbewegung.

> *»Überhaupt liegen damals auch bei der Arbeiterschaft neuromantische Naturreligion und nüchterne naturwissenschaftliche Erkenntnis in einer eigentümlichen Gemengelage. Und in den Schriften des von den Arbeitern vielgelesenen Wilhelm Bölsche verschmelzen Biologie, Lebensreform und ein organischer Monismus (der am Positivismus und Materialismus des Gründervaters des deutschen Monismus, Ernst Haeckel, vorbei auf die organistische Naturphilosophie der deutschen Romantik zurückgriff) zu einem sehr zeittypischen weltanschaulichen Konglomerat.«*[20]

Ebenfalls im Zusammenhang mit der Lebensreform stand eine radikal-ökosozialistische Bewegung, die aus dem Anarchismus hervorgegangen war. Insbesondere Gustav Landauers »neuromantischer Anarchismus« und sein »mystisches Naturverständnis« prägten diese Richtung der ökologischen Bewegung, die ihre Verwirklichung wiederum vor allem in Siedlungsprojekten suchte.

Betrachtet man das gesamte Spektrum »grün-ökologischer« Ansätze dieser Zeit, so fällt auf, daß von allen politischen Lagern dieselben gesellschaftlichen Mißstände kritisiert werden, nämlich

> *»die erschreckenden ökonomischen, sozialhygienischen und ästhetischen Folgen des Urbanisierungsprozesses, wie sie in Luft- und Gewässerverschmutzung, Bodenspekulation und Wohnungselend, in den Ortsbilder zerstörenden Mietskasernen, den Industrie- und Verkehrsanlagenbauten sichtbar werden.«*[21]

In zwei Punkten waren sich die politischen Lager von der radikalen Rechten bis zur anarchistischen Linken auch bei der Suche nach Lösungen, gar nach einer »Erlösung«, aus diesen Mißständen einig: Bodenreform und ländliche Siedlungen sollten dem Kapitalismus, der Urbanisierung und Industrialisierung entgegengesetzt werden.[22] Der Glaube, daß diese Ziele nicht nur durch pragmatische Politik, sondern in erster Linie durch eine neue Art der Spiritualität, eben durch Naturreligion, zu verwirklichen seien, ist eine weitere Gemeinsamkeit, die sich durch das gesamte politische Spektrum zieht. Diese religiöse Komponente im ökologischen Denken kann auch erklären, warum die Affinität zu germanisch-heidnischer Religiosität so weit verbreitet war.

Unterschiede zwischen den Lagern bestanden dagegen vor allem in der Art und Weise, wie sie die Ursachen für die herrschenden Mißstände analysierten. Auch ihre weitere Entwicklung unterscheidet sich. Für den ökologisch orientierten Linkssozialismus und den Anarchismus war es das kapitalistische Wirtschaftssystem, das für die Misere in den Städten verantwortlich war. Die »grüne Fraktion« der Arbeiterbewegung stand jedoch im Gegensatz zur Hauptströmung des Sozialismus, die prinzipiell technischen Fortschritt und Industrialisierung als notwendige Entwicklung begrüßte, und konnte sich letztlich gegen diese nicht durchsetzen. Das »rot-grüne Bündnis« auf anarchistischer Seite dagegen

> *»scheiterte von vornherein an der Unvereinbarkeit von anarchosyndikalistischer sozialer Revolution und sozialdemokratischer Reform, anarchistischer Staatsablehnung und kommunistischer Staatseroberung.«*[23]

Antikapitalismus und Bodenreform

Auch die konservative und völkisch-nationale Kritik an der Moderne trat mit antikapitalistischen Argumenten an. Insbesondere die Boden- und Zinsfrage standen im Mittelpunkt der Diskussion. Der »Boden« war für den bürgerlichen Antimodernismus zunächst nur »eine ästhetische Kategorie, die sich gefühlsmäßig mit der Angst vor der Entwurzelung und dem Heimatverlust verband.« Nach dem Ersten Weltkrieg, ausgelöst durch die reale Nahrungsnot, setzte bei dieser Frage aber auch praktische ökonomische Kritik an der Bodenspekulation an. Sie gipfelte in der Forderung, das Privateigentum von Grund und Boden überhaupt abzuschaffen – eine Forderung, die die Landkommunen in ihrem Bereich in die Tat umsetzten.

Eng verbunden mit der Bodenfrage war im völkischen Lager, aber nicht nur dort, der Begriff des »Blutes«, der zunächst

> *»jede Form von Germanismus und völkischem Denken bedeuten [konnte]; diese konnten, aber mußten sich nicht mit rassistischen oder sozial-darwinistischen Auffassungen verbinden.«*[24]

Im bürgerlichen Antimodernismus wurde denn auch die völkische Variante der rassisch-antisemitischen Bodenreform und Kapitalismuskritik virulent. Ebenso wie im »Heimatboden« meinte man, im »Blute«, in der »Rasse«, die Wurzeln des eigenen Volkstums gefunden zu haben. Nicht das kapitalistische System sollte an der als »entartet« empfundenen Verstädterung, Industrialisierung und Entfremdung schuld sein. Vielmehr sah man in jüdischen Einflüssen den Grund für das »Entarten der arischen Rasse« und damit für die Misere der Moderne. Die Lösung wurde dementsprechend in einer Rückbesinnung auf Werte des eigenen Volkstums, auf die Pflege und Erhaltung der eigenen Rasse gesucht. Daß dies sowohl im konkret biologischen wie im religiös überhöhten Sinne verstanden wurde, zeigen die Ideen Hentschels und Siedlungsgründungen in seiner Nachfolge.[25] Auch in den Werken der Ariosophen ist diese Kombination von Rassezüchtung und Rückwendung zur »germanischen Spiritualität und Lebensweise« zentral.

Die antikapitalistische Haltung des bürgerlichen Antimodernismus verschob sich zunehmend zum Antisemitismus. Insbesondere in wirtschaftlichen Krisenjahren wuchs diese Art von »Fremdenhaß«. Sozioökonomische Spannungen und innere Strukturprobleme der Gesellschaft wurden verlagert auf »›falsche [...]‹ Gegensätze, d. h. solche [...] [...], durch die die wirklichen oder vermeintlichen Bedrohungen nicht bedingt sind«.[26] Dies war die Wendung, die letztlich dem Nationalsozialismus entgegenkam bzw. der nationalsozialistischen Variante des Antisemitismus den Boden bereitete. Für diesen war

> *»das Großkapital [...] – in Konsequenz der kleinbürgerlichen Prinzipien – der erklärte Gegner des Nationalsozialismus, aber gleichzeitig war es der notwendige Helfer, ja es war in vieler Hinsicht das Rückgrat der nationalsozialistischen Bewegung. Der ›dritte Weg‹, der zwischen Marxismus und Kapitalismus gesucht wurde, war ein kapitalistisch-faschistischer, war nur mit Hilfe der Großindustrie zu gehen. Das aber setzte die Umlenkung aggressiver Energien voraus, die Umlenkung gegen das ausländische Kapital und gegen die Juden.«*[27]

Naturschutz zwischen Eskapismus und Emanzipation

Es bleibt festzuhalten, daß die lebensreformerische und antimodern, naturschützerisch und ökologisch orientierte Bewegung zwischen 1900 und 1933 in einem Spannungsverhältnis zwischen Eskapismus und angewandter Aufklärung, zwischen reaktionärem Präfaschismus und progressiv-utopischer Emanzipation stand:

> *»Denn die Lebensreformbewegung regredierte nicht nur zu Natur und Boden, sie strebte auch die Dezentralisierung der Industrie, eine gleich mäßigere Verteilung der Bevölkerung, eine großzügigere Stadtplanung, eine intensivere Durchgrünung der industriell geprägten Stadtlandschaft, eine Humanisierung der Wohn- und eine Gesun-*

dung der Lebensverhältnisse an. Sie war auf der einen Seite präfaschistisch, auf der anderen Seite aber ein durchaus positiver Beitrag von Teilen des deutschen Bürgertums zur Lösung der durch Industrialisierung und Urbanisierung aufgeworfenen ökologischen, hygienischen und sozialpsychologischen Fragen.«[28]

Wichtig in unserem Zusammenhang ist zudem, daß in »grüner« Politik schon immer eine »bestimmte Form politischer Religiosität« wirkte, die ihre »dynamische Kraft [...] aus dem in säkularisierter Form weiterlebenden Glauben an die Möglichkeit einer apokalyptisch-revolutionären Geschichtswende zur Verwirklichung des Reiches Gottes auf Erden« zog.[29] Dieses Merkmal schuf Affinitäten zu jeglicher Art von Naturreligiosität. Bereits bei der Beschreibung der Siedlungsbewegung ist deutlich geworden, wie eng verbunden ökologische und religiöse Ideen waren, wie zentral in diesen reformerischen Gemeinschaften das kultische und religiöse Element stand. Hierher rührt die ideologische und institutionelle Nähe zwischen neugermanischen Religionsbildungen und lebensreformerischen »grünen« Vereinigungen.

Ökologisch motivierte Kirchenkritik

Die Verbindung von naturreligiösen und ökologischen Inhalten ist in der heutigen neuheidnischen Szene in noch stärkerem Maße als früher aktuell. Das hat sicherlich damit zu tun, daß die ökologische Frage spätestens seit Gründung der Partei der *Grünen* in den 80er Jahren wie nie zuvor im Zentrum der öffentlichen Debatten steht. Dies dürfte vor allem daher rühren, daß die Folgen der Umweltzerstörung erst in unserer Zeit für jedermann spürbar und unübersehbar geworden sind. Eine andere Ursache liegt darin, daß die parlamentarische Demokratie und die Massenmedien auch marginalen Alternativbewegungen die Möglichkeit geben, die öffentliche Diskussion zu beeinflussen.[30]

In der Politik der *Grünen* spielt dabei das spirituelle, apokalyptisch-chiliastische Element eine zentrale Rolle. Dies wird deutlich in der Suche einiger Vordenker nach neuen spirituellen und philosophischen Grundlagen für ihre Politik.[31] Einige von ihnen orientieren sich dabei dezidiert an christlichen Modellen einer Schöpfungstheologie. Diese Fragen spielen mittlerweile auch in den etablierten Kirchen eine wichtige Rolle. Es gibt jedoch gleichzeitig eine Spielart »ökologischer Spiritualität«, die gerade die christlichen Tradition mit ihrem Herrschaftsanspruch über die Natur: »Macht euch die Erde untertan!« für unser falsches Verhältnis zur natürlichen Lebenswelt des Menschen und damit für deren Zerstörung verantwortlich macht.[32] Einige Vertreter dieser Richtung setzen ihre Hoffnung auf ihrer Ansicht nach ökologischer orientierte »Naturreligionen« archaischer und exotischer Kulturen, in denen sie die spirituelle Grundlage für eine naturfreundliche Politik finden möchten:

> »*Die neuesten Erfahrungen einer solchen* [»katastrophalen«, S. v. S.] Moderne lassen die ›Naturreligionen‹ vormoderner Gesellschaften als gerade in ihrer Irrationalität überlegenere Bestimmungen des menschlichen Naturverhältnisses erscheinen. Während man die eigene Kultur verwirft, die das Gebot ihrer Religion, die Erde dem Menschen untertan zumachen, offenbar in einem solchen Ausmaß verinnerlicht hat, daß ihr auch heute noch – obgleich sie sich von dieser Religion längst gelöst zu haben glaubt – Naturbeherrschung als höchstes Ziel und Endzweck gilt, meint man bei den exotischen Kulturen ein Naturverhältnis entdecken zu können, das Natur nicht als eine zu beherrschende Macht ansieht, sondern viel mehr durch das Bemühen gekennzeichnet zu sein scheint, zu ihr Beziehungen des Ausgleichs und der Gegenseitigkeit einzugehen.«[33]

Ein früher linker Kritiker der kirchlichen Traditionen war Carl Amery, der Anfang der siebziger Jahre in seinem gleichnamigen Buch »die gnadenlosen Folgen des Christentums« anprangerte.[34] Otto Ullrich machte später insbesondere den Monotheismus der »jüdisch-christlichen Religion« für die »Ausbeuterhaltung gegenüber der Erde, für die [...] Mißachtung der organischen Welt« verantwortlich. Während man in sogenannten Naturreligionen einen engen Zusammenhang zwischen den Menschen und der Natur zu erkennen glaubt, gehe mit dem Glauben an einen »alles beherrschende[n] Zentralgott, der fern in den Himmeln thronte«, ein Dualismus einher, der den Menschen von seiner Umwelt trenne und ihn über diese stelle.[35]

Prominenter ökologisch orientierter Kirchenkritiker der achtziger Jahre ist der 1929 geborene ehemalige katholische Theologe Hubertus Mynarek. Er wirft dem Christentum Mißachtung der Natur vor, die

> *»vor allem in der Neuzeit maßgeblich dazu bei[trug], daß totaler Industrialismus und Technokratie ihre Herrschaft ohne größeren Widerstand antreten konnten, zugleich setzte aber auch die Verödung der Außenwelt und der menschlichen Innenwelt ein, und der heute fast unaufhaltsam erscheinende Todesmarsch unseres Umfeldes hat schon begonnen.«*[36]

Mynarek bleibt nicht bei dieser Kritik stehen, er fordert vielmehr eine »ökologische Religion«,

> »*die das Verhältnis des Menschen zur Gesamtnatur und zum Kosmos in den Mittelpunkt stellt, die sich an das ›große Haus des Universums‹ rück-bindet (von: religare)*, die die großen Ordnungen und Gesetze des äußeren Universums wie des inneren, nämlich der Psyche, erkennen, erfühlen, bewundern und verantwortungsvoll praktizieren will.«[37] [Kursive im Original]

Mynarek schlägt mit diesen pantheistischen Vorstellungen nicht nur die Brücke zwischen grün-alternativen Ideen und der New-Age-Bewegung, er hat zudem Kontakte zur völkisch religiösen Szene.[38]

Ausdrücke wie »jüdisch-christliche Religion« im Zitat von Otto Ullrich zeigen ebenfalls, in welch kritischer Nähe zu antisemitischen Haltungen sich solche Denkmodelle bewegen. Die Idee liegt nicht fern, »jüdisches Denken« und schließlich Juden überhaupt verantwortlich für die Übel der modernen Zivilisation zu machen. Dieser Gedanke wiederum ist nichts anderes als der Kern traditioneller, antisemitischer Verschwörungstheorien. Ein Beispiel: Peter Bahn, Mitglied der *Deutschen Unitarier Religionsgemeinschaft*, in deren Umfeld sich auch Mynarek bewegt, vertritt in einem Sammelband zum Thema »ökologische Religion« ebenfalls die Meinung, das dualistische Denken sei verantwortlich für die ökologische Krise. Die erste Welle dieses Dualismus sei die Christianisierung gewesen, »die zumeist zwangsweise Verbreitung einer dem europäischen Menschen fremden Lehre orientalischen Ursprungs«.[39] Der jüdische und christliche Dualismus habe Gott und Welt, Mensch und Umwelt auseinandergerissen,

> *»der bislang zutiefst der Natur und ihren Kreisläufen verbundene Europäer wurde unter einen weitgehend leibes- und naturfeindlichen Moralkodex vorderasiatischer Prägung gezwungen.«*[40]

Der ökologische Landwirt Baldur Springmann, Mitbegründer der *Grünen* und ebenfalls Unitarier, vertritt als Alternative ein »naturverehrendes Heidentum«, einen »abendländischen Pantheismus«, der keinen persönlichen Gott, keine Dogmen, Priester und Sakramente kennt. Der Antagonismus Europäer-Vorderasiate, der in obigen Zitaten aufgebaut wird, zeigt wie vorher der Ausdruck »jüdisch-christlich«, wie nahe eine solche Denkweise bei völkisch oder rassisch begründeter Christentumskritik und neuheidnischer Orientierung liegen kann. Dies trifft sicher nicht für alle zu, die christliche Kirchen aus den genannten Gründen ablehnen und sich an »Naturreligionen« orientieren. Die Unitarier selbst stehen allerdings in enger Verbindung mit dem rechtsextremen und völkisch-religiösen Lager.[41] Springmann etwa trat 1981 als Referent bei einer Tagung der *Deutschgläubigen Gemeinschaft* in Oldenburg auf.[42]

Ökologisch motivierte antichristliche Haltungen sind ebenfalls im neugermanischen Heidentum verbreitet. Die altgermanische Religion wird im Gegensatz zur christlichen für eine Naturreligion gehalten, der es gelingen soll, das ökologische Gleichgewicht auf der Erde wiederherzustellen:

Naturgemäß glauben und leben

Saurer Regen - Sterben der Wälder - Gifte in Luft, Boden und Nahrungsmitteln - Aussterben von Tier- und Pflanzenarten - Asphalt statt Grün. Zum Widerstand hiergegen sind wir aufgerufen. Aber bei vielen erschöpft sich die Tätigkeit in Protesten. Die Frage, warum dies geschieht, wird kaum gestellt. Die Ursache für die Naturzerstörung liegt in einem kraß egoistischen, materialistischen Denken. Nur der Profit, der Eigennutz zählt. Es gibt kaum noch allgemein anerkannte Werte und Lebensrichtlinien. Wo sind die Bausteine einer neuen Ordnung? Diese Frage zu beantworten, bieten sich eine ganze Reihe christlicher Sekten und östlicher Religionen an. Aber sind ihre Antworten uns Europäern gemäß?

Die Naturreligionen bezogen den Menschen in d.. natürliche Lebensgemeinschaft ein. Die heute wohl bekanntesten Beispiele derartiger Religionen sind die indianischen. Mit Hilfe ihrer besonderen Lebensauffassungen verstanden es die Indianer, ihren Siedlungsraum mit seiner Artenvielfalt und seinem Waldreichtum über Jahrtausende hindurch zu erhalten. An ihrer Kultur zeigte sich, wie Natur, Landschaft und Mensch eine wohlgelungene Einheit bilden können. Doch stellen die Indianer keinen Einzelfall dar. Überall auf der ganzen Erde gab und gibt es noch Stämme und Völker mit Naturreligionen. Obwohl sie sich teilweise erheblich voneinander unterscheiden, ist ihnen allen gemeinsam, daß sie zu den natürlichen Umgebungen passen, in denen sie entstanden sind. Nicht jede Naturreligion ist jedem Klimabereich und jedem Landschaftsraum angemessen. Dazu kommt, daß die Menschen im Laufe vieler Geschlechterfolgen besondere Eigenheiten in Anpassung an die natürlichen Gegebenheiten entwickelten.

Auch in unserem Raum gab es über Jahrtausende eine unseren Eigenarten entsprechende Religion, die hierhier paßte, weil sie sich hier entwickelt hatte. Sie sorgte ebenso wie die indianische über Jahrtausende hinweg dafür, daß der Mensch Schönheit und Reichhaltigkeit der Natur bewahrte und sie nicht ausbeutete. Baumfrevel z.B. wurde bei den Germanen streng bestraft. Es gab heilige Bäume und Haine und auch heilige Tiere. So war es früher üblich, daß der Tod eines Hofbauern der ältesten Eiche der Umgebung mitgeteilt wurde. Ebenso standen Tiere in hohem Ansehen. Ein letzter Rest hiervon hat sich noch an den gekreuzten Pferdeköpfen, die an der obersten Stelle vieler Niedersachsenhäuser angebracht sind, erhalten. Diese Beispiele zeigen, daß alle Lebewesen zunächst als Mitgeschöpfe betrachtet wurden und nicht als Wirtschaftsobjekte. Quellen, Flüsse, Berge, Haine, besonders alte Bäume wurden verehrt - Vergiftung der Flüsse, Vernichtung der Wälder sind bei solchen religiösen Grundlagen undenkbar. Dies änderte sich erst, als unsere heidnischen Vorfahren mit Gewalt und Zwang daran gehindert wurden, weiter ihrem Naturglauben zu folgen. Die Donarseichen wurden abgehackt -Symbol für das, was kam. Seit Kaiser Karl wurde hier fast tausend Jahre lang jeder mit dem Tode bestraft, der beim heidnischen Glauben bleiben wollte und sich nicht taufen ließ. Millionen von Ketzern und Hexen wurden gefoltert und umgebracht, und so der alte Glaube weitgehend ausgerottet. "Macht Euch die Erde untertan" trat an die Stelle der Achtung vor der Natur. Wessen "Reich nicht von dieser Welt ist", dem kann Umweltschutz gleichgültig sein.

Abb. 8:
Zentral für das Selbstverständnis neugermanischer Heiden ist ihr Anspruch, eine naturnahe, ökologisch sinnvolle Religion zu pflegen. Hier eine Seite aus einer Werbeschrift der *Heidnischen Gemeinschaft*.

»Jedes Volk dieser Erde hat oder hatte seine eigene Mythologie und Naturreligionsform. Diese müssen wiederbelebt werden, um die drohenden Probleme unserer Zeit lösen zu können. Denn die naturfeindliche Haltung des Christentums hat uns an den Rand der Selbstzerstörung gebracht. Die Götter wirken dagegen: Seit einiger Zeit lassen sie vorwiegend Menschen sich verkörpern, die selbst in früheren Inkarnationen (früheren Leben auf der Erde) in Völkern lebten, die völlig naturverbunden waren. [...] Aufgabe dieser Menschen ist es, die Menschheit aufzurütteln und zur Rückkehr zu ihren Göttern zu bringen, damit die Naturzerstörung beendet wird.«[43]

Im selben Sinne werden in Kreisen der *Grünen* und der New-Age-Bewegung indianische, schamanische und keltische Mythen rezipiert. (Siehe hierzu S. 84ff.). Angeregt wurde diese Denkrichtung wie die gesamte »grüne« Bewegung unserer Zeit aus den USA. In Verbindung mit dieser Art der Wiederbelebung naturreligiöser Vorstellungen tauchten jedoch auch die Lehren einer »ureuropäischen« Religion, die Herman Wirth rekonstruiert haben wollte, wieder auf.[44]

Rechte »Grüne«?

Das letztgenannte Beispiel weist wie das der Unitarier darauf hin, daß die Hoffnung, in vor- und außerchristlichen Religionen eine Alternative zu »Atomstaat, Kapitalismus, Industrialismus und kolonialem Christentum«[45] zu finden, politisch ähnlich ambivalent ist wie Gedanken der ökologischen Bewegungen zu Anfang unseres Jahrhunderts. Zwar sind die heutigen *Grünen* vorwiegend durch die Studentenrevolte geprägt, hängen damit radikaldemokratischen bis linksradikalen Idealen an und bevorzugen einen antiautoritären Stil. Andererseitsist in die Partei der *Grünen* von Anfang an eine rechtskonservative bis rechtsextreme Tradition eingeflossen, vor allem durch die Beteiligung der nationalrevolutionären *Aktionsgemeinschaft Unabhängiger Deutscher* August Haußleiters bei der Gründung der Partei der *Grünen*.[46]

Hinzu kommt, daß seit Mitte der 70er Jahre fast alle Parteien und Gruppierungen des rechtsradikalen Spektrums ökologische Themen aufgreifen, allerdings mit unterschiedlicher Nuancierung. Es lassen sich vier Lager unterscheiden: ein autoritär-etatistischer Konservatismus, ein ökokonservativ-christlicher Fundamentalismus, die Neue Rechte und schließlich ein völkischer Konservatismus, dessen Positionen in unserem Zusammenhang am interessantesten sind.[47] Letzterer wird vor allem vom *Weltbund zum Schutze des Lebens* vertreten. Seine Anhänger erklären Völker zu einer Naturtatsache, zu einer Art Ökosystemen, eine Position, die nicht weit von der »nationalistischen und ausländerfeindlichen Verklammerung von Umwelt-, Lebens- und Volksschutz« liegt und die geeignet ist, »an die Stelle des diskreditierten Rassedenkens der Nationalsozialisten« zu treten.[48]

Innerhalb der Neuen Rechten waren es vor allem die Nationalrevolutionäre oder sogenannten Solidaristen, die es verstanden, »nationalistische und ökologische Stränge zu einem konsistenten Parteiprogramm zusammenzudenken«.[49] Sie brachten Ökologie in einen Zusammenhang mit biologistischen und rassistischen Denkmustern und kombinierten gleichzeitig die Theoreme der »nationalen Identität«, des »Befreiungsnationalismus«, des »Ethnopluralismus« und »Europa-Nationalismus«. Die ökologische Krise wurde ihnen damit zum »Ergebnis einer kulturellen Entfremdung des Volkes durch ihm wesensfremde, universalistische und ›naturwidrige‹ Ideologien.«[50]

Mit dieser Argumentation gelang es den Nationalrevolutionären zeitweise, Anschluß an regionalistische Diskurse der Linken und Grünalternativen zu finden. Als wichtigster Vordenker dieser Richtung gilt Henning Eichberg, der die Auffassung vertritt, daß die Industriesysteme der westlichen Welt den Völkern der Erde ihre kulturelle und nationale Identität dadurch rauben, daß sie sie in politische und ökonomische, wachstumsorientierte Großstrukturen einbinden. Die Lösung sieht er in der Schaffung kleinerer gesellschaftlicher Einheiten, was nur durch die Abkoppelung von den Supermächten und Unterstützung regionalistischer Bewegungen möglich sei.[51] In einem Aufsatz über emanzipatorische und »linke« Traditionen der Germanenrezeption zeigt Eichberg übrigens auch die Verwandtschaft neugermanischer und anderer neuheidnischer Religionsbildungen der Gegenwart zu seinen regionalistischen Idealen auf.[52]

Regionalistische Ideale dieser Art sind es auch, die Teile der New-Age-Bewegung dazu bringen,

> *»traditionelle Stammeskulturen zum Vorbild für ihre ›wendezeitliche‹ Identität zu reklamieren. Die Abkehr vom Eurozentrismus der klassischen Linken schlägt dabei oftmals in den puren Exotismus um, der fremde Kulturen ebenso wie die Residuen alteuropäischer Traditionen unkritisch rezipiert.«*[53]

In diesem Zusammenhang gewinnt die Ansicht an Raum, im politischen Parteienspektrum weder rechts noch links zu stehen, diese Gegensätze vielmehr in einem »dritten Weg« überwinden zu wollen – eine Haltung, die Nationalrevolutionäre ebenso wie einige Grüne vertreten. Dazu kommt, daß ihre Theoriefeindlichkeit einige Aktivisten der New-Age-Bewegung für völkisch-nationale Tendenzen innerhalb dieser regionalistischen Konzepte anfällig machen kann, besonders wenn diese sich durch Rückgriffe auf europäische »Urkulturen« legitimieren.

Das neugermanische Heidentum insgesamt bewegt sich – wie bereits in den Abschnitten über die politische Stellung der einzelnen Gruppen beschrieben – in diesem Umfeld. Man hält sich weder für »rechts« noch »links«:

> *»Eine Partei, die wir Heiden wählen könnten oder die uns Heiden in unserer Ansicht vertreten würde, richtig vertreten würde, müßte eigentlich erst noch gegründet werden. Denn wir haben an sich sehr viel von den Rechten, wir haben aber auch sehr viel von den Linken.«*[54]

Matthias Wenger aus Berlin schreibt in einem Leserbrief an die Zeitschrift *Lebensborn*:

> *»Es ist bei manchen Angehörigen der völkischen Bewegung der Eindruck entstanden, daß Heidentum und politische Rechtsorientiertheit ein und die gleiche Sache sind. Und diese Auffassung ist eine schwerwiegende Selbsttäuschung, sowohl im Sinne der Gegenwart wie auch im geschichtlichen Sinne. [...] Ich habe im Laufe der letzten 10 Jahre zahlreiche Menschen dieser Art [nämlich alternativ-ökologisch orientierte, S. v. S.] kennengelernt und auch geschätzt, nämlich in ihrer großen Vertrautheit mit der Natur [...]. Leute aus der rechten Szene [schätze ich] wegen ihrer Traditionsverbundenheit, Heimatliebe und Wurzelhaftigkeit. [...] Auch ich habe mich nie entschließen können, entweder rechts oder links politisch Stellung zu nehmen. [...] Was sich mir persönlich als Aufgabe stellte [...] war einfach dies: Das Heidnische eben in seiner schlichten Wirklichkeit darzustellen, in der Hoffnung, damit jedermann (und jeder Frau) den Weg zu den eigenen Wurzeln zu vermitteln. Und zwar ohne völkisch, rassenfanatische Schnörkel aber auch ohne den Gedankensalat der ›New-Age-Propheten‹, indem ich mich stets auf die wirklichen Traditionen und ihre Inhalte bezog – dergestalt bemüht, einer Überlieferung der weißen Rasse inhaltlich Gestalt zu vermitteln, statt lediglichden Stolz über die Zugehörigkeit zu ihr daher zu beten.«*[55]

Die »ideale heidnische Gesellschaft« wird mit Begriffen wie »Basisdemokratie« und »Regionalismus« beschrieben, und man greift auf Stammesstrukturen zurück:

> *»Ideal fände ich eigentlich so etwas wie eine Thingdemokratie. Aber ich glaube, daß das nur in ganz kleinen Gemeinschaften zu verwirklichen ist. Insofern bin ich [...] für Basisdemokratie und auch für Regionalismus. Ich bin also gegen alle globalen politischen Formen, sei das also jetzt Europa oder irgendwelche anderen größeren Formen. Ich halte insofern auch nichts vom Parlamentarismus, weil das in meinen Augen 'ne Form von Verwässerung menschlicher Bedürfnisse ist.«*[56]

Das Denkmuster, die Organisation der menschlichen Gemeinschaft in kleineren Einheiten, eben Regionen, sei ökologisch verträglicher und damit »naturgemäßer«, verbindet »linke« und »rechte« Grüne sowie die Strömungen in der New-Age-Bewegung, die sich an traditionellen Stammesreligionen orientieren wollen. In ihrer Forderung nach einem »neuen Denken« und einer

»neuen Spiritualität« begegnen sich diese Richtungen aber auch auf der religiösen Ebene.

Dezidiert völkische Religionsgemeinschaften wie die *Unitarier*, der Ludendorffsche *Bund für Gotterkenntnis* und die *Artgemeinschaft* fungieren überdies als wichtige Träger ökologischer Gedanken im rechten politischen Spektrum.[57] Sie projizieren die Idee, Regionen zu erhalten, häufig auf Völker und Rassen. Ebenso populär ist in diesen Kreisen die lebensschützerische Idee, das eigene Volk, die eigene Rasse müsse als naturgegebene Einheit bewahrt und reingehalten werden wie ein Ökosystem. Bedeutender Vertreter solcher Vorstellungen ist der 1960 gegründete *Weltbund zum Schutze des Lebens (WSL)* und dessen ehemaliger Präsident Haverbeck, der sich schon früh gegen Atomkraft und die Chemisierung der Landwirtschaft einsetzte, gleichzeitig aber eugenisch-rasseideologische Ideen vertritt.

Bei völkisch-religiösen Gruppen dieser Art – insbesondere jedoch im *Bund für Gotterkenntnis (L)* und ihm nahestehenden Verlegern wie Roland Bohlinger und Wieland Soyka – finden sich zudem Rückgriffe auf Verschwörungstheorien, wie sie schon Kulturpessimisten und Antimodernisten zu Anfang unseres Jahrhunderts vertraten, um die Schuldigen an der jeweils aktuellen Misere zu identifizieren. Bei ihnen

> *»reduzieren sich die Probleme westlicher Industriegesellschaften (Umweltzerstörung, Migration großer Menschenmassen) zu einem, vom internationalen, natürlich ›jüdischen‹ Bankkapital verantworteten, Unterwanderungsszenario, in dem die angestammte Führungsposition der westlichen bzw. ›nordischen‹ Rassen systematisch unterhöhlt wird.«*[58]

Entsprechende lebensschützerische Ideen finden sich, wie bereits beschrieben, auch in germanisch heidnischen Gruppen, etwa dem *Armanen-Orden* (vgl. hierzu S. 12ff.), die damit ebenfalls zu den Multiplikatoren eines »völkisch-grünen« Weltbilds zählen, das explizit mit naturreligiösen Argumenten begründet wird: Rassen seien ebenso wie die unberührte Natur naturgegebene, von den Göttern gewollte Erscheinungen und damit schutzwürdig.

Folgerungen

Rückgriffe auf vorchristliche Religionen, die als ökologisch orientierte Naturreligionen interpretiert werden, haben also sowohl im grün-alternativen, im esoterischen wie auch im rechtsextrem rassistischen Lager Konjunktur. Damit hat dieses Denkmuster eine verbindende Funktion zwischen recht unterschiedlichen politischen und weltanschaulichen Richtungen. Es stellt sich die Frage, ob ein solcher Rückgriff auf vermeintlich archaische spirituelle Traditionen überhaupt eine Orientierung in ökologischen Fragen bieten kann oder ob es sich nicht

> *»um eine jener begrifflichen Schimären handelt, die weit mehr über die Entwicklung und die historischen Erfahrungen unserer Gesellschaft aussagen als über die Realität, auf die sie sich zu beziehen vorgeben.«*[59]

In diesem Zusammenhang muß auch der Naturbegriff kritisch hinterfragt werden, von dem diese »heidnischen Ökologen« ausgehen. Natur wird hier – wie auch die archaische Gesellschaft – nur heil, unzerstört, unbeschädigt gesehen, sie repräsentiert eine heile Welt des Ursprünglichen. Übersehen wird dabei, daß »die Begriffe Natur und Naturgesetz *sozial* konstituiert sind, damit Wandlungen unterliegen und keineswegs die behauptete normative Eindeutigkeit haben.«[60]

Matriarchale Paradiese?

Neugermanisches Heidentum als Religion für Frauen

Neben der Ansicht, heidnische Religion sei stärker ökologisch orientiert und biete damit einen Ausweg aus der Umweltkrise, wird häufig die Position vertreten, Heidentum sei eine Religion, in der Frauen eine starke Stellung zukomme und die daher auch für deren Selbstverwirklichung richtungweisend sei. Mit der Rückbesinnung auf heidnische Religion sind – wie schon im vorigen Kapitel erwähnt – Erlösungshoffnungen verbunden, die sich vielfach auch auf die Wiederentdeckung eines »verdrängten weiblichen Erbes« beziehen:

> *»Die vergessene Kultur der Frau wurde aber nicht nur von der Frauenbewegung wiederentdeckt. Die Rückbesinnung auf matriarchale Strukturen bestimmt heute auch weite Teile einer alternativen Gegenkultur, in Westeuropa wie in Nordamerika, die sich von der ›Rückkehr zu den Müttern‹ eine Heilung unserer modernen Zivilisation erhofft«.*[1]

Dieses Denkmuster ist heute in allen neuheidnischen Richtungen – auch in den germanischen – weit verbreitet, jedoch in recht unterschiedlichen Ausprägungen. In diesem Punkt unterscheiden sie sich von der neuheidnischen Szene zwischen 1900 und 1930, die, von Männern dominiert, meist frauenfeindliche und männerbündische Ideologien vertrat.

Mütterlichkeit als Ideal der bürgerlichen Frauenbewegung

Dennoch lassen sich bereits im Kaiserreich und der Weimarer Zeit Ideen finden, die den heutigen ähneln, wenn auch nur in geringem Maße auf religiösem Gebiet, sondern eher im gesellschaftspolitischen Bereich.

Gerade die Frauenbewegung des 19. und beginnenden 20. Jahrhunderts setzte sich zwar für bessere Bildungschancen für Mädchen und Frauen ein und forderte die rechtliche Gleichstellung von Frauen. Sie beharrte jedoch andererseits auf getrennten Funktionsbereichen und Charaktereigenschaften der Geschlechter und auf der Andersartigkeit weiblicher Interessen.[2] Der Gedanke, daß Eigenschaften, die vor allem Frauen zugeschrieben werden, wie Sanftmut, Verständnis, Fürsorge und vor allem Mütterlichkeit, gesellschaftlich höher bewertet werden sollten, war ein zentrales Anliegen der bürgerlichen Frauenbewegung. Sie sah es als Aufgabe von Frauen, diese Werte und Fähigkeiten bewußt zu entwickeln und ins öffentliche Leben einzubringen.

»Gemäß diesem Frauenbild soll die Frau zwar beteiligt sein an den öffentlichen Aufgaben der Gesellschaft, insbesondere an der ›Kultur‹. Diese Beteiligung darf aber nicht zu Lasten der alten Frauenrolle gehen. Die Frauenbewegung soll als ›eine Bewegung zur Mütterlichkeit‹ verstanden werden.«[3]

Da die Betonung der Polarität zwischen den Geschlechtern in der Weimarer Zeit ohnehin die herrschende Meinung darstellte, stand die bürgerliche Frauenbewegung also nur bedingt in Opposition zur herrschenden Gesellschaft.[4]

Mit vielen männlichen Zeitgenossen teilten diese Frauen auch kulturpessimistische Einstellungen. Aus der abgelehnten modernen Zivilisation sollte gerade die Integration »weiblicher« Werte einen Ausweg weisen:

»Da die ›männliche Kultur‹ sich in einer durch Vermassung, Naturentfremdung, Technifizierung und Versachlichung gekennzeichneten Krise befinde, sei es um so wichtiger, weibliche Werte und Handlungsmaßstäbe in die Gesellschaft hineinzutragen und auf allen Ebenen mütterlich-menschlich zu wirken.«[5]

Einige dieser Frauen hingen auch einem kulturpessimistischen Antikapitalismus an, der sie mit dem völkischen Lager verband, oder traten gar – wie Gertrud Bäumer – für »eine Wiedergeburt der Religion aus deutschem Geist«[6] ein. Dieses Frauenbild ähnelt dem des Nationalsozialismus, der nur mit wenig Modifikationen daran anknüpfen konnte. Zum Lob der Mütterlichkeit kam in der nationalsozialistischen Ideologie jedoch noch das rassistische Element, das der Frau vor allem die Rolle der »Zuchtmutter« zuwies.

Germanische Männerbünde oder arisches Matriarchat?

Ariosophie und Germanenglaube der Zeit nach der Jahrhundertwende waren vorwiegend von Männern geprägt, legten bestenfalls Wert auf eine »germanische Hochschätzung der Frau«, wenn sie nicht – wie Lanz von Liebenfels – ausgesprochen frauenfeindlich argumentierten und in der Frau die Wurzel aller Degeneration und des Verfalls der Rasse sahen (siehe S. 68ff.). Man betonte eher das »Heldische«, Kriegerische der germanischen Religion, was Affinitäten zu einer männerbündischen Ideologie schaffte, die in dieser Zeit ohnehin in Wissenschaft und auch in religiösen Zusammenhängen Konjunktur hatte.

Konsequenzen für das Germanenbild der Zeit hatte insbesondere das Werk des germanischen Altertumskundlers Otto Höfler über *Kultische Geheimbünde der Germanen*, das 1934 erschien. Inspiriert von ethnologischen Forschungen zu Männerbünden in primitiven Gesellschaften und von der Schrift Lily Weisers zu *Altgermanischen Jünglingsweihen und Männerbünden*, glaubte Höfler, im gesamten germanischen Raum die Existenz von geheimen Kriegerbünden nachweisen zu können. Laut Höfler bildeten diese eine Art Weihekriegertum, das, dem Gott Odin oder Wotan geweiht, einen ekstatischen Toten- und Ahnenkult pflegte. Ihre Aufgabe sei der Schutz des Stammes gegen menschliche und dämonische Feinde gewesen, zu denen insbesondere das »negative Prinzip des Waldweibes«, das in Hexenkulten von Frauen verehrt wurde, gehört habe. Ihnen schrieb Höfler »zügellose Ausschweifungen« zu, die vom kriegerischen, heldischen Männerheer bekämpft wurden.[7] Höflers Thesen, die wissenschaftlich bis heute umstritten und wohl nicht belegbar sind, waren sicherlich von seiner Begeisterung über das beginnende »Dritte Reich« geprägt. Zugleich fanden sie bei vielen Nationalsozialisten, insbesondere in der SS, großen Anklang, waren sie doch geeignet, deren männerbündische, hierarchische Struktur durch eine angeblich urgermanische Tradition zu legitimieren. Hinzu kam, daß Höfler zwar meinte, solche kultischen Männerbünde existierten heute nicht mehr als Gemeinschaftsform. Ihrem Geist, ihrer »sozialen Dämonie«, wie er es nannte, sprach er jedoch »geschichtsbildende Kraft« zu, die »einen Grundpfeiler unserer volkhaften Kultur« bilde.[8]

Eine Ausnahme im Umfeld der germanischen Religiosität stellt die Rekonstruktion eines »germanisch-arktischen« Monotheismus durch Herman Wirth dar (siehe S. 74 ff.). Wirth geht von der hohen Stellung der germanischen Frau aus und behauptet,

> *»daß die deutsche Erneuerung allein durch den Mann unmöglich sei. Nur durch die Mitwirkung der ›Hüterinnen der heiligen Werte‹, der ›Volksmütter‹, wird das Gelingen der Erneuerung gewährleistet. ›Nach dieser (germanischen) Weltanschauung und Gotteserkenntnis muß diejenige, die das Leben in sich trägt, das von Gott ist, auch das Wissen von Gott in sich tragen.‹ Wirth scheut in diesem Zusammenhang nicht vor einer grundlegenden Kritik an der gesamten nordischen Bewegung in Deutschland zurück, der er eine männerrechtliche Haltung gegenüber den Frauen vorwirft. Nur da, wo die Frau als die eigentliche Hüterin der nordischen Religion geehrt wird, kann es in einem höheren Sinne gelingen, daß ›an deutschem Wesen einst die Welt genesen wird.‹«*[9]

Egalität oder Polarität – Auseinandersetzungen in der heutigen Frauenbewegung

Mit Ausnahme der germanentümelnden Variante der Mütterlichkeitsideologie findet sich also im neugermanischen Heidentum des ersten Drittels des 20. Jahrhunderts wenig, worauf man bei der Suche nach weiblichen religiösen Traditionen rekurrieren könnte. Das eher männerbündische, heroische Germanenbild überlebte in neugermanisch heidnischen Gruppen bis in die 70er Jahre hinein, wohl vor allem aus dem Grund, weil die Frauenfrage kein gesellschaftliches Thema war, das zur Auseinandersetzung zwang. Ende der 60er Jahre begann die neue Frauenbewegung sich gegen tradierte Rollenbilder, für eine völlige rechtliche Gleichstellung der Frau und vor allem auch für Chancengleichheit in allen Bereichen zu engagieren.[10] Ihr betont egalitärer Ansatz und ihre Herkunft aus der Studentenbewegung brachte die meisten neugermanischen Heiden dazu, den Feminismus dieser Ausprägung als »Verfallserscheinung« abzulehnen.

Die wachsenden Erfolge der Frauenbewegung und die stärkere Präsenz von Frauen im öffentlichen Leben brachte jedoch eine ähnliche Entwicklung, wie sie für die Frauenbewegung des 19. und frühen 20. Jahrhunderts beschrieben wurde. Viele Frauen hatten die ihnen vertrauten Bereiche verlassen und mußten sich mit ihrer »weiblichen« Sozialisation in als »männlich« empfundenen und von Männern dominierten Zusammenhängen behaupten. Es mußten »neue Ausdrucksformen für die eigenen weiblichen Erfahrungen« gefunden werden, Frauen begannen »Fragen nach ihrer Geschichte und ihrem Selbstbild zu stellen«.[11] Ihre Erfahrungen führten zur Kritik an Werten wie Leistungsdenken, Konkurrenz, Rationalität, die als »männlich« empfunden wurden. Viele Frauen meinten, traditionell als »weiblich« angesehene Eigenschaften wie Toleranz, Kommunikations- und Kompromißfähigkeit, Fürsorge und ähnliches müßten endlich einen höheren Stellenwert im öffentlichen Leben bekommen.

In Teilen der Frauenbewegung führen solche Ideen dazu, die Polarität der Geschlechter wieder hervorzuheben. Nun ist das Ziel nicht mehr eine Gesellschaft, in der Männer wie Frauen »männliche« wie »weibliche« Werte und Fähigkeiten ausbilden sollen. Vielmehr gelten die weiblichen Eigenschaften als die besseren, jedoch bisher leider unterdrückten. Sie sollten von Frauen bewußt gepflegt und den zerstörerischen männlichen entgegengesetzt werden.

Feministische Religionskritik

In unserem Zusammenhang ist dabei bedeutend, daß sich diese Tendenzen nicht allein auf der gesellschaftspolitischen Ebene manifestieren, sondern entscheidend auch auf theologischer. Einmal geht es dabei um den Kampf von Frauen innerhalb der Kirchen um die Zulassung zu kirchlichen Ämtern, gegen diskriminierende Strukturen in Kirche und Theologie, etwa gegen ein männliches Gottesbild, das Frauen keine Identifikationsmöglichkeiten bietet, oder gegen ein misogynes Frauenbild der christlichen Tradition.[12] Andererseits setzen Frauen diesen als patriarchalisch empfundenen religiösen Inhalten die Suche nach einer eigenen weiblichen Identität und Spiritualität, nach frauenfreundlichen Traditionen entgegen. Viele Frauen bleiben nicht beim Bemühen stehen, in der Bibel, in Kirchengeschichte oder gar häretischen Traditionen neue Identifikationsmuster zu suchen. Vielfach werden Christentum und Judentum, Altes und Neues Testament überhaupt abgelehnt, da sie die männliche Herrschaft über die Frau zementierten, Sexualität, Natur und Frauen dämonisierten.[13]

Die Christianisierung und Unterwerfung des Heidentums wird in diesem Zusammenhang häufig als »Abschnitt im umfassenden Geschlechterkampf«[14] gedeutet, als entscheidender Schritt zu einer »Verdrängung des ›weiblichen Erbes‹«[15]. Letzteres wiederum wird schließlich in einen noch größeren kulturgeschichtlichen Zusammenhang gestellt:

> *»Tatsächlich ist die Verdrängung des ›weiblichen Erbes‹ aber mehr als die Geschichte von der Unterdrückung der Frau. Sie ist untrennbar verbunden mit dem europäischen ›Prozeß der Zivilisation‹ (Norbert Elias) und der Entwicklung von einer naturnahen Ackerbaukultur zu einer zunehmend rationalisierten und technisierten Fabrikationsgesellschaft.«*[16]

Hexentum und Matriarchat

Heidnische Religion und ihr vermeintliches Weiterleben bei den als »Hexen« verfolgten Frauen der frühen Neuzeit bieten sich damit als Alternative bei der Suche nach Religionen und Kulten an, die dem Erleben von Frauen eher entsprechen sollen. Insbesondere der Wicca-Kult, der ein starkes Gewicht auf die weiblich-männliche Polarität legt und damit Frauen im Kult und der Organisation eine zentrale Rolle zuweist, wirkte inspirierend auf die religiös orientierte Frauenbewegung.[17] Es entstanden neben den traditionellen gemischten Coven reine Frauengruppen mit feministischem Hintergrund. Darüber hinaus gilt die »Hexe« heute in weiten Kreisen der Frauenbewegung als Identifikationsfigur.[18] Man sieht sie als Heilkundige und Hebamme[19] und zudem als

> *»letzte Erbin der Großen Göttin. Sie bewahrte die matriarchalen Künste, kannte die ›Zauberkraft‹ der Heilkräuter und Gifte und übte die magischen Riten aus, um die Fruchtbarkeit der Natur, Gesundheit und Glück zu sichern. Ihr Kult, in dessen Mittelpunkt die Verehrung einer mütterlichen Göttin und eines gehörnten, dionysischen Gottes stand (den die Kirche als ›Teufel‹ deklarierte), hatte sich unter der christlichen Oberfläche erhalten.«*[20]

Dieses Zitat zeigt, in wie hohem Maße sich die Wiederbelebung vermeintlicher weiblicher Kulte und die Matiarchatsforschung gegenseitig beeinflussen. Die Autorin greift auf das Werk Gardeners zurück, der die Wicca-Bewegung in Großbritannien begründet hat; sie versucht, damit die Existenz einer matriarchalen Kultur und deren Weiterleben im Brauchtum zu belegen. Die Suche nach weiblichen religiösen Traditionen leitet also augenscheinlich das Erkenntnisinteresse der Matriarchatsforscherinnen und -forscher.

> *»Eine Familie, die zu Ansehen kommt, braucht einen Stammbaum. Eine Nation, die selbstbewußt wird, schreibt ihre Geschichte. Minderheiten, wie die schwarze Bevölkerung in den USA, entdecken ihre Wurzeln in Afrika und besinnen sich auf ihre Traditionen. Wer zu sich kommt, braucht eine Vergangenheit, um seine Zukunft zu bewältigen. Ein Mensch kann ohne Geschichte nicht sein. [...] Menschen brauchen ein Kontinuum, etwas, was sie mit ihrer Herkunft verbindet und sie in die Unsicherheit der Zukunft begleitet.«*[21]

Die Ergebnisse der Matriarchatsforschung vermitteln aber auch feministischen Theologinnen und dem feministisch orientierten Heidentum entscheidende Impulse. Wissenschaftlerinnen und Wissenschaftler, die der These von der weltweiten Existenz von Matriarchaten anhängen, halten es für erwiesen, daß in frühen Sammler- und Pflanzgesellschaften, aber auch im »pflanzerischen präindoeuropäischen Europa« sowie in den »präantiken städtischen Hochkulturen des vorderasiatischen und mittelmeerischen Raumes« ein Erd- und Fruchtbarkeitskult gepflegt wurde, dessen Trägerin die Frau war, »in deren Gebärfähigkeit sich die stete Wiederkehr des Lebens manifestierte«.[22] Diese Matriarchate seien »von Frauen geschaffene und geprägte Gesellschaften [gewesen], in denen sie dominierten, aber nicht herrschten«[23] – so die Definition der Matriarchatsforscherin Heide Göttner-Abendroth. Diese ursprünglichen Matriarchate seien später von patriarchalen Gesellschaftssystemen abgelöst worden, wobei man für den europäischen Bereich postuliert, dies sei im Zuge der »indoeuropäischen Eroberung« geschehen.[24]

Die Grundzüge dieser Fruchtbarkeitsreligion, in der weibliche Gottheiten bzw. eine Muttergöttin eine zentrale Rolle gespielt haben sollen, bieten feministisch orientierten Theologinnen Anregungen für ihren eigenen Glauben und Kult.[25] Wie eng feministisch religiöses Engagement und Matriarchatsforschung in der Praxis zusammenhängen können, zeigt das Beipiel des in Stuttgart angesiedelten *Instituts für Gynenergetik*. Die Kurse dieses Vereins verstehen sich als

> *»therapeutische Angebote [...] [auf] Basis der Analytischen Psychologie, erweitert in matriarchale Dimensionen und vertieft durch das eindeutig thealogische Engagement, weibliche Spiritualität und*

weibliche kulturelle Werte für Frauen und Männer hier und heute wieder erfahrbar werden zu lassen.«

Gleichzeitig ist es Ziel des Vereins

> *»weitere theoretische matriarchale Grundlagenforschung zu ermöglichen und in konkrete Erfahrungen für den heutigen Menschen umsetzen zu können, um in Religion und Politik heilsame Veränderungen zu initiieren und individuelle Entwicklung, kollektives Wachstum und spirituelles Bewußtwerden zu fördern.«*[26]

Aus dem Zitat geht bereits hervor, daß diese Art von Matriarchatsforschung nicht nur einen Beitrag zur vergleichenden Geschichtsforschung leisten will. Sie versteht sich auch als »Patriarchatskritik und als solche als eine Gegenwartsanalyse weit über die Grenzen der bisherigen Gesellschaftskritik hinaus«. Sie will zudem »eine geistige Suche nach einer Utopie jenseits der bekannten abstrakten oder dogmatischen Muster, nach Utopie als konkreter, experimenteller Leitidee, als heller Faden durch die Verworrenheit unserer Zeit«[27] sein.

Damit setzen sich dieser Forschungszweig wie auch die feministische Theologie innerhalb und außerhalb der Kirchen Ziele, die über die gesellschaftliche Gleichstellung der Frau oder über die Entdeckung einer eigenen weiblichen Spiritualität hinausgehen. Es gilt vielmehr, »das ursprünglich vollmächtige *Wesen* der Frau wiederzugewinnen«[28], da gerade dieses geeignet sei, im »neuen Zeitalter« die spirituelle Erneuerung zu bringen.[29] So heißt es etwa im *Runenbuch für Frauen*:

> *»Jetzt sind wir wieder im Wasserfrau/ mann/zeitalter, in dem es unsere Aufgabe ist, alles, was sich zum Teil noch feindlich gegenübersteht, zur All-Einheit zu führen, wo es nicht mehr wichtig ist, nach weiblich und männlich zu trennen. Jedoch kann der zweite Schritt nicht vor dem ersten getan werden. Bevor wir aber zu diesem Zustand der Verschmelzung der Energien gelangen können, muß die weibliche Energie zu ihrer eigenen Kraft zurückfinden.«*[30]

Man erhofft sich von der Entwicklung des weiblichen Wesens den Ausweg aus der ökologischen Krise oder vermutet, wie Henning Eichberg, in den »(ewig jungen) Göttinnen« gar ein Signal für das »Ende der vom Manngott beherrschten Industriekultur.«[31]

Germanen und Mutterrecht

Bei ihrer Suche nach matriarchalen Religionsformen greifen Frauen auch auf die Elemente des germanischen Heidentums zurück, die ihrem feministischen Religionsverständnis entsprechen. Dieses eklektizistische Vorgehen ist typisch für die außerkirchliche feministische Theologie, insbesondere für feministische

Wicca. Ihr Ziel ist es nicht, eine neue Dogmatik zu schaffen, sondern eine an ihren eigenen Bedürfnissen orientierte Religion zu schaffen, die vor allem aus Zwängen der patriarchalisch geprägten Religion und auch Politik befreien soll. Sie verwenden dabei Mythen aus unterschiedlichen religiösen Traditionen und erfinden dazu neue Rituale und Gottheiten, wo die bestehenden Religionen nichts Passendes bereithalten.[32]

In diesem Zusammenhang tauchen insbesondere die wanischen Fruchtbarkeitsgottheiten auf mit Freyja als »erotische[r] Göttin der Ökologie.«[33] Auch Runen werden zu Orakelzwecken, zur Meditation oder Lebenshilfe, meist losgelöst vom ursprünglichen germanischen Religionssystem verwendet. Hierzu noch einmal *Das Runenbuch für Frauen*:

> *»Wir sehen also, die Botschaft der Runen kommt aus frühester Zeit zu uns. Für ein vertieftes Verständnis ist es für uns aber nicht nötig, sich mit dem Weltbild der Altgermanen zu beschäftigen. Alles alte Wissen ist im Prozeß der Überlieferung dem jeweiligen Zeitgeist unterworfen. So entsprechen die Runenzeichen, wie sie uns heute überliefert sind, kaum ihrem Ur-sprungs-verständnis, und das ist auch gut so, denn als magische Zeichen, die uns mit höherer Schwingung verbinden, sprechen sie auch heute noch zu uns, jedoch anders als zu den Menschen früherer Zeiten. Sie sprechen auch anders zu uns als Frauen.«*[34]

Voraussetzung für diese Art der Germanenrezeption ist die These, daß sich auch im germanischen Heidentum zumindest Überreste einer matriarchalen Urkultur erhalten haben. Da wird nicht nur ein »germanischer Erdmutterglaube« an Nerthus bzw. Freyja postuliert, auch Otto Höflers umstrittene Männerbund-Theorie wird herangezogen, nun allerdings als

> *»Transformation einer prägermanischen, ursprünglich matriarchalen Struktur, die sich bei der Usurpation durch kultische Männerbünde mit patriarchalen Elementen vermischte.«*[35]

Es ist jedoch insbesondere Herman Wirths Theorie einer ureuropäischen matriarchalen Religion, auf die esoterisch-religiös interessierte Frauen bei der Suche nach frauenfreundlichen germanischen Traditionen zurückgreifen. Die rassistischen Implikationen von Wirths Thesen werden dabei ausgeklammert.[36] Auf den »nicht-egalitären Blickwinkel [...], der gerade das Frauenspezifische hervorhebt«,[37] wird starkes Gewicht gelegt:

> *»auf jeden Fall hat Herman Wirth sehr klar erkannt, daß mit den Frauen eben ein anderes Denken in die Gesellschaft kommt, was gerade eben die positivistisch, logisch Denkenden – also was heute unsere Gesellschaft beherrscht – was die eben ablehnen. Also Erkenntniswege, die die zurückweisen, vielmehr ein bildhaftes Denken, ein in ganzheitlichen Zusammenhängen Denken.«*[38]

In einem derartigen Verständnis weiblicher Spiritualität ähneln sich feministische Theologie, feministisches Neuheidentum, Hexenwesen und neugermanisch heidnische Gruppen. So ist in einem Artikel über »Stellung und Bedeutung der Frau im Heimdall-Zeitalter« in der von einem Mitglied des *Armanen-Ordens* verfaßten Zeitschrift *Wolfszeit* zu lesen:

> *»Nur in der Fom von Polaritäten entstehen Spannungen und Kräfte, welche fließen, wirken und damit schaffen können. Auch der Mensch wurde polar geschaffen in MANN und FRAU. [...] Was die Frau eigentlich sucht, daß ësicñ ist die Selbstfindung zu ihren ursprünglichen magischen, weiblichen und kosmischen Wirkungs- und Aufgabenbereichen.«*[39]

Egalitäre Emanzipationsbestrebungen dagegen halten viele Neugermanen für letztlich frauenfeindlich:

> *»Gleichberechtigung der Frau oder des Mannes kann es eigentlich nicht geben, da jedem Geschlechterteil vollkommen unterschiedliche Aufgaben zukommen. [...] Dieses christliche Njördzeitalter, das nun mit seinem männlichen Intellekt am Ende ist und jetzt nicht mehr weiter weiß, möchte die Frauen langsam in ihr männliches System integrieren. Mittels der Gleichberechtigung glaubt man die Fehler wieder ausgleichen zu können. Jedoch würde die Frau damit ihre weiblich, magisch, kosmische Bestimmung verleugnen und unterdrücken. Wenn wir die heutigen Frauenrechtler sehen, sieht man ihnen ihre Weiblichkeit kaum noch an.«*[40]

Zwar möchte man die Frau als »Ratgeberin, Seherin, Richterin, Lehrerin usw., oder einfach schlichtweg alles, was hauptsächlich mit Gefühlen zu tun hat« auch im öffentlichen Leben sehen und sie dafür auch in »ihren eigenen Schulen« erziehen, »welche ihnen artgerecht und geschlechtlich zustehen«.[41] Im Alltagsleben gebühre ihnen dabei jedoch letztlich der Platz im Heim und am Herd:

> *»Mann und Frau ergänzen einander. Der Mann wird nie eine Frau als Mutter und Hausfrau ersetzen können, und die Frau wird nie den Mann als den Arbeitenden, der zupacken kann, handwerklich arbeitet, ersetzen können. In der Partnerschaft müßten sie immer gleichberechtigt sein. Und deswegen müßte man auch die Arbeit der Hausfrau und Mutter genauso hoch achten und genauso hoch bewerten wie die Arbeit des Mannes und seiner Berufstätigkeit.«*[42]

Den betonten Antifeminismus eines Lanz von Liebenfels, der die Frau als Verderberin der Rasse ansah, lehnt man allerdings ab. Vielmehr vertreten viele der rassistisch orientierten neugermanisch heidnischen Gruppen die Meinung, daß der Frau mit ihren magischen und intuitiven Fähigkeiten auch die Aufgabe zukomme, die Rasse zu erhalten:

> *»Nur Frauen vermögen nach dem göttlichen Vollzug, der höchsten Ebene der geistigen Liebe, Kinder zu gebären und besitzen somit zur Geburt eines Bastards immer das letzte Wort! Und nun werden wir*

Gleichberechtigung

Seit den Suffragetten in England und den USA und der Emanzipationsbewegung wird in Deutschland über gleiches Recht für Mann und Frau gesprochen - dennoch steht in vielen Lebensfragen die Verwirklichung aus. Haben Sie sich schon nach den Ursachen für diesen unnatürlichen Zustand gefragt?

Um die Lösung zu finden müssen wir weit in der Geschichte zurückgreifen. Jedem Kind wird seit Jahrhunderten in Mitteleuropa im Religionsunterricht aus dem 1. Buch Mose (Genesis) vorgelesen und das dort als absolute Wahrheit vorgetragene verankert sich tief in der Seele. So heißt es dort: "Und Er (Gott) nahm eine seiner (des Mannes) Rippen und schloß die Stelle mit Fleisch. Und Gott der Herr baute ein Weib aus der Rippe, die er von dem Menschen (Mann) nahm ... man wird sie Männin nennen, weil sie vom Manne genommen ist" (Genesis 2,21-22). Hieraus leitete die Kirche immer erneut die Unterwerfung der Frau unter den Mann ab.

Wer von uns kennt nicht die Stelle im 1. Buch Mose 3, in der Eva ihrem Mann vom Baum der Erkenntnis zu essen gibt und es heißt:

"Und zum Manne sprach er: Weil du gehorcht hast der Stimme deines Weibes ... sei der Acker verflucht um deinetwillen! ... Und er trieb den Menschen hinaus".

Aus diesen Sätzen zog die Kirche ihre Konsequenzen: Nicht nur, daß sie die Frauenverachtung einbürgerte und bis heute stabilisierte, gemäß dem Pauluswort "Lasset eure Weiber schweigen in der Gemeinde, denn sie sollen untertan sein" (1. Kor. 14,34); auf dem Konzil von Nicäa 325 u.Zt. diskutierte sie, ob die Frau ein Mensch oder ein Tier sei und auf der Synode zu Macon/Burgund 585 u.Zt. wurde beschlossen, die Frau sei als Tier anzusehen. Im Mittelalter diskutierte man, ob die Frau auch eine Seele hätte. Später schlossen sich die Hexenverbrennungen mit Millionen Opfern in Europa und in neuester Zeit die katholischen Gesetze an. Diese bis 1918 gültigen Gesetze erlaubten dem Mann seine Frau fasten zu lassen, sie zu verprügeln, zu binden und einzusperren.

Ähnliches findet sich auch im Koran, so in der zweiten Sure (244) "Die Weiber sind euer Acker, geht auf euern Acker, wie und wann ihr wollt, weiht aber Allah eure Seele..." und beispielhaft in der vierten Sure (35) "Männer sollen vor Frauen bevorzugt werden, weil sie für diese verantwortlich sind, weil Allah auch die einen vor den anderen mit Vorzügen begabte und auch weil jene diese erhalten. Rechtschaffende Frauen sollen gehorsam, treu und verschwiegen sein...".

Völlig anders war demgegenüber die heidnische Einstellung unserer Vorfahren; immer wieder ist von heiligen Frauen, deren Rat sehr geschätzt wurde, zu lesen und wir alle haben auch schon von den Amazonen gehört. Deutlich wird diese Haltung im germanischen Schöpfungsmythos:

"Als Bors Söhne (die Götter Vithrir, Vili und Veh) am Seestrande gingen, fanden sie zwei Bäume und schufen Menschen daraus. Der erste gab Seele und Leben, der andere Verstand und Bewegung, der dritte Antlitz, Sprache, Gehör und Gesicht. Sie gaben ihnen auch Kleider und Namen, den Mann nannten sie Ask (Esche) und die Frau Embla (Ulme), und von ihnen kommt das Menschengeschlecht, welchem Midgard zur Wohnung verliehen ward." (Gylfaginning 9, Edda).

Mann und Frau stehen hier also gleichberechtigt nebeneinander; die verschiedenen Holzarten symbolisieren die unterschiedlichen, aber einander gleichwertigen Eigenschaften der Geschlechter. Noch viele andere Quellen aus heidnischer Zeit zeigen, daß die heidnische Naturreligion keine Frauenverachtung oder Unterdrückung kannte.

Abb. 9:
Das Heidentum als Religion, die beiden Geschlechtern gleiche Rechte und gleiches Ansehen allerdings bei verschiedenen Eigenschaften und Fähigkeiten einräumt – so verstehen die meisten neugermanischen Heiden ihre Religion. Das Bild zeigt eine Seite aus einer Werbeschrift der *Heidnischen Gemeinschaft*.

noch zur Einsicht kommen müssen, das [sic] die Frau als Teilheit, doch noch mehr eine Einheit bildet als der Mann. Die Frau, welche früher immer sehr Boden, Bluts und Mutterbezogen [sic] war, also noch tief im UR, mit der Wurzel eine Verbundenheit hatte, fühlte damals noch ihre magischen weiblichen Kräfte stark ausgeprägt und spürte ihr angeborene Wertgewißheit.«[43]

Der Polaritätsansatz führt zumindest den *Armanen-Orden* auch zum Schluß, daß sich die Männerbundtheorien Höflers mit der Annahme und Pflege weiblicher Traditionen im germanischen Heidentum vereinigen lasse. Die matriarchalische, aufs Ganze ausgerichtete Religion der großen Mutter, wie sie etwa Herman Wirth vertritt, repräsentiere eben den einen, den weiblichen oder »wanischen« Pol der heidnischen Religion. Die männerbündische, kriegerische Religion, für die die Asen stünden und die die Analyse, also auch die Verehrung von mehreren Göttern in den Vordergrund stelle, sei dagegen der patriarchalische Pol.[44]

Kritik des Polaritätskonzeptes

Solche Schlußfolgerungen aus dem Polaritätskonzept machen neugermanisch heidnische Gruppen für viele, vor allem feministisch engagierte Frauen unattraktiv. Dafür spricht auch der Männerüberschuß bei allen hier untersuchten Vereinigungen, der ganz im Gegensatz zur Verteilung der Geschlechter etwa in Hexengruppen steht. Es ist sicherlich nicht angebracht, das politische Engagement feministischer Hexen, die ernsthaften Bemühungen um die Entwicklung neuer frauenfreundlicher Religions- und Kultformen der feministischen Theologie und die »Zuchtmutter-Ideologie« einiger germanischer Neuheiden auf die gleiche Stufe zu stellen. Die Tatsache, daß sie auf gemeinsamen Voraussetzungen bauen, nämlich der naturgegebenen Polarität von Mann und Frau und der besonderen magischen, religiösen und intuitiven Fähigkeiten von Frauen, sollte man dennoch nicht aus den Augen verlieren. Hieran wird zumindest deutlich, welche problematischen Konsequenzen ein solcher Ansatz haben kann.

Die religiöse Überhöhung des Geschlechtergegensatzes führt in den meisten Fällen dazu, diesen als »naturgegeben« festzuschreiben, ohne zu fragen, woher das zugrundeliegende Bild der ganzheitlichen, magisch begabten, intuitiven, naturnahen Frau eigentlich stammt. Gerade der Polaritätsansatz aber leistet

»der üblichen Rollenfixierung Vorschub: Über das Gebären hinaus gelten hier wieder sehr einseitig die liebende Fürsorge, die Nachsicht, das Kleiden, Nähren, der Haushalt als ›typisch‹ weiblich, Recht, Gesetz, Zorn, Strafe, Kampf als ›typisch‹ männlich.«[45]

Ein genauerer Blick auf die Geschichte der Matriarchatsforschung verdeutlicht, wie zweifelhaft die Orientierung an dieser wissenschaftlichen Theorie ist. Grundlage der heutigen feministischen Forschungen bildet das Werk Johann Jakob Bachofens. Der Basler Gelehrte stellte 1861 in seinem Werk *Das Mutterrecht* ein evolutionäres Modell auf, das eine matriarchale – gynaikokratische, wie er es nennt – Gesellschaftsform vor der patriarchalischen annimmt. Hierauf bauen heutige Matriarchatsforscherinnen, allen voran Heide Göttner-Abendrot ihre Rekonstruktionen des Matriarchats, kehren allerdings die ideologischen Wertungen Bachofens um.[46] Denn Bachofens Wertung ist alles andere als frauenfreundlich, stellte er doch das »geistige Vaterrecht« als Endstufe der Menschheitsentwicklung eindeutig über das »stoffliche Weiberrecht«.[47]

Zudem baut die Matriarchatsforschung auf unsicherer Grundlage, wenn sie sich an den Werken Bachofens orientiert. Bachofen verwendete nämlich Mythen über Matriarchate als Quellen für wirkliche geschichtliche Ereignisse, eine Methode, die sich als nicht haltbar erwiesen hat. Er kann also nicht als Entdecker von Matriarchaten gelten, wohl aber als Entdecker von Matriarchatsmythen.[48]

Angreifbar sind auch die Methoden der heutigen Matriarchatsforschung:

> *»Vereinzelte Motive aus Geschichte, Kunst, Mythen, aber auch Methoden werden herausgepickt, ohne darauf zu achten, aus welchem Zusammenhang sie stammen; immer wird ein Ganzes in seinem Spannungsreichtum aufgelöst. Die Synthese kommt aber nicht mehr zu einem Ganzen, sondern bildet eine Summe, ein Konglomerat, wobei die Fülle der Einzelelemente das Ganze vortäuscht. Solche Synthesen werden durch eine einzige eingängige ›Theorie‹ hergestellt, die sich nicht aus dem Material ergibt, sondern das Material bindet.«*[49]

Nun muß eine Bewegung, die eine zeitgemäße Religion entwikkeln will, sich nicht unbedingt durch Rückgriffe auf Vorbilder in der Vergangenheit legitimieren. Teile des feministischen Neuheidentums und der Wicca sind sich der Unhaltbarkeit der eben skizzierten historischen Konstruktionen und deren ideologischer Implikationen auch bewußt. Sie schaffen für sich daher Kulte und religiöse Inhalte neu, die ihnen praktikabel und sinnvoll erscheinen. Damit befreien sie sich wenigstens teilweise von vorgegebenen Zuschreibungen.

Das Beispiel Matriarchatsforschung zeigt, daß das Frauenbild weiter Teile des feministisch-religiösen Lagers dem einiger antifeministischer Theoretiker des 19. und 20. Jahrhunderts vor allem darin ähnelt, daß Frauen für intuitiver, d. h. zu logischem

Denken weniger fähig, und naturnäher, d.h. zu kulturellen Leistungen weniger geeignet, erscheinen. Von hier aus scheint es naheliegend, Frau bzw. Weiblichkeit mit Natur gleichzusetzen. Der Unterschied zwischen einer frauenfreundlichen und einer antifeministischen Position findet sich dann nur noch darin, ob diese »Tatsache« der weiblichen Naturnähe als Zeichen besonders hoher ethischer Fähigkeiten oder als Beleg für ihren niedrigeren Entwicklungsstand gewertet wird. Frauen, die solche Zuschreibungen – positiv bewertet – auf sich beziehen, setzen sich möglicherweise selbst wieder ins gesellschaftliche Abseits und geraten damit in Widerspruch zum egalitären Feminismus, der mit dem Ziel der Befreiung aus diesem Abseits angetreten war. Ein Besinnen auf »weibliche Werte« und die Weigerung, sich einem patriarchalischen System anzupassen, kann leicht die Konsequenz haben, daß Frauen ihr Engagement auf die Bereiche des öffentlichen Lebens beschränken, in denen solche Werte ohnehin gefragt sind, also insbesondere auf den sozialen Bereich. Dies heißt wiederum, daß sie sich auf typische »Frauenberufe« zurückziehen oder ihre »Selbstverwirklichung« im privaten Raum unter sich und in letzter Konsequenz eben am heimischen Herd und in der Mutterschaft suchen.

Die Vorstellung hingegen, spezifisch »weibliche« Werte gerade im öffentlichen Leben einzubringen, stellt sicherlich einen Gewinn für die gesamte Gesellschaft dar – allerdings nur dann, wenn dies auf Männer und Frauen gleichermaßen angewendet wird, das heißt, daß Frauen sich auch das Recht nehmen, »männliche« Werte und Fähigkeiten zu repräsentieren. Diejenigen, die stattdessen von der Polarität der Geschlechter ausgehen, meinen jedoch, durch die Aufwertung genuin »weiblicher« Eigenschaften könne die ökologische und bewußtseinsmäßige Krise der heutigen Zeit überwunden werden. Dies bedeutet, daß sich Frauen in der Lage sehen, Wege aus der Krise zu weisen – ein Gedanke, der auch in vielen germanisch heidnischen Gruppen vertreten wird. Mit einem solchen »Erlösungsanspruch« setzen sich Frauen meines Erachtens nicht nur ein zu hohes, weil unerreichbares Ziel. Sie lenken zudem vom eigentlichen Anfangsziel, dem Einsatz für die Befreiung von Frauen ab, und lassen sich verantwortlich machen für die Überwindung einer Krise, deren Entstehen wie Überwindung sicherlich nicht derart einfachen Regeln folgt, wie dieser Ansatz es glauben machen will. Die Konsequenzen eines solchen Ansatzes sind zudem problematisch:

> *»Die kämpferischen Inhalte der Frauenbewegung werden tunlichst verschwiegen und die Frauenbewegung in ihren Abwegen bestohlen, diese wiederum zu einer bereichernden Seinsart für Männer um-*

gelogen. Uns wird eine Veränderung schmackhaft gemacht, deren wesentlicher Träger eine Weiblichkeit sein soll, die das Verhängnis von Frauen gewesen ist und gegen die große Teile der Frauenbewegung sich in verschiedenster Form zur Wehr gesetzt haben: In Form einer Autonomisierung und eines Unabhängigwerdens von männlichen Weltentwürfen über Frauen, und nicht einfach in Form einer Antithese zum Männlichen.«[50]

Hinzu kommt, daß sich die hohen Erwartungen an Frauen gegen diese selbst richten können, wenn sie diesen nicht gerecht werden.

Schließlich erscheint mir der Anspruch, der hinter diesen Zielen steht und der sich polemisch verkürzen ließe als ein »am weiblichen Wesen soll die Welt genesen«, letztlich reaktionär und totalitär:

»Die falschen Synthesen erwecken falsche Hoffnungen, indem sie die Wirklichkeit verfälschen. Täuschungen, Illusionen und Schematisierungen sind allemal eine beliebtere Konsumware, als der hartnäkkige Kampf auf dem Boden der verwirrenden Realität. Wo immer die Rollen des ganz Bösen und des ganz Guten verteilt werden, wo dogmatische Schematisierungen um sich greifen, tarnt sich der Rückschritt als Fortschritt.«[51]

Daß es bei neugermanisch religiösen Gruppen auch das rassebewußte Wesen der deutschen bzw. germanischen Frau sein kann, das Heilung für die kranke Welt bringen soll, ist nur ein weiterer Hinweis darauf, wohin solche Ansprüche führen können. Damit soll selbstverständlich nicht behauptet werden, daß ein solcher Zusammenhang zwischen Rassismus und Weiblichkeitsschwärmerei zwangsläufig bestehen muß.

Zu ähnlichen Bedenken gibt die Existenz einiger Vorurteile Anlaß, die feministischen Theologinnen und völkisch-religiösen Gruppen gemeinsam sind. Hier ist zum einen die pauschale Ablehnung des alttestamentarischen Gottesbildes zu nennen. Diese geht in der völkischen Ideologie einher mit einem dezidierten Antisemitismus, der seinerseits die Zurückweisung des alttestamentarischen Gottes erst begründet. Feministischen Theologinnen antisemitische Haltungen zu unterstellen ginge sicherlich zu weit, dennoch besteht die Gefahr, daß

»die feministische Literatur, die pauschal ›die Juden‹ und ihren angeblich martialischen Gott für das ganze Frauenleiden durch die Jahrhunderte hindurch verantwortlich macht, dem Antisemitismus gewaltig Vorschub [leistet]. Da auch Christentum und Islam aus dem jüdischen Religionskreis stammen, müssen womöglich ›die Juden‹ noch für alle Übel in der Geschichte dieser beiden anderen Religionen herhalten.«[52]

Ähnliche Gefahren birgt der unreflektierte Anti-Paulinismus in beiden Lagern. In der Tradition Lagardes halten Deutschgläubige bzw. deutschchristliche Völkische den »Juden Paulus« für denjenigen, der das an sich »arische« Urchristentum verfälscht habe.[53] In der feministischen Literatur ist

> *»Paulus als die meist attackierte Person des Neuen Testamentes auszumachen: Er sei für das ganze Unglück einer leibfeindlichen, ja neurotisierenden christlichen Überlieferung verantwortlich.«*[54]

Folgerungen

Insgesamt wird deutlich, daß das heutige Neuheidentum und damit auch die Mehrzahl der neugermanisch religiösen Gruppen im Gegensatz zu ihren Vorläufern in Kaiserreich und Weimarer Republik auf den Beitrag von Frauen zur Religion größtes Gewicht legen und diesen mit der Hoffnung verbinden, von Frauen könne eine generelle Erneuerung von Kultur und Religion ausgehen. Zumindest einige feministisch orientierte heidnische Gruppen scheinen Frauen die Gelegenheit zu bieten, unabhängig nach einer eigenen spirituellen Identität zu suchen. Die vorhergehenden Ausführungen haben jedoch gezeigt, daß dies nicht in jedem Fall bedeutet, heidnische Religion diene den Interessen von Frauen besonders gut. Insbesondere der Polaritätsansatz muß in diesem Zusammenhang kritisch betrachtet werden, hat er doch häufig nicht die Funktion, zu einer unabhängigen Identitätsfindung von Frauen beizutragen, sondern führt zu einer Festlegung auf alte Rollenmuster.

Mit Sicherheit bildet die Idee von der männlich-weiblichen Polarität ein verbindendes Element zwischen Teilen der Frauenbewegung, der feministischen Theologie, dem Neuheidentum sowie dem germanischen Heidentum und schafft Brücken zwischen den Szenen, die sich auch an personellen Verbindungen und Kontakten nachweisen lassen. Neugermanisch heidnische Gruppen, die, wie erwähnt, von Männern geprägt sind, stehen hier eher am Rande, bilden in dieser Position jedoch wiederum das Bindeglied zum rechtsextremen Lager und können so zum Austausch von Gedanken innerhalb verschiedener Subkulturen beitragen.

Wege aus der Vereinzelung?

Die Suche nach alternativen Organisationsformen

Der hierarchisch organisierte, elitäre Orden, der sich nach außen hin abschließt, die Gemeinschaft, der Bund, das extrem offene Netzwerk, das keine festen Mitglieder kennt und informell verschiedene Strömungen miteinander in Kontakt bringen will – die neugermanisch heidnische Szene kennt eine ganze Reihe von Organisationsformen, die anscheinend wenig miteinander zu tun haben. Dabei ist es keineswegs zufällig, welche Bezeichnung sich eine Gruppe selbst gibt, vielmehr kann diese Wahl bereits die Zugehörigkeit zu einer ganz bestimmten Weltanschauung, zu einer speziellen geistig-politischen Tradition ausdrücken. Im folgenden sollen die wichtigsten Traditionslinien, die mit den genannten Formen des gesellschaftlichen Zusammenschlusses verbunden sind, nachgezeichnet werden.

Bei allen Unterschieden zwischen den genannten Möglichkeiten der Organisation scheint ein ähnliches Bedürfnis hinter der Suche nach neuen Gemeinschaftsformen zu liegen: als unpersönlich erlebte Beziehungen und die zunehmende Vereinzelung der Individuen in der modernen Gesellschaft erscheinen als kalt, entfremdet und unverbindlich; an ihre Stelle sollen Gemeinschaften treten, die einen gefühlsmäßigen Zusammenhalt vermitteln und dadurch dem entwurzelten Individuum Halt und Verbindlichkeit bieten. Hieran läßt sich zeigen, wie stark das kulturkritische Moment der neugermanischen Religiosität auch auf diesem Gebiet zum Ausdruck kommt.

So verwundert es nicht, daß der erste »Boom« an neuen Gemeinschaftsformen um die Jahrhundertwende in engem Zusammenhang mit irrationalistischen, lebensphilosophischen Strömungen stand. In der Nachfolge Wagners und Nietzsches sahen sich Menschen auf ihrer Suche nach dem »neuen Menschen« als »Gralssucher«[1], orientierten sich dabei gerne an mittelalterlichen Vorbildern, wie etwa dem Tempelritterorden, und entwickelten bei ihrem Streben nach einem Leben in »religiöser oder mythischer Gebundenheit«[2] oftmals regelrechte Ordensideologien. Diese manifestierten sich auf verschiedenen Ebenen: einer gesellschaftlich-politischen, einer künstlerisch-literarischen und einer okkult-esoterischen, zwischen denen Übergänge und Wechselwirkungen bestanden.

Politische Ordensideen

Die Sehnsucht nach einem »heimlich offenen Bund« im politisch-gesellschaftlichen Bereich tauchte bereits bei dem für die gesamte völkische Bewegung einflußreichen Kulturkritiker Paul de Lagarde auf:

> *»Gäbe es wenigstens Verschworene unter uns, einen heimlich offenen Bund, der für das große Morgen sänne und schaffte und an den, wenn ihn auch in diesen umgekehrten Pfingsttagen die Menge nicht verstehn würde, Alle sich anschließen könnten, deren ausgesprochenem Sehnen er das Wort böte.«*[3]

Dahinter stand die Idee, eine geistige Elite unter einem charismatischen »Führer« könne

> *»das deutsche Wesen vor dem Untergang im Sumpf des modernen Völkerchaos und der demokratischen Nivellierung [...] bewahren« und so »aus Deutschland wieder eine religiös-kulturelle Gemeinschaft [...] machen, die sich vom ›kapitalistischen‹ Ungeist der westeuropäischen Staaten und ihrer materialistischen Gewinngier strengstens distanziert.«*[4]

Seit der Jahrhundertwende wurden solche Ideen und Wünsche häufig auf die mittelalterlichen Kreuz- oder Ordensritter projiziert, was einerseits zur »innereënñ Gesundung des deutschen Volkes« beitragen und eine nationale Identifikationsmöglichkeit bieten sollte, andererseits dazu diente, die »deutsche kulturtragende Mission« und den »deutschen Drang nach Osten«, also die imperiale Politik Deutschlands in Polen und im Baltikum, zu rechtfertigen. Der Ordensstaat selbst, in dem man eine »gelungene Synthese zwischen dem Führer- und Elitegedanken« verwirklicht glaubte, wurde zum Vorbild für das ersehnte neue Reich stilisiert.[5] Ihren Gipfelpunkt fand diese Deutschordensideologie in Alfred Rosenbergs Idee von Deutschland als »Ordensstaat«, wie er sie in seinem *Mythus des 20. Jahrhunderts* entwickelte.

> *»Wir kennen und erleben endlich heute die Mächte der aus tiefem Schlaf erwachenden Rassenseele, die diesen Mann [gemeint ist der »Führer«, S. v. S.] notwendig tragen mußten. Aufgabe dieses neuen Staatgründers ist es, einen Männerbund, sagen wir einen Deutschen Orden zu gestalten, der sich aus Persönlichkeiten zusammensetzt, die führend an der Erneuerung des deutschen Volkes teilgenommen haben.«*[6]

An der Verwirklichung eines »heimlich offenen Bundes« im kleineren Rahmen versuchten sich daneben zahlreiche Personen, etwa der Verleger Eugen Diederichs mit seinem – von Gemeinschaftsideen der Jugendbewegung geprägten – *Serakreis*. Diederichs verwendete übrigens oben erwähntes Lagarde – Zitat 1913 als Verlagsmotto auf seinem Briefpapier. Der Serakreis, den Diederichs definierte als einen »Kreis, der praktisch künstlerische Kultur pflegt, Volkstänze tanzt, Theater spielt, Vagantenfahrten macht«,[7] gehört mit diesen Aktivitäten allerdings schon zu den künstlerisch-literarisch orientierten Ordensprojekten.

Künstlerisch-literarische Ordensprojekte

Der Plan einer »Diskurs- und Lebensgemeinschaft geistig verwandter und gleichgesinnter Männer, die nach ›innerer Vervollkommnung‹ streben und sich zu diesem Zweck der Alltagsroutine entziehen: durch Isolierung von der Welt (fernab von der nächsten städtischen Siedlung)«[8] findet sich als Idee bereits bei Friedrich Nietzsche. Ziel dieses Projekts ist

> *»der Entwurf eines Modells zur ›Auslese‹ und ›Züchtung‹ von Individuen, zur Modellierung über-menschlicher Fähigkeiten, welche Persönlichkeit konstituieren.«*[9]

Aufgegriffen, »wortwörtlich genommen« wurde die Klostermetapher Nietzsches von der intellektuellen Bohème der Jahrhundertwende, also von »jene[n] elitären Zirkel[n], die – nicht selten in ordensähnlichen Zusammenschlüssen – einem Geniekult, einer Geniereligion huldig[t]en«[10] und die auf diese Weise die Idee des »Übermenschen« zu verwirklichen suchten.

Als eine solche »Gemeinschaft des Lebens und der That«, die »den neuen Menschen schafft«,[11] verstand sich die aus dem Friedrichshagener Dichterkreis entstandene *Neue Gemeinschaft*, die im Jahre 1900 von den Brüdern Heinrich und Julius Hart gegründet wurde. Die künstlerisch-lebensreformerische Gruppe, der unter anderem Gustav Landauer, Erich Mühsam, der Maler Fidus, Peter Hille und Else Lasker-Schüler angehörten, verstand sich als elitäre Avantgarde, deren Mitglieder – einander durch Freundschaft verbunden – sich letztlich die Wandlung der Welt durch die Vorwegnahme einer »Erkenntnis der Identität von Ich und Welt«[12] in ihrer Gemeinschaft erhofften. Die Prinzipien Absonderung von der abgelehnten modernen Zivilisation, Elite- und Avantgarde-Denken, die Gustav Landauer in einem Aufruf vertrat, zeigen die Nähe zu Nietzsches Ordensideen:

> *»Ungeheuerlich und fast unaussprechbar groß ist der Abstand geworden, der uns, die wir uns selbst als Vorhut fühlen, von der übrigen Menschheit trennt. [...] Die Gemeinschaft, nach der wir uns sehnen, die wir bedürfen, finden wir nur, wenn wir Zusammengehörige, wir neue Generation, uns von den alten Gemeinschaften absondern. [...] Fort vom Staat, soweit er uns gehen läßt oder soweit wir mit ihm fertig werden, fort von der Waren- und Handelsgesellschaft, fort vom Philistertum! Schaffen wir, wir Wenigen, wir, die wir ein Jeder uns als*

Erbe von Jahrtausenden fühlen, die wir Einfache und Unendliche zu sein empfinden, [...] eine kleine Gemeinschaft in Freude und Tätigkeit, schaffen wir uns um als vorbildlich lebende Menschen.«[13]

Dabei bediente sich die *Neue Gemeinschaft* auch explizit der Kloster-Metapher:

»Wir dachten an ein neues Kloster ohne die Beschränkungen der Möncherei, an einen Orden, der nicht irgendeine Einseitigkeit verfolgen, sondern ethisch-religiös-ästhetisch das ganze Leben zu einem Kunstwerk gestalten sollte.«[14]

Die Mischung aus religiösem und ästhetischem Anspruch kommt auch in der Tatsache zum Ausdruck, daß die Hauptaktivität dieses »Ordens vom wahren Leben« (so die Selbstbezeichnung der Gemeinschaft) die Organisation von »Weihefeiern« war.

Neben der *Neuen Gemeinschaft* ist der Kreis der Anhänger Stefan Georges die wichtigste künstlerisch-literarische Gemeinschaft, die Ordensideen vertrat, auch wenn ihre Mitglieder den eigenen Kreis nicht explizit als Orden bezeichneten. Im dichterischen Werk Georges und seiner Schüler werden der Gedanke der Auslese der Besten sowie Ordens- und Gralsmotive häufig thematisiert. Der George-Kreis verstand sich als ein Versuch, diese in literarischen Werken formulierten Ideale einer durch ein besonderes Gefühl zusammengehaltenen Elite unter einem priesterlichen Führer in die Tat umzusetzen.[15] Linke weist sogar nach, daß der George-Kreis »in Analogie oder gar nach dem historischen Vorbilde des Templer-Ordens gebildet ist.«[16] So vertrat der George- Kreis – bei allen sonstigen Unterschieden zu dieser Bohème-Gruppe – ähnliche kulturkritische Ideen wie die *Neue Gemeinschaft* und ähnliche Hoffnungen, die heillose Gegenwart mit ihrem »zerfaserten idealismus«[17] [sic] in elitären, avantgardistischen Gemeinschaften durch »Gefolgschaft und Jüngertum« – so der Titel eines Aufsatzes von Friedrich Gundolf[18] – zu überwinden.

Dasselbe Ziel versuchte der Jugendstil- und Lebensreformmaler und Illustrator Hugo Höppener, genannt Fidus, ehemals Mitglied der *Neuen Gemeinschaft*, in seinem *St. Georgsbund* zu verwirklichen. Sein Zweck war es, »dauernde, wechselseitige Beziehungen zwischen den Produzenten idealistischer Kunst und ihren Konsumenten«[19] zu schaffen. Der innerste der drei Kreise dieses »Schaffensbundes«[20] verstand sich ebenfalls als avantgardistische Elite:

»Nun ist dieses Werk nicht das Kind der heutigen Weltordnung aus materialistischem Geiste; ihr spührt es wohl, daß es schon heraus wächst aus einer reicheren und reiferen Welt, die erst innen in den Herzen der Wenigen sich allmählich vorbereitet.«[21]

Das Selbstverständnis des Bundes als »religiöser, tatbereiter Zusammenschluß«[22] macht es auch hier möglich, von einer Art künstlerisch-religiösem Orden zu sprechen.

Die genannten Beispiele zeigen, daß Ordensideen im Sinne einer kulturkritischen, gefühlsmäßig verbundenen, elitären, abgesonderten Gemeinschaft in der künstlerischen Avantgarde der Jahrhundertwende weit verbreitet waren.

Okkulte Orden

Zu dieser Gruppe lassen sich auch die zahlreichen okkult-esoterischen Orden zählen, die um die Jahrhundertwende in winkelmaurerischen, aber auch in germanisch religiösen Kreisen gegründet wurden. Charakteristisch ist ihr stark hierarchischer Aufbau in verschiedenen Einweihungsgraden, der sich am Vorbild von Freimaurerlogen orientiert. Hier ist vor allem der von Theodor Reuß gegründete okkultistische O. T. O. (Ordo Templi Orientis) zu nennen, der sich selbst direkt auf die Tempelritter zurückführte. Auch die von dem einflußreichen britischen O. T. O. Mitglied und Okkultisten Aleister Crowley gegründete *Abtei Thelema* in Cefalu in Sizilien, ein »Gegenkloster der Lebensfreude und Lebensbejahung«[23], gehört in die Reihe der Ordensgründungen, die in okkult-esoterischen Kreisen bis heute Wirkung haben (siehe hierzu Kapitel 3).

Wichtig in unserem Zusammenhang ist, daß sich zahlreiche neugermanische Religionsgründer der Ordensideen bedienten, die in den drei oben genannten Gruppen formuliert wurden. Prominentestes Beispiel dafür ist der *ONT* (Neutemplerorden) des Jörg Lanz von Liebenfels, der die esoterischen Vorstellungen der Okkultisten über den Tempelritterorden verband mit Elite- und Adelsvorstellungen sowie rassenmystischen Gralsideen.

Gemeinschaft und Bund

Bei weitem nicht alle heutigen neugermanisch religiösen Gruppen organisieren sich jedoch als Orden, und nur wenige Gemeinschaften, die Ordensideen vertreten, bezeichnen sich selbst so. Neben der Ordensideologie spielen die Begriffe »Gemeinschaft« und »Bund« eine wichtige Rolle für diejenigen, die auf der Suche nach neuen Formen der Vergesellschaftung sind. Auch die damals junge Soziologie reagierte auf die Stimmung der Zeit: Ferdinand Tönnies stellte 1887 in seiner Schrift *Gemeinschaft und Gesellschaft* diese beiden sozialen Lebensformen antithetisch gegeneinander, wobei er Gesellschaft als rational organisierten Zusammenschluß, Gemeinschaft dagegen als vom Gefühl zusammengehaltenes, auf Neigung, Vertrauen und Liebe beruhendes, organisch gewachsenes soziales Gebilde darstellte. Die Ideologisierung dieser Antithese begünstigte kulturpessimistische, sozialromantische Bewegungen bis hin zur nationalsozialistischen Ideologie der »Volksgemeinschaft«.[24]

Die Nähe zu kulturkritischen Ideen über neue Gemeinschaftsformen, wie sie oben geschildert wurden, liegt auf der Hand; diese Ideen schwingen sicherlich überall dort mit, wo neugermanisch religiöse Gruppen die Bezeichnung »Gemeinschaft« wählen, also etwa *Germanische Glaubensgemeinschaft, Deutschgläubige Gemeinschaft.*

Als dritte Kategorie zwischen Gemeinschaft und Gesellschaft definierte Hermann Schmalenbach, der Mitglied des äußeren George-Kreises war, 1922 den Bund.

> *»Mit der Gemeinschaft hat der B[und] die engste Verbindung und den intimen Zusammenhang gemeinsam, mit der Gesellschaft die bewußt erstrebte Verbundenheit als eine in bestimmten Werten und geistigen Zielenoder auch im Gefühl begründete Einheit.«*[25]

Diese Definition Schmalenbachs darf sicher als Reaktion auf Bundesideen im George-Kreis, aber auch auf die zahlreichen »Bünde« verstanden werden, die seit der Jahrhundertwende in Deutschland, zunächst vor allem in der Jugendbewegung als lokkere Zusammenschlüsse Gleichgesinnter, häufig unter einem gewählten Führer, gegründet wurden. Zusammenhänge bestehen aber auch mit einer bestimmten wissenschaftlichen Tradition, die 1902 mit dem Werk des Ethnologen Heinrich Schurtz *Altersklassen und Männerbünde* beginnt. Schurtz geht davon aus, daß Frauen und Männer primär von unterschiedlichen Trieben bestimmt werden, nämlich dem Familientrieb und dem Geselligkeitstrieb. Bei Naturvölkern drücke sich diese anthropologische Tatsache darin aus, daß es Familienhäuser der Frauen und clubartige Vereinigungen und Geheimbünde der Männer gebe. Aus »sympathischen Vereinigungen« insbesondere der jüngeren Männer entwickelten sich nach Schurtz die Grundformen jedes Staatswesens, während Frauen nur eine »geringe soziale Kraft« besäßen, da sie vorwiegend mit den »Rechten des Geschlechtslebens« befaßt seien.[26]

Diese Beschreibung der Männerbünde als staatsbildende und Gesellschaft konstituierende Einrichtungen spiegelt die gesellschaftliche Verfassung der wilhelminischen Zeit. Die Art, wie Schurtz die Männerhäuser charakterisiert, ist ganz offensichtlich ein Reflex auf das Vereinsleben der Zeit und auf bereits in Ansätzen bestehende männerbündische Ideen der Epoche. Schurtz inspirierte mit seinen Thesen nicht nur andere Wissenschaftler zu weiteren Forschungen, die teilweise stark ideologisch geprägt waren,[27] sondern trug mit seinem Werk auch zu einer weiteren Verbreitung von Männerbundideen bei. Natürlich darf man nicht von einer einseitigen Beeinflussung ausgehen, da Schurtz sicherlich ebenso wie Schmalenbach bereits bestehende männerbündische Ideen seiner Zeit aufnahm.

Durch die Vermittlung Hans Blühers – vor allem durch sein dreibändiges Werk *Wandervogel. Geschichte einer Jugendbewegung* – wirkten männerbündische Ideen in der Jugendbewegung und damit auch in der gesamten Lebensreformbewegung. Es ist auffällig, daß auf zahlreiche der in diesem Kapitel beschriebenen Zirkel die Schmalenbachsche Definition des Bundes paßt. Der Prototyp eines solchen männerbündisch organisierten Kreises ist sicherlich der George-Kreis, der ja auch direktes Vorbild für die Theorien des George-Anhängers Schmalenbach war.

Ordensideen heute

Heutige neugermanisch heidnische Gruppierungen wie der *Goden-Orden* oder der *Armanen-Orden* sind Beispiele dafür, wie Ordensideen des Jahrhundertanfangs in der Kombination, wie sie beispielsweise im *ONT* hervorgebracht wurden, in unserer Zeit aufgegriffen werden. Auch die Mitglieder des *Armanen-Ordens* fühlen sich als Elite und Vorreiter einer neuen Zeit, sie vertreten völkisch-rassistisch-imperialistische Vorstellungen, wie die politische Ordensideologie, sie organisieren sich logenartig in Einweihungsgraden und vertreten ein esoterisches Weltbild, ähnlich wie okkulte Orden.

Die Ordensmetapher taucht jedoch auch heute in anderen Zusammenhängen da auf, wo über neue Gemeinschaftsformen nachgedacht wird. Rudolf Bahro etwa forderte in einem Artikel zum Thema »Kommune wagen« und in einer Rede über »Spirituelle Gemeinschaft als soziale Intervention«[28] ein »neues Benediktinertum«, eine »spirituelle Kultur«[29], die er in kommunitären Gemeinschaften als »Gesamtalternative«[30] verwirklicht sehen wollte. In seinen Thesen verwendet also auch Bahro die Ordensmetapher kulturkritisch als Gegenbild gegen die »materielle Totalkatastrophe, auf die die westliche, europäische Zivilisation die Menschheit zutreibt«.[31]

Netzwerk der »sanften Verschwörer«

Das Schlüsselwort für die neue Form sozialer Organisation im »neuen Zeitalter« lautet heute allerdings nicht mehr Orden oder Bund, sondern »Netzwerk«. Insbesondere die New-Age-Bewegung propagiert solche lockeren Zusammenschlüsse zwischen Menschen, die sich für ökologische Belange, körperliche und geistige Gesundheit und Bewußtseinserweiterung einsetzen.[32] Folgende Elemente konstituieren ein Netzwerk:

> »unabhängige *Teilnehmer (Individuen, Gruppen) fungieren als Teile und Ganzes; die Organisation ist* heterarchisch und dezentral, *nicht hierarchisch und zentral;* qualitative *Beziehungen zwischen den Teilnehmern gehen vor Aufgaben und Institution; Regeln und Grenzen sind* flexibel und wandelbar; *die Teilnehmer erfüllen* multiple Rollen.« *[Kursive im Original.]*[33]

Ziel ist eine weltweite »sanfte Verschwörung«,[34] die schließlich die »Transformation« der gesamten Menschheit im Wassermannzeitalter bewirken solle. Voraussetzung für diese Vernetzung müsse allerdings die persönliche »Transformation« des einzelnen sein. Diese wiederum sei nur dadurch zu erreichen, daß sich der Mensch

> *»dezentral, regional vergesellschaftet in überschaubaren, autonomen Einheiten. [...] Die[se] Dezentralisierung der gesellschaftlichen Institutionen wird als Voraussetzung für die planetare Kultur der Zukunft angesehen.«*[35]

Die Netzwerk-Idee berührt sich hier mit Regionalismus- und Stammes-Idealen, deren ideologische Zwischenstellung zwischen den Lagern der Grün-Alternativen, der Nationalrevolutionären bzw. Neuen Rechten sowie neuheidnischer Religiosität bereits untersucht wurde (siehe S. 84ff.). Der Netzwerk-Idee liegt der Gedanke: »Global denken, regional handeln«[36] zugrunde. Damit soll auf die reale globale Vernetzung der gesamten Welt in unserer Zeit reagiert werden, ohne dabei den Anspruch aufzugeben, das eigene Leben in kleineren, dezentralen Einheiten zu organisieren. Dies wiederum ist ein Modell, das sich nicht nur in der New-Age-Bewegung findet, sondern Triebkraft vieler neuer sozialer Bewegungen[37] ist und sich vor allem im grün-alternativen Umfeld findet.

Somit ist die Netzwerk-Idee ebenfalls als Ausdruck des Strebens nach alternativen Gesellungsformen anzusehen, die Wege aus der Krise der Moderne weisen, das Gefühl stärker ansprechen als den Verstand und dem einzelnen Halt und Überschaubarkeit bieten sollen.

Ähnlich wie die Mitglieder in Orden oder Bünden zu Beginn des 20. Jahrhunderts fühlen sich die Anhänger der New-Age-Bewegung als eine Art Elite oder Avantgarde, die in der persönlichen »Transformation« bereits weiter fortgeschritten ist und damit entscheidend zum Kommen des Wassermannzeitalters beiträgt. Dies ist – wie erwähnt – ebenfalls eine Rolle, die der *Armanen-Orden* für sich beansprucht. Und schließlich taucht in der

Idee der weltweit spirituell vernetzten »sanften Verschwörung« die Sehnsucht Lagardes nach »Verschworenen« in einem »heimlich offenen Bund« wieder auf. Die ältere Ordens- oder Bundes-Ideologie hat also mehr mit dem heutigen Netzwerk-Gedanken zu tun, als es auf den ersten Blick erscheinen mag.

Anders als zu Beginn dieses Jahrhunderts legen die Vertreter der Netzwerk-Idee heute jedoch kaum mehr Gewicht auf die Sammlung von »Jüngern« um einen charismatischen Führer, wie es die Idee des Bundes vorsieht, oder auf eine hierarchisch durchorganisierte Gemeinschaft, die der Begriff »Orden« suggeriert. Damit soll nicht gesagt sein, daß es solche Gemeinschaftsformen nicht auch innerhalb der New-Age-Bewegung gibt, sondern lediglich, daß diese in den nach außen hin vertretenen Ideen eine geringe Rolle spielen. Im Vordergrund steht heute eher die individuelle Erfahrbarkeit der Idee, die einzelne beispielsweise in Kursen, Workshops oder Wochenendseminaren zu erreichen suchen. Resultat ist dabei häufig, daß einzelne Personen sich in einem »individuellen Synkretismus« eine eigene Weltanschauung aus verschiedenen Elementen kombinieren, über die sie sich bei solchen relativ unverbindlichen Veranstaltungen mit anderen austauschen.

Organisationsformen neugermanisch heidnischer Gruppen

Neugermanisch heidnische Gruppen heute greifen die Netzwerk-Ideen auf. Erkennbar ist dies zum einen an der Tendenz, sich in kleineren, regionalen Einheiten zusammenzuschließen, sei dies nun in Form von »Stammesverbänden«, wie in der *ANSE*, oder nach dem Vorbild von Wicca-Coven, wie es ein Mitglied der *Gemeinschaft für heidnisches Leben* vertritt:

> *»Da gibt's ja auch unterschiedliche Vorstellungen, wie sich Heidentum organisieren sollte. Es gibt also eben manche, die der Meinung sind, es müßte sich praktisch sowas bilden wie eine Art Großkirche. […] Und ich finde eigentlich, daß etwa so die Art, wie die Wicca-Coven sich organisieren, daß das ein viel besseres Modell ist. Einmal wieder aus basisdemokratischen Gründen und dann auch aus sozialen Gründen. Weil es also sinnvoller ist, wenn Gemeinschaften relativ klein und überschaubar bleiben, um halt überhaupt auch einen intensiven privaten Kontakt aufrechtzuerhalten, um also wirklich dann auch eine Gemeinschaft zu schaffen, in der sich jemand zuhause fühlen kann.«*[38]

Zum anderen gibt es in den letzten Jahren zunehmend Versuche, lockere, gruppenübergreifende Arbeitsgemeinschaften zu gründen, wie etwa die *ANSE*, die sich am Netzwerkgedanken orientiert, wenn sie sich zum Ziel setzt, sowohl Einzelpersonen als auch verbindlicher organisierte Gruppen miteinander in Kontakt zu

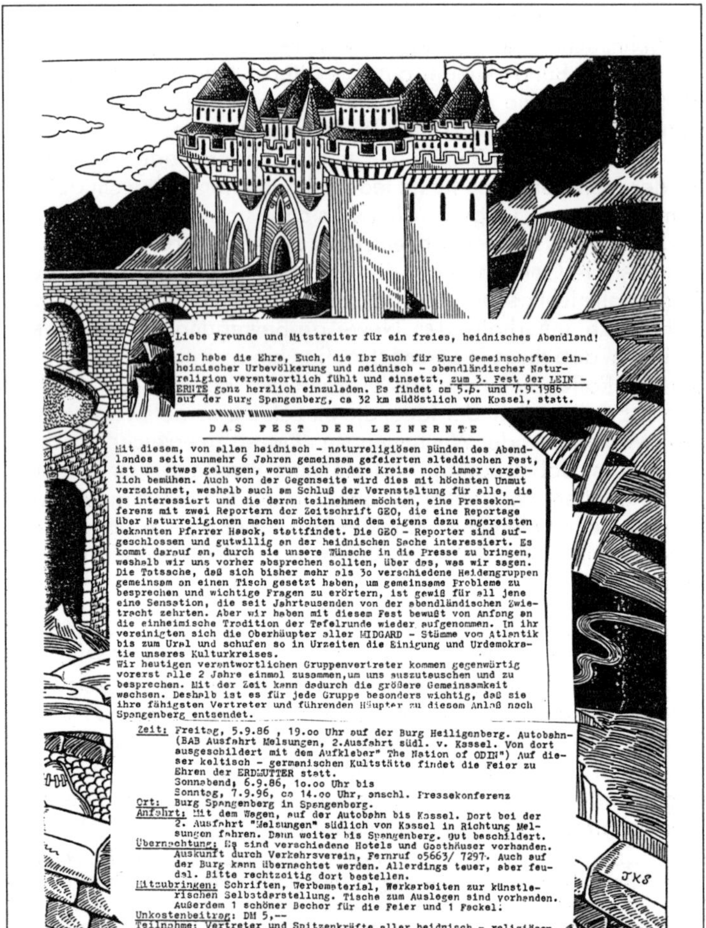

Liebe Freunde und Mitstreiter für ein freies, heidnisches Abendland!

Ich habe die Ehre, Euch, die Ihr Euch für Eure Gemeinschaften einheimischer Urbevölkerung und heidnisch - abendländischer Naturreligion verantwortlich fühlt und einsetzt, zum 3. Fest der LEIN - ERNTE ganz herzlich einzuladen. Es findet am 5.6. und 7.9.1986 auf der Burg Spangenberg, ca 32 km südöstlich von Kassel, statt.

DAS FEST DER LEINERNTE

Mit diesem, von allen heidnisch - naturreligiösen Bünden des Abendlandes seit nunmehr 6 Jahren gemeinsam gefeierten alteddischen Fest, ist uns etwas gelungen, worum sich andere Kreise noch immer vergeblich bemühen. Auch von der Gegenseite wird dies mit höchsten Unmut verzeichnet, weshalb auch am Schluß der Veranstaltung für alle, die es interessiert und die daran teilnehmen möchten, eine Pressekonferenz mit zwei Reportern der Zeitschrift GEO, die eine Reportage über Naturreligionen machen möchten und dem eigens dazu angereisten bekannten Pfarrer Haack, stattfindet. Die GEO - Reporter sind aufgeschlossen und gutwillig an der heidnischen Sache interessiert. Es kommt darauf an, durch sie unsere Wünsche in die Presse zu bringen, weshalb wir uns vorher absprechen sollten, über das, was wir sagen. Die Tatsache, daß sich bisher mehr als 3o verschiedene Heidengruppen gemeinsam an einen Tisch gesetzt haben, um gemeinsame Probleme zu besprechen und wichtige Fragen zu erörtern, ist gewiß für all jene eine Sensation, die seit Jahrtausenden von der abendländischen Zwietracht zehrten. Aber wir haben mit diesem Fest bewußt von Anfang an die einheimische Tradition der Tafelrunde wieder aufgenommen. In ihr vereinigten sich die Oberhäupter aller MIDGARD - Stämme vom Atlantik bis zum Ural und schufen so in Urzeiten die Einigung und Urdemokratie unseres Kulturkreises.
Wir heutigen verantwortlichen Gruppenvertreter kommen gegenwärtig vorerst alle 2 Jahre einmal zusammen,um uns auszutauschen und zu besprechen. Mit der Zeit kann dadurch die größere Gemeinsamkeit wachsen. Deshalb ist es für jede Gruppe besonders wichtig, daß sie ihre fähigsten Vertreter und führenden Häupter zu diesem Anlaß nach Spangenberg entsendet.

Zeit: Freitag, 5.9.86 , 19.oo Uhr auf der Burg Heiligenberg. Autobahn-(BAB Ausfahrt Melsungen, 2.Ausfahrt südl. v. Kassel. Von dort ausgeschildert mit dem Aufkleber" The Nation of ODIN") Auf dieser keltisch - germanischen Kultstätte findet die Feier zu Ehren der ERDMUTTER statt.
Sonnabend, 6.9.86, 1o.oo Uhr bis
Sonntag, 7.9.96, ca 14.oo Uhr, anschl. Pressekonferenz
Ort: Burg Spangenberg in Spangenberg.
Anfahrt: Mit dem Wagen, auf der Autobahn bis Kassel. Dort bei der 2. Ausfahrt "Melsungen" südlich von Kassel in Richtung Melsungen fahren. Dann weiter bis Spangenberg. gut beschildert.
Übernachtung: Es sind verschiedene Hotels und Gasthäuser vorhanden. Auskunft durch Verkehrsverein, Fernruf o5663/ 7297. Auch auf der Burg kann übernachtet werden. Allerdings teuer, aber feudal. Bitte rechtzeitig dort bestellen.
Mitzubringen: Schriften, Werbematerial, Werkarbeiten zur künstlerischen Selbstdarstellung. Tische zum Auslegen sind vorhanden. Außerdem 1 schöner Becher für die Feier und 1 Fackel.
Unkostenbeitrag: DM 5,--
Teilnahme: Vertreter und Spitzenkräfte aller heidnisch - religiösen Gruppen Europas.

Abb. 10:
Mit der Ausrichtung überregionaler und internationaler Treffen verschiedener neugermanisch heidnischer Gruppen trägt Sigrun v. Schlichting, Leiterin des *Armanen-Ordens* und Begründerin der *Arbeitsgemeinschaft naturreligiöser Stammesverbände Europas* zum netzwerkartigen Zusammenhalt innerhalb der Szene bei.

bringen (siehe hierzu S. 34ff.). Als Gruppe, die eine »arteigene« Religion vertreten will, geht sie allerdings nicht so weit, sich »global« vernetzen zu wollen. Die Beschreibung der Verbindungen im neugermanischen Heidentum (vgl. S. 53ff.) hat zudem gezeigt, daß in der Praxis die gesamte Szene miteinander verbunden ist und somit im Grunde die Netzwerk-Idee verwirklicht ist, ohne daß dieser Begriff dafür verwendet wird.

Folgerungen

Die gemeinsame Grundlage sämtlicher Vorstellungen über neue Gemeinschaftsformen ist eine Reaktion auf die negativen Auswirkungen der modernen Gesellschaft. Es wird nach Alternativen zu Gesellschaftssystemen gesucht, die man als unpersönlich, rational und die Freiheit des Individuums einschränkend empfindet. Diese Suche steht wiederum – wie auch die in den vorhergehenden Kapiteln beschriebenen Bereiche kulturkritischen Engagements – im Spannungsfeld zwischen innovativen Ansätzen und rückwärtsgewandten Projektionen, die häufig nur schwer voneinander zu unterscheiden sind. So bewegen sich New-Age-Ideen vom globalen Netzwerk – wie auch Bahros Kommune-Gedanken – häufig in der Nähe zu Forderungen nach einer Führung der Menschheit durch eine spirituell hochstehende, eingeweihte Elite. Damit wird das vorgegebene Streben nach demokratischen, überschaubaren Organisationsformen, die den *ganzen* Menschen ansprechen, unglaubwürdig.

Im neugermanisch heidnischen Umfeld schließlich finden sich bis heute alle Varianten sozialer Ordnungsvorstellungen von einer deutsch-nationalen, völkisch-rassistischen Ordensideologie – wie sie heute teilweise noch der *Armanen-Orden* vertritt – bis hin zur Aufnahme progressiver kommunitärer Ideen. Auch dies ist wieder ein Indiz dafür, daß in dieser Szene Brücken geschlagen werden zwischen rechtsradikalen, grün-alternativen und New-Age-Ideen.

Archaische Riten gegen die Entfremdung?

Die Suche nach neuen Kultformen

Konstitutiv für viele der Gemeinschaften, die sich auf der Suche nach neuen sozialen Formen formierten, war die Verwirklichung gemeinsamer und die Schaffung neuer Rituale – eine Tatsache, die bis heute zu beobachten ist. Durch Kulte, Weihefeiern und Zeremonien beabsichtigten vor allem Mitglieder der Jugend- und der Lebensreformbewegung zu Anfang dieses Jahrhunderts, neue Ausdrucksformen zu schaffen, um den Menschen in seiner Gesamtheit auf körperlicher, seelischer und geistiger Ebene anzusprechen. Das Bedürfnis, mit einer Gemeinschaft verbunden zu sein, und das Interesse am Übersinnlichen standen dabei in engem Zusammenhang:

> *»Es dürfte schwer zu entscheiden sein, ob für die Renaissance parareligiöser Kulte das Interesse am Übersinnlichen oder das an ›Gemeinschaft‹ ausschlaggebend war. Denn die Besonderheit der Rituale besteht eben darin, daß sie das Verbundensein durch gemeinsame Symbole manifestieren. In rituellen Handlungen sind religiöse und soziale Funktion identisch. Das erklärt womöglich die erstaunliche Anziehungskraft, die ritualistische Verhaltensweisen um die Jahrhundertwende besessen haben. Sie versprachen, wie es schien, eine Form des symbolischen, nicht des praktischen Verhaltens; und sie versprachen zugleich eine Form nicht der individuellen, sondern der kollektiven Erfahrung.«*[1]

Auch in diesen Bestrebungen äußerte sich der kulturkritische Wunsch, den Materialismus der Zeit zu überwinden und die Gesellschaft aus geistigen Werten heraus zu erneuern.[2] Im Kult sollten der gespaltene, entfremdete moderne Mensch und damit die gesamte Gesellschaft zu ihrer ursprünglichen Ganzheit zurückgeführt werden. So schreibt Paul Thiersch, Mitglied des George-Kreises:

> *»Es ist not die gründe der schaffenden kraft wieder zu erforschen und sich dem kerne des lebens zuzuwenden; es ist not den menschen als das mass aller dinge wieder in die mitte zu erheben und dass sein werk form ist, aus einem gesamtorganismus bedingt, selbst wesen geworden; es ist not die gestaltenden kräfte nicht in gesonderte ausübung zu zerspalten, sondern in gebundenheit einer einheit zuzuführen. [...] die forderung nach vollkommenster form beruht erst im zusammenschluss aller lebensäusserungen gesteigert zum Gottkultus. Dieser ist lebendiges symbol des kosmos.«*[3]

Diese »Resakralisierung« fand in literarisch-künstlerischen Zirkeln wie dem *Kosmiker*-Kreis um Alfred Schuler[4], dem George-

Kreis, der *Neuen Gemeinschaft* sowie in der Jugend- und Lebensreformbewegung ihren Ausdruck in Festen, Weihefeiern, Tanz, Körperkult und Plänen für Tempelbauten.

Feste und Weihefeiern

Die Erneuerung des politischen Festes war bereits im wilhelminischen Reich ein Mittel »auf demWeg über die Staatssymbolik [die] monarchisch-dynastische Staats- und Herrschaftsauffassung optisch zu vergegenwärtigen«[5] und »den politischen Glauben in einer heute kaum mehr vorstellbaren Weise [zu] bekräftigen und bestärken.«[6] Seit dem Jahrhundertanfang begannen dann die Wandervögel weniger durch neue Ideen denn durch ihre Aktivitäten der etablierten Erwachsenengesellschaft ihre eigenen Bedürfnisse entgegenzusetzen. Das »Erlebnis« auf den gemeinsamen Fahrten war ihnen zentrales Anliegen, und das Feuer, um das sich die Gemeinschaft im Freien sammelte, bekam bald den Stellenwert »eine[r] Art kultische[n] Veranstaltung«.[7] Hieraus entwickelte sich in der Jugendbewegung eine neue Form der Feier, bei der ebenfalls das Feuer im Zentrum stand. Vor allem das vermeintlich altgermanische Fest der Sommersonnwende wurde nun in vielen Gruppen kultisch begangen mit »Feuerreden«, kleinen Theater- und Musikaufführungen, Kreistänzen, all dies verbunden mit einer Symbolik, die man für »germanisch« hielt.[8]

Eugen Diederichs und sein *Sera-Kreis* griffen ab 1906 diese Idee auf und veranstalteten jährliche Sonnwend- und Maifeiern als »pantheistische Naturfeste«. Diederichs schreibt in einem Brief im Jahre 1908:

> *»Seit einigen Jahren habe ich nämlich versucht, die Sonnenwende, die sich in ganz Norddeutschland fast nur in Jena erhalten hat, künstlerisch zu beleben und zu einem Naturfest auszugestalten.«*[9]

Auf dem Programm standen dabei das Vorlesen »altgermanischer Balladen« und »pantheistischer Gedichte« sowie

> *»Reigen nach Texten von Neidhart von Reuenthal und der Jenenser Liederhandschrift, Idyllen von Geßner und Aufführungen seitens der dortigen Bauern, eine[r] Spinnstube mit Volksliedern im Kostüm, dazu Mondenschein und Erdbeerbowle.«*[10]

Ziel Diederichs war dabei, »über den konventionellen Formen menschlich-geselligen Zusammenseins eine neue Art Festkultur zu schaffen«.[11] In Verbindung mit diesen Aktivitäten setzte sich Diederichs 1915 auch für die Erneuerung des politischen Festes ein, indem er einen neuen Nationalfeiertag, ein »Fest des ›deutschen Gedankens‹«[12] propagierte. Termin sollte der 24. Juni, der Sonnwendtag sein:

»Fühlen wir ernst, dann wird der Johannistag das Symbol des großen Gemeinsamkeitsgefühls aller Deutschen und Nordgermanen werden sowie der Völker, die sich zum deutschen Geiste rechnen. Ein Symbol der Naturliebe, der Treue und der Sehnsucht nach dem Unendlichen«.[13]

Sonnwendfeiern und Weihefeste waren gleichermaßen bereits eine zentrale Aktivität der *Neuen Gemeinschaft* gewesen. An deren Zusammenkünfte schlossen sich pantheistische, lebensphilosophisch orientierte Feiern an, durch die man die »Verschmelzung oder Überbrückung aller Gegensätze«[14] zu erreichen suchte. Auch der George-Kreis veranstaltete Feste »als Institutionen, in denen sich die Durchbrechung der profanen durch die sakrale Zeit vollzieht« und die »gegen die wirren Zeitläufte und das ordinäre Durcheinander streitender Meinungen«[15] wirken sollten. Der in diesen Gemeinschaften häufig verwendete Begriff »Weihe« geht im übrigen auf eine bereits länger existierende Tradition von säkularen Weihefeiern zurück. Ursprünglich ein Begriff aus dem katholischen Kultus, spielte er in der Freimaurerei eine zentrale Rolle. Die Freimaurerei war zwar keine religiöse Vereinigung und den Ideen der Aufklärung verpflichtet, stellte sich der Form ihrer Zusammenkünfte nach jedoch als eine Art »Mysterienbund« dar und übernahm bei dem gebildeten Bürgertum häufig die Funktion einer Religionsgemeinschaft.[16] Die Verwendung des Begriffs deutet also bereits darauf hin, daß die hier beschriebenen Kulte im Zusammenhang mit der im 19. und 20. Jahrhundert rasch fortschreitenden Säkularisierung der westlichen Gesellschaften zu sehen sind. Diese manifestiert sich immer auch in einer »Entritualisierung«, säkulare Rituale der erwähnten Art können damit als Gegenbewegung gegen die genannten Tendenzen interpretiert werden[17] – eine frühe Art der »Wiederverzauberung der Welt«.

»Sommer- und Wintersonnwende unter Wiederaufnahme alter Volksbräuche«[18] waren schließlich auch wichtige Bestandteile des Festjahres der neugermanisch gläubigen Gruppen vor 1933. Sie wurden häufig im Freien begangen als Feiern »romantisch-naturmystischer Erlebnisfrömmigkeit«[19] oder in Räumen, die mit germanischen Symbolen wie Runenzeichen und mit Bildern zeitgenössischer völkischer Künstler, etwa des Gründers der *Germanischen Glaubensgemeinschaft* Ludwig Fahrenkrog, geschmückt waren. Diese Gemeinschaften gaben ihren »Weihefeiern« auch den Namen »Thing«. Der Ausdruck bezeichnet eigentlich Volks- oder Gerichtsversammlungen bei den Germanen. Bereits in den Freiheitskriegen gegen Napoleon diente er als Ausdruck für politisch-nationale Treffen, um diesen historische und völkische Legitimität zu verschaffen. Auch die Jugendbewegung verwendete »Thing« als Bezeichnung für ihre großen Lagertreffen. Schließlich knüpfte der Nationalsozialismus an diese Tradition an, als er der »nationalen Festgestaltung« im »Dritten Reich« die Bezeichnung »Thingspielbewegung« gab.[20] Wie weit verbreitet Feiern mit germanisierenden Elementen, mit Volkstanz, Reigen und Bauernschwänken waren, zeigt die Tatsache, daß sich auch in der Arbeiterjugend, bei den Jungsozialisten, solche Formen des Kultes großer Beliebtheit erfreuten.[21]

Tanz und Körperkult

Zentraler Bestandteil solcher kultisch begangener Feste waren Tänze. Die Wiederaufnahme der Tradition von Volks- und Reigentänzen bot ein Mittel, durch gemeinsame Aktivität Gemeinschaft zu erleben, außerdem bildeten sie ein weiteres »germanisch-völkisches« Element bei den Feiern. In Vorführungen wurden zudem neue Formen der Tanzkunst erprobt, die in diesen Jahren eine revolutionär zu nennende Entwicklung zum »ekstatischen Ausdruckstanz« durchlief. Hierfür kamen die Impulse aus den USA. Angeregt durch Isadora Duncan – deren Schule in Berlin übrigens die Gestaltung der Sonnwend-Feiern des *Sera-Kreises* übernahm –, propagierten viele Tänzer natürlichere Formen der Bewegung. Der »Seelentanz« einiger deutscher Reformtänzerinnen, die dabei gerne in antikisierenden, ägyptisch oder indisch inspirierten Kostümen auftraten, gehört ebenso in diese Reihe wie die Eurythmie, die der Begründer der Anthroposophie, Rudolf Steiner, anregte. Die Anleihen, die in Kostümierung und Requisiten bei alten Hochkulturen gemacht wurden, und auch die Tatsache, daß Rudolf Steiner als führender Vertreter der Okkultbewegung sich für die Erneuerung des Tanzes einsetzte, belegen, daß es sich auch bei der modernen Tanzbewegung um eine Form der »Remythisierung« handelte. Rudolf von Laban, der wichtigste Vertreter des Ausdruckstanzes, sah denn auch »im Tänzer den Pionier eines neuen Morgens der Kultur« und erhoffte sich von ihm »eine kommende Festkultur«.[22]

Tendenzen zur Remythisierung, die in der Lebensreform- und Jugendbewegung weit verbreitet waren, gingen gerade im neuen Tanz eine »folgenreiche Allianz« mit der »Wiederentdekkung des Körpers«[23] ein, die Hauptanliegen der Lebensreform war und die durch Vegetarismus, Nacktkultur, eine Erneuerung des Turnens und der Gymnastik erreicht werden sollte. All dies vollzieht sich vor dem geistigen Hintergrund der Lebensphilosophie:[24]

»der lebensphilosophische Begriff vom ›neuen Menschen‹ [...] manifestiert [sich] im Kult des Kindes, des Jugendlichen und der ekstatischen Feier des Körpers, der zum Gefäß neuer individueller und kultureller Lebenskraft modelliert wird.«[25]

Tempelentwürfe der Lebensreformbewegung

Welch umfassende Ausmaße das Streben nach neuen Kulten annehmen konnte, von denen man sich die Erneuerung der gesamten Kultur erhoffte, zeigt ein regelrechter Boom an Bauprojekten und Entwürfen für Tempel oder Weihehallen in der Lebensreformbewegung. Wurzeln für diese Tendenzen liegen ebenfalls im ausgehenden 18. Jahrhundert bei Geheimgesellschaften wie Freimaurern und Rosenkreuzern,

> *»die zwar aufklärerischen Idealen folgten, auf bestimmte Sakralorte aber nicht verzichten wollten. Diese Tempel waren nicht mehr Erscheinungsorte der Gottheit, sondern Versammlungsstätten einer Gemeinschaft Gleichgesinnter«.*[26]

Wie das politische Fest so dienten im 19. Jahrhundert auch Weihebauten als nationale Symbole, etwa die 1830 bis 1842 von Leo von Klenze errichtete Walhalla oder die um die Jahrhundertmitte erbaute Befreiungshalle bei Kelheim. Vorläufer der lebensreformerischen Tempelschwärmereien ist schließlich auch das Festpielhaus Bayreuth, das 1875 eröffnet wurde, und in dem der Kunst eine sakrale Funktion zukam:

> *»Man muß diesen Ort aufsuchen, man muß hin wallfahrten, um eben das Kunstwerk zu finden, das dort geboren wird. [...] Die große Kunst, die heilige Kunst soll nicht mehr in die lärmenden Gassen der wüsten Lebensorgie gezerrt werden. Ihr wollen wir Heiligtümer errichten, Tempel, geweihte Stätten, die nur der aufsucht, der sich in Kunstgebeten läutern will. [...] Erst dann wird die Kunst in unserem heutigen Leben ihre hohe Aufgabe erfüllen. Erst dann wird sie sein Heilung von Leben und Stärkung fürs Leben.«*[27]

Eine ähnliche religiöse und kultische Rolle hattendie erwähnten künstlerisch-literarischen Gemeinschaften, die sich der Organisation von Weihefeiern und Ritualen widmeten, der Kunst zugedacht. Dementsprechend beschäftigte man sich auch in der *Neuen Gemeinschaft* mit Tempelplänen. Theo Hamacher-Stivarius etwa hielt 1901 hier einen Vortrag über »Die Baukunst und das Jahr 1900«, in dem er eine »neue Tempelkunst« forderte:

> *»Denn die neue große Weltanschauung wird hervorgehen aus der Vernichtung der Vernunft und aus der exakten Erkenntnis der Natur, – aus dem machtvollen Willen zum Leben und zum Menschen-Ich – und aus der Geringschätzung und der starken Überwindung irdischer Mühseligkeiten und Gefahren. Die Tempelkunst dieser neuen Weltanschauung wird wieder fröhlich und heiter sein, sie wird die heilig-*

sten und geheimsten Fragen unserer Naturerkenntnis zum Ausdruck bringen – und reich und verschwenderisch in ihrer Sonnenfülle sich als die Gesamtkunst allen dahingeben.«[28]

»Sakrale Gesamtkunstwerke«[29] sollten auch die Tempelentwürfe von Hugo Höppener, genannt Fidus, sein. Zwischen 1886 und 1914 entwarf Fidus zahlreiche Tempelprojekte, in denen Malerei, Bildhauerei, Musik und Tanz in einer »volkbildenden Andachtskunst«[30] zusammenwirken sollten und bei denen der »kultische Ursprung«[31] besonders deutlich zutage tritt. Geplant waren diese Tempel – von denen übrigens keiner je gebaut wurde, da die finanzielle Grundlage fehlte – als Zentren lebensreformerischer Siedlungen.[32] Fidus Ideen berühren sich hier mit denen Rudolf Steiners, dem es mit dem Bau des Goetheanums in Dornach (Schweiz) gelang, seine Tempelpläne zu realisieren.[33]

In Fidus frühen Tempelentwürfen spiegeln sich – wie in seinem übrigen Werk – zunächst theosophisch-lebensreformerische Einflüsse vor allem in der Verwendung ägyptischer und indischer Symbole. In späteren Projekten legte er dagegen mehr Wert auf völkisch-nationale Aspekte, verwendete beispielsweise ausgiebig Runensymbolik. Hier nähern sich seine Ideen denen neugermanisch heidnischer und deutschgläubiger Gruppen, die ebenfalls Tempel und Weihestätten für ihre Kultveranstaltungen planten. 1924 wollte beispielsweise die *Germanische Glaubensgemeinschaft* bei Witzenhausen an der Werra auf einem Hügel einen »Halgadom« (übrigens ein Listscher Ausdruck) als »sichtbaren Ausdruck arteigener Religion«[34] errichten, den der Architekt Richard Stein, ein Schwiegersohn Fahrenkrogs, entworfen hatte.

Rituale ohne Lehre

An der synkretistischen Symbolik von Fidus' Tempelentwürfen läßt sich ein Charakteristikum der gesamten kultischen Erneuerung dieser Zeit verdeutlichen. Mit der Eklektizistik der Bildsprache korrespondiert die Unbestimmtheit, Beliebigkeit des religiösen oder weltanschaulichen Inhalts. Runen, Arabesken, Lotosblüten und ägyptische Bilder boten ein reiches Spektrum, aus dem jeder Betrachter das auswählen konnte, wovon er sich angesprochen fühlte. Letztlich blieben auch die neuen Rituale daher inhaltlich leer, riefen lediglich eine »abstrakte Ergriffenheit«[35] hervor.

»Die Wiederentdeckung der Religionen und Mythen gilt indessen nicht so sehr zentralen Glaubensinhalten als vielmehr den liturgischen Aspekten der Kulte. Es sind augenscheinlich die symbolischen Handlungen selbst in ihrem streng geregelten Vollzug, die okkultistischen oder magischen Praktiken, die auf die Adepten eine außeror-

dentliche Faszination ausüben. Immer wieder geht es um Zeremonien, vorzugsweise um Opfer-, Erlösungs- und Reinigungsrituale.« [Kursive im Original][36]

Der geringe Wert, der auf Glaubensinhalte gelegt wird, macht solche Rituale und Kulte geeignet, eine Brückenfunktion zwischen verschiedenen weltanschaulichen und politischen Richtungen einzunehmen. So wurde beispielsweise Fidus Werk sowohl in der völkischen als auch in der proletarischen Jugend rezipiert. Auch die Tatsache, daß Sonnwendfeiern in ähnlichen Formen in den verschiedensten Lagern abgehalten wurden, läßt auf die Beliebigkeit der Inhalte bzw. die Dominanz des Rituals schließen.

Eine ähnlich synkretistische Suche nach Kulten und Ritualen, bei denen der religiöse Inhalt verschwommen bleibt, ist in der heutigen Zeit zu beobachten – allerdings nicht mehr auf der Ebene der politischen Organisation wie noch zu Anfang dieses Jahrhunderts. Vielmehr schafft sich die New-Age-Szene – und auch damit weist sie sich als Nachfolgerin der älteren Okkult- und Lebensreformbewegung aus –

»künstliche Rituale, häufig aus Bestandteilen archaischer Riten zusammengebastelt. [...] Das neue Bewußtsein, nur schwer in politische Wirklichkeit umzusetzen, hat Ritual und Symbol als Mittel entdeckt, um sich selbst auszudrücken.«[37]

Für die kultische Bewegung vor 1930 konnten zwei Hauptmotive ausgemacht werden, das Interesse am Übersinnlichen und der Wunsch nach Verbundenheit in der Gemeinschaft. Heute kommt verstärkt ein drittes Element hinzu: der Wunsch nach Selbstfindung, Selbstverwirklichung. Das Ritual wird zu diesem Zweck häufig allein vollzogen und damit reduziert auf individuelle Meditationsübungen. Auch Mitglieder neugermanischer Gruppen legen verstärkt Wert auf die Pflege solcher Meditationen. So bemerkt etwa ein Mitglied der *Heidnischen Gemeinschaft*:

»Eigentlich soll das ganze Leben ja wie eine Zeremonie ablaufen. Wenn man also wirklich total aus dem Körperbewußtsein heraus handelt. Diese bewußtere Art des Umgangs, diese Bewußtheit ständig im Alltag. Steigerung, sich dessen bewußt zu werden, das macht irgendeine Übung, man macht Yoga oder irgendwas, man macht Runenübungen, das kann man privat machen.«[38]

Kultische und rituelle Aktivitäten spielen außerdem eine wichtige Rolle als Entscheidungshilfe im Alltag. Die Popularität der Astrologie oder alter Orakeltechniken wie des chinesischen I Ging oder der Tarot-Karten gründet in demselben Bedürfnis.[39] Im neugermanisch heidnischen Umfeld, jedoch nicht nur hier, werden dazu vor allem Runenorakel verwendet, die man selbst legen oder von anderen anfertigen lassen kann. »Ziel des Rituals ist es, eine Verbindung zum tiefen Selbst herzustellen und die Problemlösung an dieses abzugeben«[40] – so das *Runenbuch für Frauen*. Sigrun v. Schlichting etwa wirft und deutet Runenorakel gegen Bezahlung.

Selbsterfahrung durch ekstatische Techniken

Stärkung des Selbst- und Körperbewußtseins und die Selbsterfahrung durch das Erleben veränderter Bewußtseinszustände sind zentrale Ziele, die durch neue Rituale erreicht werden sollen. Häufig wird dies mit Hilfe ekstatischer Techniken versucht, die im Umfeld der New-Age-Bewegung von den verschiedensten Gruppen und Einzelpersonen vermittelt werden. Beobachter verzeichnen

> *»seit Beginn der achtziger Jahre ein verstärktes Auftreten einzelner kultischer Veranstaltungen mit wechselnden Teilnehmern ohne organisatorischen oder mit allenfalls losem Zusammenhang. [...] Die Gurus, Schamanen, Heiler, religiösen und spirituellen Therapeuten, Magier, oder wie sich die Organisationen und Kultführer dieser Zeremonien auch nennen mögen, annoncieren ihre Wochenendtreffen in esoterischen Zeitschriften [...] und finden eine zahlreiche und zum großen Teil auch zahlungskräftige Kundschaft. Angebotenen [sic] werden: ›Schamanisches Heilen‹, ›Medizinrad der spirituellen Sexualität‹, ›Kraft der Schwitzhütte‹, ›Kachinatanz und Magie des Träumens‹, ›kultischer und Ekstasetanz‹, ›Trance und Traumreisen‹, Sonnwendfeiern, Reinigungsrituale, Rebirthing, verschiedene Formen der Meditation – Tarot, Astrologie und anderes – meist verbunden mit einer Einführung in die ›Uralte Weisheit‹ der religiösen Lehren Ostasiens, der heidnischen Überlieferungen aus Europa, des Schamanismus, magischer Lehren und okkulter Traditionen aus aller Welt, oder was dafür gehalten wird.«*[41]

Auch hier also eine synkretistische Vorgehensweise, die in diesem Falle alles vereint, was die Religionsgeschichte als »ekstatische Kulte« zu klassifizieren pflegt. Untersucht man die Motivation von Teilnehmern an solchen ekstatischen Kultveranstaltungen, dann kann man konstatieren, daß es diesen vor allem um eine »Aufhebung der Entfremdung«[42] mit Hilfe veränderter Bewußtseinszustände zu tun ist.

Naturerleben in Jahreskreisfesten

Die Ernsthaftigkeit, mit der Mitglieder der New-Age-Bewegung versuchen, die Entfremdung von der natürlichen Umwelt aufzuheben, erklärt, daß sämtliche neuheidnischen, darunter auch die neugermanischen Gruppen, auf die Feier der Jahreskreisfeste großes Gewicht legen:

> *»Der Kult im Jahreskreis hat natürlich den Sinn, daß der Mensch jetzt gerade diese Gottheiten, die im Moment wirksam sind, verehrt und*

DER HAIN

NR. 5 3,50 DM

ZEITSCHRIFT FÜR HEIDENTUM UND NATURRELIGION

NATUR UND MEDITATION, TEIL 3 KONTAKTE GEDICHTE

EX ORIENTE LUX - EINE ÜBERHOLTE IDEE ? NEUIGKEITEN

REZENSION:
"DIE HOHEN STEINE" VON MOYRA CALDECOTT

HEIDENTUM ODER HEIDENTÜMER ?

ORTE DER KRAFT:
KULTSTÄTTEN AUS HEIDNISCHER ZEIT
IM VULKANISCHEN GEBIRGE FRANKREICHS

Abb. 11:
Gemeinsame oder individuelle Rituale in der Natur gehören zu den zentralen Aktivitäten neugermanisch heidnischer Gruppen.

sie irgendwie auch aufnimmt. Man hat sie ja sowieso in sich drin, aber man versucht das ein bißchen zu aktivieren [...] Und damit kommt er natürlich selbst auch ein bißchen in diesen Zyklus, also in dieses Schwingen.«[43]

Ekstatische und »naturnahe« Kulte, die im Freien abgehalten werden, sind Elemente neuer Religiosität, die offensichtlich die jüngere Generation in neugermanische Gruppen hineingetragen hat. Kultische Aktivitäten führten in dieser Szene nämlich noch bis in die achtziger Jahre hinein ein Randdasein. Wenn sie existierten – wie etwa beim *Armanen-Orden* – waren sie eher Ausdruck einer Mittelalterschwärmerei denn eines Strebens nach außeralltäglichen Bewußtseinszuständen oder nach Verbundenheit mit der Natur. Ein Mitglied der *Heidnischen Gemeinschaft* berichtet:

»[...] Und dann haben wir zwei Runenübungen gemacht, vielleicht später nochmal eine Feuerschale hingestellt, bißchen Spiritus angezündet, das wars dann. Und dann haben wir was über Baldur gehört. [...] Und da hab ich dann da immer so ein bißchen rumgemeckert und so reformiert. Hab gesagt, Leute, Tacitus sagt doch: im Freien. Dadurch war jetzt die Notwendigkeit, erstmal rauszukriegen, wo sind denn die heiligen Stätten überhaupt. Oder was macht man denn bei so einem Fest wirklich.«[44]

Folgerungen

Seit rituelle und ekstatische Elemente aus der New-Age-Bewegung, dem Okkultismus und dem Neuheidentum verstärkt in neugermanisch heidnische Gruppen integriert wurden, bilden sie ein weiteres Element, das diese Gruppen mit dem eigentlichen Ursprungsmilieu kultisch-ritueller Praktiken, dem Okkultismus, verbindet. Damit wird die erwähnte Brückenfunktion des neugermanischen Heidentums zwischen verschiedenen weltanschaulichen Lagern verstärkt. Für diese Verbindungsfunktion eignen sich besonders Kulte, die nicht um einer konkreten religiösen Überzeugung, sondern um des gemeinsamen Erlebnisses willen abgehalten werden. Auch die heutige Renaissance des Kultischen weist deutliche Parallelen zur Zeit der Jahrhundertwende auf. Strebten die Erneuerer von Kulten damals eher nach der Schaffung des »neuen Menschen«, die von heute jedoch nach einer größeren Verbundenheit mit der Natur, so sind doch beide Phänomene ähnlich zu deuten. Sie stellen den Versuch dar, die Entfremdung des einzelnen von sich selbst, seinen Mitmenschen und seiner natürlichen Umwelt in der modernen Gesellschaft zu überwinden. Damit muß auch die »Resakralisierung« des Lebens, die durch neue Rituale gesucht wird, als Ausdruck einer kulturkritischen Haltung gesehen werden, die allerdings nicht nur in neugermanisch heidnischen Gruppen verbreitet ist.

Zusammenfassung und Ausblick

Mit seinem Rückgriff auf eine vermeintlich heilere germanische Vergangenheit ist das neugermanische Heidentum als Teil einer umfassenden zivilisationskritischen Bewegung zu verstehen. Deren Vertreter erhoffen von der Wiederbelebung alter Mythen oder der Schaffung einer neuen Mythologie nicht nur die Erneuerung der Religion, sondern der gesamten Kultur und damit eine Erlösung der »heillosen Moderne«.

Ideologiegeschichtlich betrachtet lassen sich zentrale Gedanken dieser Bewegung bis in die Zeit der Romantik zurückverfolgen. Sie gewannen im Laufe des 19. Jahrhunderts im Zuge des aufkommenden Nationalismus in Deutschland und mit der Industrialisierung weitere Verbreitung und politische Brisanz. Diese Tendenz verstärkte sich nach der Niederlage des Deutschen Reiches im Ersten Weltkrieg; politisch rechtsextreme Ideen fanden zunehmend Eingang in religiös ausgerichtete Kulturkritik und Irrationalismus. Die nationalsozialistische Ideologie gründet zwar in dieser Art der völkischen Religiosität, führende Vertreter des »Dritten Reichs« distanzierten sich jedoch zunehmend von ihren sektiererischen Vorläufern, die sich nicht »gleichschalten« ließen. So ebbten die geschilderten Tendenzen während der Zeit des Nationalsozialismus ab und fanden auch während des Wiederaufbaus nach dem Zweiten Weltkrieg kein breiteres Publikum mehr. Erst in der postmodernen Gesellschaft seit den 70er Jahren nahmen neureligiöse, kulturkritische Ideen einen neuen Aufschwung. Diese Entwicklung ist wohl zu verstehen als eine Reaktion auf globale Probleme der modernen Welt, politische oder wissenschaftliche Lösungsstrategien haben dagegen offenbar an Glaubwürdigkeit verloren. An die Stelle des politischen und gesellschaftlichen Engagements tritt mehr und mehr eine nicht konfessionell gebundene Religiosität und die Suche nach authentischen, ursprünglicheren Modellen der Welterklärung, die man in alten Mythen, in Stammesreligionen oder anderen esoterischen Lehren zu finden hofft. Die Ablehnung von und das Desinteresse an Parteipolitik bei Anhängern dieser Ideen machen heute wiederum eine eindeutige Bewertung der politischen Orientierung dieser Bewegung unmöglich.

Im Rahmen der hier bloß skizzierten Entwicklung der deutschen religiös orientierten Kulturkritik nehmen neugermanisch heidnische Gruppen eine besondere Position ein. Sie bilden eine Art Brücke zwischen auf den ersten Blick so unterschiedlichen Strömungen wie den esoterischen, alternativen Bewegungen und der rechtsextremen politischen Szene. Obwohl die in diesem Buch beschriebenen Gruppen relativ klein sind und über wenig gesellschaftlichen Einfluß verfügen, waren und sind sie durch ihre Verbindungen in der Lage, Geisteshaltungen in wichtigen größeren Bewegungen bis zu einem gewissen Grade mitzuprägen. Dies geschieht, indem sie einerseits wichtige Teile der Ideologien der jeweiligen Bewegungen übernehmen – etwa das Reinkarnationsmodell oder die Idee des Neuen Zeitalters aus der New-Age-Bewegung – andererseits Teile der Ideologie der anderen Bewegung –, so z.B. das Rassedenken aus der rechtsextremen Ideologie – damit verschmelzen.

Daß germanisch heidnische Vorstellungen damals wie heute bei weitem nicht nur in eindeutig neugermanisch orientierten religiösen oder esoterischen Kreisen Erfolg haben, liegt sicherlich daran, daß sie reale gesellschaftliche Mißstände anprangern. Ihre Gedanken sind Ausdruck einer in modernen Industriegesellschaften weit verbreiteten Sehnsucht nach Ganzheit, nach Verbundenheit mit Mensch und Natur, nach einer Überwindung der Entfremdung in religiöser Gemeinschaft und im Kult und erscheinen geeignet, diese Sehnsucht zu erfüllen. Die Orientierung an Vorstellungen der »eigenen Vorfahren« kommt zudem zwei Bedürfnissen entgegen, die mit der geschilderten Sehnsucht in Zusammenhang stehen: Der zeitliche Abstand zu diesen religiösen Ideen gewährt den Reiz der Exotik, zugleich wird mit dem Rückgriff auf das »eigene Kulturerbe« suggeriert, vertraute Traditionen zu pflegen, was wiederum die Angst vor dem Fremden, die bei einem ausschließlichen Bezug auf Exotisches womöglich überwiegt, dämpfen kann.

Ein Beispiel für die Bedeutung neugermanisch heidnischen Ideengutes innerhalb der esoterischen Bewegung ist der Verkaufserfolg von Büchern über Runenesoterik und Runenorakel. In diesem Zusammenhang wird deutlich, daß zwar entscheidende Anstöße für das neugermanische Heidentum von Deutschland ausgingen, daß mittlerweile die Szene jedoch international verbunden und insbesondere stark von Gruppen in den USA beeinflußt ist.[1]

Anmerkungen

Einleitung

1 Eichberg, Henning: Kommen die alten Götter wieder? Germanisches Heidentum im 19./20. Jahrhundert – Zur Genese alternativer Mythen. In: Thum, Bernd: Gegenwart als kulturelles Erbe. Ein Beitrag der Germanistik zur Kulturwissenschaft deutschsprachiger Länder, München 1985 (Publikationen der Gesellschaft für interkulturelle Germanistik 2).

2 Aus dem Herbstprogramm 1989 der Gemeinschaft für heidnisches Leben, Berlin.

3 Zur New-Age-Bewegung existieren mittlerweile fundierte Untersuchungen, z. B.: Hemminger, Hansjörg (Hg.): Die Rückkehr der Zauberer, New Age – Eine Kritik, Hamburg 2. Aufl. 1990; Pilger, Matthias, Steffen Rink: Zwischen den Zeiten, Das New Age in der Diskussion, Marburg 1989 (hier auch weitere Literaturangaben). Außerdem: Schorsch, Christoph: Die New Age Bewegung. Utopie und Mythos der Neuen Zeit, Gütersloh 1988.

4 Zur Theosophie als Vorläufer der New-Age-Bewegung vgl. Hemminger: Die Rückkehr, S. 77–82; Schweidlenka, Roman: Altes blüht aus den Ruinen, Wien 1989, S. 19–27, S. 46–47 und S. 54–57. Zuletzt umfassend: Ruppert, Hans-Jürgen: Theosophie – unterwegs zum okkulten Übermenschen, Konstanz 1993.

5 Vgl. v. Schnurbein, Stefanie: Religion als Kulturkritik. Neugermanisches Heidentum im 20. Jahrhundert, Heidelberg 1992. Neben dieser Arbeit gibt es bisher nur drei Bücher, die sich mit neugermanisch heidnischen Gruppen intensiver beschäftigen. Friedrich-Wilhelm Haack (Wotans Wiederkehr. Blut-, Boden- und Rasse-Religion, München 1981) gibt einen Überblick über die Szene, wie sie sich im Anfang der 80er Jahre darstellte. Er verfolgte mit seinem Buch vor allem eine apologetische Absicht. Zwei andere Werke untersuchen neugermanisch heidnische Gruppen im Zusammenhang mit zahlreichen anderen neuheidnischen und esoterischen Strömungen und bleiben daher notwendigerweise an der Oberfläche, was die Beschreibung und Analysen einzelner Vereinigungen betrifft: Gugenberger, Eduard; Roman Schweidlenka: Mutter Erde, Magie und Politik. Zwischen Faschismus und neuer Gesellschaft, Wien 1987 und Weißmann, Karlheinz: Druiden, Goden. Weise Frauen. Zurück zu Europas alten Göttern, Freiburg usw. 1991.

»Wuotanistische Schöpfungswonne«

1 Vgl. Interview mit A. Schleipfer. Zu Guido von List und zur Vorgeschichte der gleichnamigen Gesellschaft vgl. S. 63ff.

2 Die Satzung der *Guido von List-Gesellschaft* legt fest, daß der Präsident nicht von den Mitgliedern gewählt, sondern vom vorigen Präsidenten ernannt wird (vgl. §9 der »Satzungen der Guido von List-Gesellschaft«).

3 Vgl. Irminsul. Stimme der Armanenschaft 1, 1989 und Interview mit Adolf Schleipfer, März 1986.
4 Aus einem Informationsblatt der Guido von List-Gesellschaft aus den 60er Jahren.
5 Vgl. Aufnaaahmeantrag der Guido von List-Gesellschaft.
6 Vgl. Gedächtnisprotokoll vom Besuch des Ostara-Things des AO, 1988.
7 Vgl. PREMA (Presseagentur Jochen Maes): Dokumentation: »Völkische« Ideologien und Gruppierungen, Berlin 1985, S. 26.
8 Vgl. Interview mit A. Schleipfer.
9 Aus der Broschüre: Leitbild und Aufbau des Armanen-Ordens, S. 1.
10 Leitbild und Aufbau, S.10.
11 Leitbild und Aufbau, S.10.
12 Interview mit A. Schleipfer.
13 Vgl. Gedächtnisprotokolle der Veranstaltungen des AO.
14 Vgl. Interview mit A. Schleipfer und Irminsul 1, 1987.
15 Vgl. Leitbild, S. 9 und Interview mit A. Schleipfer.
16 Vgl. Interview mit A. Schleipfer.
17 Vgl. Irminsul 6, 1987.
18 Vgl. Gedächtnisprotokolle der und Einladungen zu den Veranstaltungen des AO. Zu den Externsteinen vgl. Graichen, Gisela: Das Kultplatzbuch. Ein Führer zu den alten Opferplätzen, Heiligtümern und Kultstätten in Deutschland, 4. Aufl. Hamburg 1990, S. 259 ff.
19 Irminsul 4, 1985.
20 Irminsul 1, 1986.
21 Interview mit A. Schleipfer.
22 Leitbild und Aufbau, S. 9.
23 *Die Edda*, übertragen von Karl Simrock, herausgegeben von Prof. Dr. G. Neckel, Ammerland 1983. Nachdruck der Ausgabe der Deutschen Buchgemeinschaft, Berlin 1926.
24 Leitbild und Aufbau, S. 5, vgl. auch Interview mit A. Schleipfer und A. Schleipfer: Die germanischen Götter in ihrer tieferen Bedeutung im ganzen kosmischen Geschehen, Vortrag auf Cassette.
25 Interview mit A. Schleipfer.
26 Leitbild, S. 4–5.
27 Vgl. A. Schleipfer: Die germanischen Götter.
28 Leitbild und Aufbau, S. 5.
29 Vgl. S. Schleipfer: Götter in Analogie zu den Tierkreiszeichen, Vortrag auf Cassette.
30 Vgl. A. Schleipfer: Die germanischen Götter.
31 Vgl. Interview mit A. Schleipfer.
32 A. Schleipfer: Die germanischen Götter.
33 Vgl. Leitbild und Aufbau, S. 5–6.
34 Interview mit einem Mitglied des Armanen-Ordens, Herbst 1989.
35 Vgl. Interview mit A. Schleipfer.
36 Vgl. A. Schleipfer: Die germanischen Götter.
37 Vgl. Irminsul 2, 1970.
38 Leitbild, S. 6.
39 Vgl. Irminsul 4, 1981.
40 Leitbild, S. 7.
41 Vgl. Irminsul 2, 1970 und A. Schleipfer: Donar-Mythen. Vortrag auf Cassette.
42 Leitbrief 16, S. 3. Die Leitbriefe des Armanen-Ordens für den ersten Grad befinden sich im Archiv des Sektenbeauftragten der evangelischen Landeskirche Bayern in München. Der ehemalige

Inhaber dieses Amtes, der inzwischen verstorbene Pfarrer Friedrich-Wilhelm Haack, ermöglichte mir die Einsicht in diese Quellen.
43 Leitbrief 7, S. 4.
44 Interview mit A. Schleipfer.
45 Leitbrief 4, S. 4.
46 Interview mit einem Mitglied des Armanen-Ordens und der Gemeinschaft für heidnisches Leben, September 1989.
47 Vgl. A. Schleipfer: Die germanischen Götter und A. Schleipfer: Heidentum-Christentum, Vorträge auf Cassette.
48 Irminsul 4, 1978.
49 Irminsul 1, 1986.
50 Vgl. Interview mit A. Schleipfer; Irminsul 4, 1976 und S. Schleipfer: Hexenreligion, Vortrag auf Cassette.
51 Interview mit A. Schleipfer.
52 Vgl. Gedächtnisprotokolle der Veranstaltungen des AO.
53 Vgl. Interview mit A. Schleipfer.
54 Vgl. Interview mit A. Schleipfer.
55 Marby, Friedrich Bernhard: Runenschrift, Runenwort, Runengymnastik. Einführung, Überblick und die ersten Runenübungen (Marby-Runen-Bücherei, Erster Doppelband), 2. Aufl. Stuttgart 1932, S. 7.
56 Marby, Friedrich Bernhard: Runen raunen richtig Rat. Runen-Übungen als Notwende und Heilsweg, Waiblingen / Stuttgart 1934, S. 21–22.
57 Marby: Runen raunen, S. 23.
58 Vgl. Marby: Runen raunen, S. 26.
59 Vgl. A. Schleipfer: Donar-Mythen und A. Schleipfer: Die germanischen Götter, Vorträge auf Cassette.
60 Vgl. dazu Gedächtnisprotokolle der Veranstaltungen des AO.
61 Alle Zitate sind dem Blatt entnommen, das jeder Teilnehmer zur Kultfeier bekommt.
62 Vgl. Gedächtnisprotokoll des Herbstthings des AO, 1990.
63 Vgl. Gedächtnisprotokoll des Sommerthings des AO, 1987.
64 Vgl. hierzu auch den Bericht von Matthias Wenger über das Ostara-Thing 1990 in *Der Hain* 7 (9/90), S. 27–34, insbesondere S. 31.
65 Interview mit A. Schleipfer.
66 Vgl. Leitbriefe 1, S. 2–5 und 5, S. 2.
67 Vgl. Irminsul 1, 1984.
68 Vgl. Interview mit A. Schleipfer.
69 Irminsul 1, 1984.
70 Vgl. Gedächtnisprotokoll vom Herbstthing des AO, 1990.
71 Irminsul 6, 1987.
72 Alle Zitate Irminsul 4, 1983.
73 Vgl. Radegeis, Harry: Der Heidenstaat, Eitzum o. J.
74 Irminsul 1, 1991.
75 Vortrag: »Germanen und Deutsche« von Harry Radegeis beim Sommerthing des AO, 1987.
76 *Der Spiegel* (7. 1. 1985) und der Journalist Jochen Maes im SDR (unter dem Titel »Braune bei den Berliner Grünen« in der Sendereihe »Näher betrachtet«, 5. 2. 1985) berichteten über diese Unterwanderung, an der unter anderem Geza von Neményi (vgl. S. 40 ff.) und Matthias Wenger (vgl. S. 36 ff.) beteiligt gewesen seien. Neményi war demnach Vorstandsmitglied im Berliner Landesverband der Grünen, der eine Zeitlang neben der AL existierte. Die Entdeckung der politischen und »heidnischen« Aktivitäten der Beteiligten

endete mit einem zeitweisen Parteiausschluß für Neményi, mit einem völligen für Wenger.

77 Vgl. Gedächtnisprotokoll vom Herbstthing des AO 1990 und Wolfszeit 1, 1990 (Herausgeber Heinrich Jörn Schönlaub, Mitglied des AO und der ANSE).

78 Radegeis: Der Heidenstaat, S. 1.

79 Vgl. Interview mit A. Schleipfer.

80 Vgl. Irminsul 2, 1969 und Leitbild und Aufbau, S. 7.

81 Vgl. A. Schleipfer: Heidentum-Christentum und A. Schleipfer: Die Anthroposophie Rudolf Steiners, Vorträge auf Cassette

82 Vgl. Radegeis: Heidenstaat, S.1–2 und S. Schleipfer: Armanentum-Christentum: Eine Gegenüberstellung in Umrissen. Vortrag am 18.5.1982 vor der Arbeitsgemeinschaft für Weltanschauungsfragen der evangelischen Kirche, München S.4–5.

83 S. Schleipfer: Armanentum, S. 5.

84 Radegeis, Harry: Esoterik und Geheimpolitik, Eitzum o.J., S. 2–3.

85 Vgl. Leitbrief 4, S. 1–2.

86 Vgl. Leitbild, S. 2 und Radegeis: Esoterik, S. 3–4.

87 Vg. Radegeis: Esoterik, S. 3–10.

88 Irminsul 1, 1990

89 Interview mit A. Schleipfer.

90 Irminsul 1, 1984.

91 Vgl. Radegeis: Esoterik, S. 10–12.

92 Irminsul 1, 1985.

93 Irminsul 1, 1985.

94 Vgl. Irminsul 3, 1985.

95 Feit, Margaret: Die »Neue Rechte« in der Bundesrepublik. Organisation – Ideologie – Strategie, Frankfurt/New York 1987, S. 12.

96 Zur Neuen Rechten vgl. Jahn, Thomas; Peter Wehling: Ökologie von rechts. Nationalismus und Umweltschutz bei der Neuen Rechten und den »Republikanern«, Frankfurt/New York 1991.

97 Informationsblatt: »Warum Erhaltung der Burgen«, herausgegeben von der Gemeinschaft zur Erhaltung der Burgen; vgl. zur GEB auch Satzung der Gemeinschaft zur Erhaltung der Burgen e.V.

98 Burgnachrichten 15. Jahrgang, 1993, S. 2, vgl. auch S. 1–4. Vgl. zur Gemeinschaft zur Erhaltung der Burgen außerdem: Gedächtniprotokoll vom Ostara-Thing des Armanen-Ordens 1988.

99 Huginn & Muninn 1, 1990.

100 Huginn & Muninn 1, 1990.

Germanen – Wenden – Thelemiten

1 Vgl. Interview mit Geza von Neményi, September 1989.

2 Vgl. PREMA (Presseagentur Jochen Maes): Bericht über »Gründungsveranstaltung« für die »Heidnische Glaubensgemeinschaft Berlin« am 2.11.1983.

3 Vgl. hierzu Interview mit Neményi, September 1989, sowie Interview mit einem Mitglied der Gemeinschaft für heidnisches Leben und des AO, September 1989.

4 Vgl. PREMA: Bericht.

5 Zum O.T.O. vgl. Glowka, Hans-Jürgen: Deutsche Okkultgruppen 1875–1937, München 1981 (Hiram Edition 12 der Arbeitsgemeinschaft für Religions- und Weltanschauungsfragen), S. 61–67,

außerdem Howe, Ellic, Helmut Möller: Merlin Peregrinus. Vom Untergrund des Abendlandes, Würzburg 1986.
6 Brief von Wenger vom 2.7.89.
7 Beide Zitate: Interview mit Wenger, September 1989.
8 Der Hain 7 (9/90), S. 3.
9 Vgl. Interview mit Schnepf, September 1989.
10 Vgl. Manuskript der Sendung: »Braune bei den Berliner Grünen«, Sendereihe »Näher betrachtet«, SDR 1, 5.2.1985, S.5.
11 Vgl. Interview mit einem Mitglied der Gemeinschaft für heidnisches Leben, September 1989.
12 Der Hain 11 (5/92), S. 37, vgl. auch S. 36.
13 Harry R., Vienenburg in: Der Hain 12 (10/92), S. 29. Vgl. zur Auseinandersetzung um Wengers Kritik auch S. 16–25, sowie Der Hain 13 (12/92), S. 18–25.
14 Der Hain 8 (9/90), S. 39.
15 Die folgenden Zitate stammen aus: Tempel der Semnonen: Unsere Zielsetzungen. In: Der Hain 9 (7/91), S. 10.
16 Satzung der Heidnischen Gemeinschaft e. V., §3.1.
17 Satzung der Heidnischen Gemeinschaft e. V, §2.2.
18 Vgl. Interview mit einem Mitglied der HG, September 1989.
19 Vgl. Germanen-Glaube 1, 1993. S. 3. Neményi bestreitet in einem Brief vom 11.5.1993 an den Carl Winter Universitätsverlag seine Mitgliedschaft im Armanen-Orden. Bei den Veranstaltungen des Ordens, die ich besuchte, nahm er jedoch mehrmals an internen »Ordensringversammlungen« teil, die nur Mitgliedern vorbehalten sind. Im Herbst 1992 berichete er mir in einem Gespräch von seinem Ordensaustritt.
20 Vgl. Interview mit Neményi.
21 Broschüre »Heidnische Naturreligion«, Herausgeber: Heidnische Gemeinschaft, Berlin o. J.
22 v. Neményi, Geza: Germanische Mythologie, Berlin o. J. (Germanische Reihe Heft 10), S. 9.
23 Broschüre »Heidnische Naturreligion«.
24 Broschüre »Heidnische Naturreligion«.
25 Broschüre »Heidnische Naturreligion«.
26 Broschüre »Heidnische Naturreligion«.
27 Vgl. Gedächtnisprotokoll des Tag-und-Nacht-Gleiche-Festes der HG vom 23.9.89.
28 Broschüre »Heidnische Naturreligion«.
29 Vgl. Wilhelm Handke: Godenprüfungsrichtlinien, Germanische Reihe Heft 38, Herausgeber Heidnische Gemeinschaft e. V., Berlin o. J.
30 Senator für Inneres, Landesamt für Verfassungsschutz Berlin: Völkische Gruppen in Berlin (West). (Stand 1. Januar 1984), S. 42.
31 Müller, Alfred: Die neugermanischen Religionsbildungen der Gegenwart. Ihr Werden und Wesen, 2. Auflage Bonn 1934, S. 26.
32 Vgl. zur Gründung der GGG und den Auseinandersetzungen mit der HG die Ausgaben der Zeitschrift Germanen-Glaube (Hg. Geza von Neményi) seit 1991.
33 Vgl. Germanen-Glaube 3 (1991), S. 17; 2 (1992), S. 2f; 4 (1992), S. 6; 1 (1993), S. 8.
34 Vgl. Informationsblatt: Hecksenkreis Yggdrasil, Frankfurt/M. o.J. (Ende der 80er Jahre); Gedächtnisprotokoll vom Sommerthing des AO, 1989.
35 Vgl. Germanen-Glaube 3 (1992), S. 6.
35 Manuskript, »Braune bei den Berliner Grünen« S. 8.

Artglaube – Kampfspiele – Hitlerkult

1 Vgl. Haack, Friedrich Wilhelm: Wotans Wiederkehr. Blut-, Boden- und Rasse-Religion, München 1981, S. 85–89.
2 Vgl. Brief von J. Rieger vom 5.4.1990.
3 Vgl. Haack: Wotans Wiederkehr, S. 89–101.
4 Vgl. Harbart, Klaus: »›Rechts‹-Vertreter Rieger«. In: Der Rechte Rand 7, Juni 1990, S. 5; Opitz, Reinhard: Faschismus und Neofaschismus, Bd. 2: Neofaschismus in der Bundesrepublik, Köln 1988, S. 181.
5 Der Glaube unserer Art. Werden und Wesen der Artreligion, Informationsbroschüre der Artgemeinschaft, Berlin 1974, Vorwort.
6 Der Glaube unserer Art. Werden und Wesen der Artreligion, Informationsbroschüre, Berlin 1974, S. 2.
7 Vgl. Volkmann, Dietrich: Wesen, Weg, Ziel unseres Glaubens. Schriften der AG e.V. Nr. 2, Verden/Aller o.J. (1966?), S. 23–27.
8 Kusserow, Wilhelm: An die Freunde und Gefährten, Flugblatt, Berlin 1979.
9 Brief von J. Rieger vom 5.4.1990.
10 Vgl. Haack: Wotans Wiederkehr, S. 82.
11 Widar, Deutschgläubige Blätter, Neue Folge 16, 1973 n.T. (= 1982), S. 6.
12 Ring der Treue (Publikation der DG), Nebelung (= November) 1980.
13 Widar. Deutschgläubige Blätter, Neue Folge 16, 1973 n.T. (= 1982), S. 2–4.
14 Haack: Wotans Wiederkehr, S. 137–138.
15 Der Bund für Gotterkenntnis (Ludendorff) e.V., Grundlage und Aufgabe.
16 Vgl. Kratz, Peter: »›Deutsche Unitarier‹: Völkisch rassistische Sekte aus Wohlfahrtsmarken finanziert«. In: Der Rechte Rand 6, April 1990, S. 14–15; sowie Reller, Horst; Manfed Kießig (Hg.): Handbuch Religiöse Gemeinschaften, 3. Aufl. Gütersloh 1985, S. 325–337.
17 Die kosmische Wahrheit. Kosmisch-religiöse Blätter zur Pflege persönlichen Lebens (Zeitschrift der Goden) 10, 1964, S. 4.
18 Brief von Günther Gabke, 25.5.1990.
19 Die Lehr- und Grundsätze der Goden, Bad Schussenried o.J., S. 1.
20 Die kosmische Wahrheit 9, 1969, S. 26.
21 Die Lehr- und Grundsätze der Goden, S. 1.
22 Brief von Günther Gabke, 25.5.1990.
23 Vgl. Radegeis, Harry: »Entstehung der Thorswikinger. Eine Schilderung«, Informationsbroschüre, Eitzum o.J (nach 1985) und Irminsul 1, 1986.
24 Vgl. Radegeis, Harry: »Selbstdarstellung der Thors-Wikinger«. Informationsblatt, Eitzum o.J. (vor 1986).
25 Brief von Radegeis vom 22.11.1989.
26 Vgl. Brief von Radegeis an Pfarrer Friedrich-Wilhelm Haack vom 27. Ostermond (= April) 1986.
27 Vgl. interne Schriften von Harry Radegeis für die Thors-Wikinger: »HEIDEN – in heutiger Zeit«; »Das heidnische Weltbild – Einführung«; »Germanen und Deutsche«.
28 Brief von Radegeis vom 22.11.1989.
29 Vgl. Maes, Jochen: »Ein unterhaltsames Wochenende... Neonazis

beim Burgfest in Berlin-Spandau«. In: Allgemeine Jüdische Wochenzeitung 41/39, 26.9.1986; ders.: »Eine tolle Geschichte?«. Spandauer Kunstamt lädt Neonazis zum Burgfest ein«. In: Blickpunkt. Das Jugendjournal 354, Oktober 1986, S. 24.

30 Maes, Jochen: »Eine tolle Geschichte?«

31 Brief von Radegeis vom 22.11.1989.

32 Brief von Radegeis vom 22.11.1989.

33 Brief von Radegeis vom 22.11.1989.

34 Vgl. zu diesen Gruppen die ausführlichen Beschreibungen in v. Schnurbein, Stefanie: Religion als Kulturkritik. Neugermanisches Heidentum im 20. Jahrhundert, Heidelberg 1992.

35 Die Satzung der Gylfiliten, § 1. Alle Materialien über die Gylfiliten finden sich im Archiv des Sektenbeauftragten der evangelischen Landeskirche Bayern in München.

36 Vgl. Odrörir. Widergeburt der germanischen Religion 27 (Zeitschrift der Gylfiliten), S. 11.

37 Vgl. Schulungsbrief 12 der Gylfiliten.

38 Vgl. Kantelberg, Wolgang: Einführung in Diutisk (Heidnisch-germanische Kultsprache der Gylfiliten) Krefeld o.J., S. 3.

39 Schulungsbrief 16 der Gylfiliten.

40 Vgl. Ordrörir 18, S. 6–7 und Kantelberg, Wolfgang: Lebendige Götterkunde. Die germanische Religion von einem Gläubigen geschrieben. Gesamtgermanisches Sagengut mit einfachste (sic) Zeichnungen und Nachschlagregister für eddische Wörter sowie Christianisierungsbericht, Krefeld o.J., S. 66–67.

41 Odrörir 6, S. 3.

42 Odrörir 7, S. 2.

43 Vgl. Odrörir 14, S. 2 und Odrörir 17, S. 3.

44 Vgl. »Hitlers neue Gurus«. In: Der Stern 46 (1976).

45 Vgl. Odrörir 8, S. 1 und 6, und Odrörir 26, S. 9.

46 Vgl. Odrörir 3, S. 1.

Heidnisches Netzwerk

1 Vgl. Kronshage, Jürgen: Keltisch-Schamanistischer Arbeitskreis, Bielefeld o.J.; Arienvey na' Corr-glass (Jürgen Kronshage): Winterprogramm 1990/91 des Triskel-Zentrums, Wildemann/Harz.

2 Vgl. Interview mit einem Mitglied der HG, September 1989.

3 Vgl. Germanen-Glaube Nr. 3, Heumond 1992, S. 6.

4 Ausführliche Beschreibungen der folgenden ausländischen Gruppen finden sich in Schnurbein, Stefanie v.: Religion als Kulturkritik. Neugermanisches Heidentum im 20. Jahrhundert, Heidelberg 1992. USA: Asatru Free Assembly, Odinist Fellowship, Heathen Way, Hrafnir. Großbritannien: Odinic Rite, Order of the Hammer, Odinshof. Island: Ásatrúarmenn, Nýalssinna. Schweden: Svitjods Asa-Gilde, Breidablikk Gilde, Yggdrasil – nätverk för shamanism. Norwegen: Norges Åsatrolag.

5 Vgl. Pétursson, Pétur: Asasamfundet pà Island och massmedia, Stockholm 1985 (Forskningsrapport Nr. 185: Religionssociologiska Institutet), S. 15.

6 Brief von Harry Radegeis vom 22.11.1989.

7 Vgl. Huginn & Muninn (deutsch) 11, 1991.

8 Vgl. Gedächtnisprotokoll vom Herbstthing 1991 des AO und Einladung dazu.
9 Vgl. Harbart, Klaus: »›Rechts‹-Vertreter Rieger«. In: Der Rechte Rand 7, Juni 1990, S. 5f.
10 Vgl. Heidenspaß 1984, S. 2–3 und Interview mit einem Mitglied des AO und der Gemeinschaft für heidnisches Leben, September 1989.
11 Vgl. Interview mit Neményi, September 1989.
12 Vgl. Irminsul 1, 1983.
13 Vgl. Interview mit einem Mitglied des AO und der Gemeinschaft für heidnisches Leben, September 1989.
14 Vgl. Einladung von Sigrun Schleipfer zum Fest der Leinernte 1982, Irminsul 5, 1990, sowie Huginn & Muninn (deutsch) 2, 1990.
15 Vgl. Irminsul 4, 1988,; Sigrun/AO (= Sigrun von Schlichting): »Island-Reise Sommersonnenwende '88«. In: Mescalito 19/20, 1989, S. 36.
16 Vgl. Huginn & Muninn (deutsch) 7, 1990.
17 Zu Spekulationen über die Externsteine vgl. Kittel, Erich: Die Externsteine als Tummpelplatz der Schwarmgeister und im Urteil der Wissenschaft, Detmold 1965.
18 Vgl. Interview mit Neményi, September 1989.
19 Vgl. Huginn & Muninn (deutsch) 11, 1991.
20 Vgl. Huginn & Muninn (deutsch) 2, 1990 und andere Nummern derselben Zeitschrift.
21 Brief von Aldinger vom 11. 10. 1991.
22 Vgl. Einladung zum »Stammestreffen der Stämme der Sueben und Allemannen, Bajuwaren, Franken und Thüringer, Markomannen« am 24. 11. 1991: In Huginn & Muninn (deutsch) Nr. 8, 1991.
23 Ulbricht, Justus: »Politische Farbenlehre oder: Was entsteht aus Grün und Braun?Über Schwierigkeiten der Ökologiebewegung mit dem rechten Rand«, unveröffentlichtes Referat vom 17. 3. 1990 beim Seminar »Wie braun ist die ökologische Bewegung?« veranstaltet vom Bildungswerk des Bund Naturschutz in Bayern e. V. und dem Verband bayerischer Geschichtsvereine, 1990, S. 7.
24 Zur Charakterisierung des Neuheidentums vgl. Adler, Margot: Drawing Down the Moon. Witches, Druids, Goddess-Worshippers and Other Pagans in America Today, 2. erw. Aufl. Boston 1986, S. 3–40 sowie S. 372–417.
25 Vgl. Wichmann, Jörg: Wicca. Die magische Kunst der Hexen. Geschichte, Mythen, Rituale, Unkel 1984, S. 18–25 und S. 70–75; sowie Crowley, Vivianne: Wicca. The Old Religion in the New Age, London 1989.
26 Vgl. Faber, Richard: »›Pagan‹ und Neo-Paganismus. Versuch einer Begriffsklärung«. In: ders., Renate Schlesier (Hg): Die Restauration der Götter. Antike Religion und Neo-Paganismus, Würzburg 1986, S. 11.
27 Ruppert, Hans-Jürgen: »Neues Denken auf alten Wegen. New Age und Esoterik«. In: Hemminger, Hansjörg: Die Rückkehr der Zauberer. New Age – Eine Kritik, Hamburg, 2. Aufl. 1990, S. 69.
28 Ruppert: Neues Denken, S. 71.

Die Ariosophie

1 Die im 19. Jahrhundert in Deutschland entstandene völkische Ideologie verschmolz die verschiedensten Impulse, Theorien und

Stimmungen ihrer Zeit zu einem heterogenen, irrationalistischen Weltanschauungsgebäude. Hauptelemente der völkischen Ideologie sind: Nationalismus, kulturpessimistischer Antimodernismus, Antimaterialismus und -liberalismus, Germanenschwärmerei und vor allem ein weniger biologisch als weltanschaulich-religiös untermauerter Rassismus und Antisemitismus. Zur völkischen Ideologie vgl. Mohler, Armin: Die Konservative Revolution in Deutschland 1918–1932. Ein Handbuch, 2. Aufl. Darmstadt 1972 (mittlerweile existiert eine 3. Aufl. in 2 Teilbänden, Darmstadt 1989); Mosse, George L.: Ein Volk – ein Reich – ein Führer. Die völkischen Ursprünge des Nationalsozialismus, Königstein 1979. Zum Rassismus: Mosse, George L.: Rassismus. Ein Krankheitssymptom in der europäischen Geschichte des 19. und 20. Jahrhunderts, Königstein 1978; Poliakov, Leon: Der arische Mythos. Zu den Quellen von Rassismus und Nationalsozialismus, Wien / München 1977. Zum Kulturpessimismus: Stern, Fritz: Kulturpessimismus als politische Gefahr. Eine Analyse nationaler Ideologie in Deutschland, 2. Aufl. München 1986. Zur Germanenideologie: See, Klaus von: Deutsche Germanen-Ideologie vom Humanismus bis zur Gegenwart, Frankfurt / M. 1970; Gollwitzer, Heinz: »Zum politischen Germanismus des 19. Jahrhunderts«, in: Festschrift für Hermann Heimpel Bd. 1, Göttingen 1971, S. 282–365; Lutzhöft, Hans-Jürgen: Der nordische Gedanke in Deutschland 1920–1940, Stuttgart 1971.

2 Vgl. Ransom, Josephine: A Short History of the Theosophical Society. Madras 1938, S. 42–56. Zur Theosophie auch: Ruppert, Hans-Jürgen: Theosophie – unterwegs zum okkulten Übermenschen, Konstanz 1993.

3 Vgl. Blavatsky, Helena Petrovna: Die Geheimlehre. Die Vereinigung von Wissenschaft, Religion und Philosophie, Bd. 1 Kosmogenesis, Den Haag o. J. (ca. 1899), S. XXV und S. 42–46; Besant, Annie: Theosophy, London o. J. (um 1913); Goodrick-Clarke, Nicholas: The Occult Roots of Nazism. The Ariosophists of Austria and Germany 1890–1934, Wellingborough, Northamptonshire 1985, S. 20–22.

4 Vgl. Webb, James: The Occult Underground, La Salle, Illinois 1974, S. 279–281. Webb macht die weltweit organisierte Theosophie verantwortlich für die Diffusion der okkulten Lehren im Laufe des 19. und 20. Jahrhunderts.

5 Vgl. Webb: The Occult Underground, S. 91–92 und S. 279–281.

6 Vgl. Schönenberger, Walter: Monte Verità. Berg der Wahrheit, Electa Editrice Milano o. J., S. 65–79.

7 Vgl. Webb, James: The Occult Establishment, La Salle, Illinois 1976, S. 41–47.

8 Vgl. Goodrick-Clarke: The Occult Roots, S. 22–27.

9 Vgl. Howe, Ellic, Helmut Möller: Merlin Peregrinus. Vom Untergrund des ABendlandes, Würzburg 1986, S. 151.

10 Sebaldt von Werth, Maximilian Ferdinandt: »Wanidis« Der Triumph des Wahns. D.I.S. Die arische »Sexualreligion« als Volksveredelung in Zeugen, Leben und Sterben. Mit einem Anhang über Menschenzüchtung von Carl du Prel, Leipzig 1897, S. 31.

11 Vgl. Sebaldt: Wanidis, S. 62.

12 Vgl. Goodrick-Clarke, The Occult Roots, S. 27–55.

13 Vgl. List, Guido: Die Bilderschrift der Ario-Germanen (Ario-Germanische Hieroglyphik), Wien 1910, S. 388.

14 Zur Biographie Lists existieren kaum zuverlässige Angaben. Der

oben erwähnte Theosoph und Ariosoph Johannes Balzli verfaßte die umfangreichste Lebensbeschreibung, die unkritisch das Werk des »Meisters« verherrlicht. (Balzli, Johannes: Guido von List. Der Wiederentdecker uralter arischer Weisheit. Sein Leben und Schaffen, Wien 1917). Die beste Zusammenfassung der biographischen Fakten findet sich in Goodrick-Clarke, The Occult Roots of Nazism. Er hat Balzlis Informationen überprüft und durch eigene Recherchen vervollständigt. Wo nicht anders angemerkt, stammen die Informationen zum Leben Lists aus Goodrick-Clarke, S. 33–44.

15 Vgl. Kunz, Inge: Herrenmenschentum, Neugermanen und Okkultismus. Eine soziologische Bearbeitung der Schriften von Guido List, unveröff. Diss., Wien 1961, S. 14–90.

16 Vgl. Heer, Friedrich: Der Glaube des Adolf Hitler, München / Eßlingen 1968, S. 72–73 und Goodrick-Clarke: The Occult Roots, S.12–13.

17 Vgl. Kunz: Herrenmenschentum, S.88–89.

18 Vgl. Goodrick-Clarke: The Occult Roots, S. 70.

19 List, Guido: Die Armanenschaft der Ario-Germanen. Zweiter Teil, Wien 1911, S. 2.

20 Balzli: Guido von List, S. 29.

21 Vgl. Kunz: Herrenmenschentum, S. 122.

22 Vor allem in *Die Religion der Ario-Germanen in ihrer Esoterik und Exoterik*, Wien 1910, aber auch in fast allen anderen Schriften..

23 List: Die Armanenschaft, S. 159.

24 Zu Lists Gottesbild vgl. List: Die Armanenschaft, S. 11–15; List, Guido: Urgrund, Berlin-Lichterfelde 1937.

25 Vgl. List: Die Armanenschaft, S. 14; List: Urgrund, S. 14.

26 Vgl. List: Die Armanenschaft, S. 100–105.

27 Vgl. List: Die Armanenschaft, S. 11; Kunz: Herrenmenschentum, S. 114–118.

28 Zitiert nach Hunger, Ulrich: Die Runenkunde im Dritten Reich, Göttingen 1984, S. 316.

29 Vgl. List: Die Bilderschrift, S. 42–45.

30 Vgl. Hunger: Die Runenkunde, S. 100.

31 Vgl. List: Die Armanenschaft, S. 5–8.

32 List: Die Armanenschaft, S. 10; vgl. auch S. 18–32.

33 Vgl. List, Guido: Der Übergang vom Wuotanismus zum Christentum, 2. Aufl. Berlin-Lichterfelde, 1926 (1. Aufl. Zürich 1911), S. 85.

34 Vgl. List: Die Armanenschaft, S. 49–56.

35 Vgl. List: Die Armanenschaft, S. 64; List: Der Übergang, S. 85 und S. 100–103.

36 Große Teile der Biographie Lanz' sind unbekannt oder umstritten. Wilfried Daim veröffentlichte die umfangreichste und gründlichste, jedoch in vielen Teilen nicht korrekte Arbeit über Leben und Denken von Jörg Lanz von Liebenfels: Daim, Wilfried: Der Mann, der Hitler die Ideen gab. Die sektiererischen Grundlagen des Nationalsozialismus, 2. erweiterte und verbesserte Auflage, Wien/Köln/Graz1985. Einenrecht zuverlässigenÜberblick bietet Goodrick- Clarke: The Occult Roots. Rudolf Mund, selbst Mitglied des ONT, bleibt dagegen in einer kritklosen Verherrlichung von Lanz befangen: Mund, Rudolf: Jörg Lanz von Liebenfels und der Neue Templer Orden. Die Esoterik des Christentums, Stuttgart 1976. Wertvolle Hinweise und Richtigstellungen vor allem von Daims Ergebnissen finden sich in: Hieronimus, Ekkehard:»Lanz von Liebenfels: ›Lebensspuren‹«. In: Wege und Abwege. Beiträge zur euro-

päischen Geistesgeschichte. Festschrift für Ellic Howe zum 20. September 1990, Freiburg 1990, S. 157–172.

37 Vgl. Goodrick-Clarke: The Occult Roots, S. 92–94.

38 Ostara Nr. 24, zit. nach Daim: Der Mann, S. 126.

39 Vgl. Goodrick-Clarke: The Occult Roots, S. 99–100; Daim: Der Mann, S. 162.

40 Vgl. Hieronimus: Lebensspuren, S. 164f.

41 Vgl. Goodrick-Clarke: The Occult Roots, S. 109–112.

42 Vgl. Daim: Der Mann, S. 162–184; Hieronimus: Lebensspuren, S. 168–169.

43 Wölfl, Johann Walthari: »Lanz-Liebenfels und sein Werk, 1. Teil: Einführung in die Theorie«, aus: Ostara 101 (1927), wiederabgedruckt in Lanz von Liebenfels, Jörg: Praktische Einführung in die arisch-christliche Mystik. Als Handschrift gedruckt 1934. Neu herausgegeben von der Arbeitsgemeinschaft für Religions- und Weltanschauungsfragen, München 1980, S. 1–2.

44 Hieronimus: Lebensspuren, S. 165; vgl. Goodrick-Clarke: The Occult Roots, S. 100–104.

45 Vgl. Lanz: Praktische Einführung, Brief 6; Daim: Der Mann, S. 89–100.

46 Vgl. Lanz: Praktische Einführung, Brief 5 und Daim: Der Mann, S. 100–101 und S. 154–155.

47 Vgl. Goodrick-Clarke: The Occult Roots, S. 106–109.

48 Vgl. Wölfl: Lanz-Liebenfels.

49 Lanz: Praktische Einführung,Brief 10.

50 Lanz: Praktische Einführung, Brief 5.

51 Vgl. Goodrick-Clarke: The Occult Roots, S. 114–119.

52 Vgl. Zeitschrift für Geistes- und Wissenschaftsreform, 4. Jahrgang 1929, Hefte 1–4 und 7–11 sowie 5. Jahrgang 1930, Hefte 1,2,3,5,6/7.

53 Vgl. Goodrick-Clarke: The Occult Roots, S. 167–176.

54 Vgl. Goodrick-Clarke: The Occult Roots, S. 123–124.

55 Vgl. Goodrick-Clarke: The Occult Roots, S. 131 und 153–155.

56 Vgl. Hunger: Die Runenkunde, S. 319–329.

57 Das Buch wurde 1981 und 1986 vom *Faksimile-Verlag/Versand* in Bremen neu herausgegeben. Als »Geheimtip« wurde es mir 1984 von einem jungen Mann empfohlen, der sich zwar an Esoterik und Okkultismus interessiert zeigte, aber nach eigenen Aussagen nichts mit völkischen und rassistischen Gruppen und Ideologien zu tun haben wollte.

58 Zum Germanen-Orden vgl. Goodrick-Clarke: The Occult Roots, S. 127–131; Schlund, Erhard: Neugermanisches Heidentum im heutigen Deutschland, Reprint der zweiten Aufl von 1924, München 1977, S. 47–49.

59 Lohalm, Uwe: Völkischer Radikalismus. Die Geschichte des Deutschvölkischen Schutz- und Trutzbundes 1919–1923, Hamburg 1970, S. 61, vgl. zum *Reichshammerbund* S. 56–66.

60 Vgl. Goodrick-Clarke: The Occult Roots, S. 131–134 und Lohalm: Die Geschichte, S. 227–229.

61 Vgl. Goodrick-Clarke: The Occult Roots, S. 135–152; Phelps, Reginald: »›Before Hitler came‹. Thule Society and Germanen Orden". In: Journal of Modern History 35 (1963), S. 245–261. Howe, Ellic: Rudolf Freiherr von Sebottendorf,Typoskript, herausgegeben und mit einer Zeittafel zur Biographie Sebottendorffs und einer vorläufigen Bibliographie seiner Schriften versehen von Albrecht Götz von Olenhusen, Freiburg i.Br. 1989. 1989.

62 So z. B. Goodrick-Clarke: The Occult Roots, S. 146.

63 Vgl. Goodrick-Clarke: The Occult Roots, S. 146–149; Phelps: Before Hitler came, S. 254–258.

64 Sebottendorffs Schrift gilt heute als unzuverlässig und übertrieben. Aus seinem Buch leiteten jedoch einige Autoren der Nachkriegszeit die These von einer okkulten Verschwörung als Hintergrund der NS-Diktatur ab, in der die *Thule-Gesellschaft* eine zentrale Rolle spielte. Joachim Besser war der erste, der diese Theorie von wissenschaftlicher Seite her äußerte. (Besser, Joachim: »Die Vorgeschichte des Nationalsozialismus im neuen Licht«. In: Die Pforte 2 (1950), S. 763–784.) Ihm folgte Bronder, Dietrich: Bevor Hitler kam. Eine historische Studie, 2. erw. Aufl. Genf 1975. Trevor Ravenscroft und Louis Pauwels / Jacques Bergier äußern die gleiche Vorstellung, versteigen sich jedoch in weitaus phantastischere Behauptungen. Sie machen den gesamten Nationalsozialismus zusammen mit der sogenannten »Welteislehre« Hörbigers zu einer gigantischen okkulten Verschwörung, in der vor allem Rudolf Heß, Karl Haushofer und Dietrich Eckart als geistige Führer Hitlers eine Rolle spielen. Hitler erscheint als das Medium mysteriöser Magier. (Ravenscroft, Trevor: The Spear of Destiny, London 1972; Pauwel, Louis, Jacques Bergier: Aufbruch ins dritte Jahrtausend. Von der Zukunft der phantastischen Vernunft, München 1976.) Christoph Lindenberg und Goodrick-Clarke (The Occult Roots, S. 217–225) legen deutlich dar, daß solche Verschwörungstheorien in den Bereich der Phantasie zu verweisen sind. (Lindenberg, Christoph: Die Technik des Bösen. Zur Vorgeschichte und Geschichte des Nationalsozialismus, Stuttgart 1978.) Die Bedeutung der *Thule-Gesellschaft* und ähnlicher Bünde liegt sicherlich eher darin, daß hier Gedankengut und Ideen gepflegt wurden, die der Stimmung für den Nationalsozialismus förderlich waren.

65 Vgl. Hunger, Die Runenkunde, S. 160–170; Kater, Michael: Das ›Ahnenerbe‹ der SS 1935–1945. Ein Beitrag zur Kulturpolitik des Dritten Reiches, Stuttgart 1974, S. 19.

66 Zur Biographie Wirths vgl. Kater: Das Ahnenerbe, S. 11–65 und Gugenberger, Eduard, Roman Schweidlenka: Mutter Erde, Magie und Politik. Zwischen Faschismus und neuer Gesellschaft, Wien 1987, S. 117–119.

67 Vgl. Hunger: Die Runenkunde, S. 198–199.

68 Vgl. Hunger: Die Runenkunde, S. 186–191; Kater: Das Ahnenerbe, S. 12.

69 Zit. nach Gugenberger / Schweidlenka: Mutter Erde, S. 119.

70 Mund, Rudolf: Der Rasputin Himmlers. Die Wiligut-Saga, Wien 1982, S. 113.

71 Vgl. v.a. Häke, Roland: Der Fall Herman Wirth – 1978–1981 – im Landkreis Kusel oder: Das verschüttete Demokratiebewußtsein, Frauenberg bei Marburg 1981, außerdem Kater: Das Ahnenerbe, S. 63; Gugenberger / Schweidlenka: Mutter Erde, S. 119.

72 Vgl. Hunger 1984, S. 202.

73 Lentz betreibt heute den *Neue Erde Verlag*, in dem er Werke vor allem zur keltischen und germanischen Esoterik und anderen neuheidnischen Themen herausgibt.

74 Vgl. Häke: Der Fall Herman Wirth, der Wirth verteidigt; ausserdem »Schenkel der Göttlichen«, in: *Der Spiegel* (29. 9. 1980), S. 95–96 und Gugenberger/Schweidlenka: Mutter Erde, S. 119.

1 Vgl. hierzu das gleichnamige Buch Klaus von Sees (Frankfurt/M. 1970) und von See, Klaus: »Das ›Nordische‹ in der deutschen Wissenschaft des 20. Jahrhunderts«. In: Jahrbuch für internationale Germanistik, Jg. 15(2), 1984, S. 8–38.

2 Vgl. Emmerich, Wolfgang: Germanistische Volkstumsideologie. Genese und Kritik der Volksforschung im Dritten Reich, Tübingen 1968, S. 81.

3 von See: Deutsche Germanenideologie, S. 35.

4 Vgl. Emmerich: Germanistische Volkstumsideologie, S. 81, vgl. auch S. 79–85.

5 Graus, František: Volk, Herrscher und Heiliger im Reich der Merowinger. Eine Studie zur Hagiographie der Merowingerzeit, Prag 1965, S. 141, vgl. auch S. 140–142.

6 Vgl. von See: Das Nordische, S. 354–356; von See, Klaus: »Kulturkritik und Germanenforschung«. In: Historische Zeitschrift 245 (1987), S. 20–21. Vgl. auch Emmerich: Germanistische Volkstumsideologie, S. 185–191.

8 So der Titel eines Werkes von Arthur Bonus: Zur religiösen Krisis, Bd. I: Zur Germanisierung des Christentums, Jena 1911.

9 Vgl. Dörries, Hermann: »Zur Frage der Germanisierung des Christentums«. In: ders.: Wort und Stunde, Bd. II: Aufsätze zur Geschichte der Kirche im Mittelalter, Göttingen 1969, S. 190–209, besonders, S. 190–195. Zu Lagarde auch Stern, Fritz: Kulturpessimismus als politische Gefahr. Eine Analyse nationaler Ideologie in Deutschland, München, 2. Aufl. 1986, S. 60–84 und Mosse, George L.: Ein Volk – ein Reich – ein Führer. Die völkischen Ursprünge des Nationalsozialismus, Königstein 1979, S. 42–44.

10 Treitschke, Heinrich v.: »Vortrag vom 7. 11. 1883«. In: Ausgewählte Schriften I, Leipzig 1908, S. 141.

11 Faber, Richard: »›Pagan‹ und Neo-Paganismus. Versuch einer Begriffsklärung«. In: Faber, Richard, Renate Schlesier (Hg.): Die Restauration der Götter. Antike Religion udn Neo-Paganismus, Würzburg 1986, S. 10–26, Zitat S. 11.

12 Brief von Diederichs an Gottfried Traub vom 20. 8. 1910, in: Diederichs, Eugen: Leben und Werk. Ausgewählte Briefe und Aufzeichnungen, herausgegeben von Lulu von Strauß und Torney-Diederichs, Jena 1936, S. 180.

13 Diederichs: »Aufzeichnung der Islandreise 1910«, in: Diederichs: Leben und Werk, S. 177–178; vgl. zu Diederichs auch von See: Kulturkritik, S. 352–354.

14 Faber: Pagan und Neo-Paganismus, S. 11.

15 Hieronimus, Ekkehard:»Von der Germanen-Forschung zum Germanen-Glauben. Zur Religionsgeschichte des Präfaschismus. In: Faber/Schlesier: Die Restauration, S. 165 und Hiermonimus, Ekkehard: »Zur Religiosität der völkischen Bewegung«. In: Cancik, Hubert (Hg.): Religions- und Geistesgeschichte der Weimnarer Republik, Düsseldorf 1982, S. 249.

16 Vgl. Dörries: Zur Frage der Germanisierung, S. 196 und Nanko, Ulrich: Die Deutsche Glaubensbewegung 1933–1945. Eine historische und soziologische Untersuchung, Diss. Tübingen 1989.

17 Vgl. Eichberg, Henning:»Kommen die alten Götter wieder? Germanisches Heidentum im 19./20. Jahrhundert – Zur Genese alter-

nativer Mythen«. In: Thum, Bernd: Gegenwart als kulturelles Erbe. Ein Beitrag der Germanistik zur Kulturwissenschaft deutschsprachiger Länder, München 1985(Publikationen der Gesellschaft für interkulturelle Germanistik 2), S. 135–141.

18 Interview mit einem Mitglied der HG, September 1989.

19 Interview mit einem Mitglied des AO, November 1989.

20 Interview mit einem Mitglied des AO und der Gemeinschaft für heidnisches Leben, September 1989.

21 Interview mit einem Mitglied der HG, September 1989.

22 Interview mit einem Mitglied der HG, September 1989.

23 Vgl. Gugenberger, Eduard, Roman Schweidlenka: Mutter Erde, Magie und Politik. Zwischen Faschismus und neuer Gesellschaft, Wien 1987, S. 14.

24 Gugenberger/Schweidlenka: Mutter Erde, S. 14.

25 Gugenberger/Schweidlenka: Mutter Erde, S. 34–35.

26 Vgl. Webb, James: The Occult Underground, La Salle, Illinois 1974, S. 230–231.

27 Vgl. Eichberg: Kommen die alten Götter wieder, S. 146.

28 Vgl. von See: Deutsche Germanenideologie, S. 18.

29 Zinser, Hartmut:»Schamanismus im ›New Age‹. Zur Wiederkehr schamanistischer Praktiken und Seancen in Europa«. In: Pilger, Matthias, Steffen Rink (Hg.): Zwischen den Zeiten. Das New Age in der Diskussion, Marburg 1989. S. 63.

30 Vgl. Gugenberger/Schweidlenka: Mutter Erde, S. 205–207.

31 Hartmut Zinser (Schamanismus im New Age) weist darauf hin, daß diese Haltung dem »Schamanen« gegenüber im diametralen Gegensatz zu der Funktion steht, die ein sibirischer Schamane in seiner Gesellschaft erfüllt. Während jener das ekstatische Erlebnis sucht, um dem »gewöhnlichen *Alltag* in außergewöhnlichen Bewußtseinszuständen wenigstens zeitweise zu entfliehen« (S. 63–64), dient das Schamanisieren in Sibirien gerade dazu, »mit ungewöhnlichen Ereignissen und Situationen (...) fertig zu werden und zum Alltag zurückkehren zu können.« (S. 63)

32 Ruppert, Hans-Jürgen:»Neues Denken auf alten Wegen: NewAge und Esoterik«. In: Hemminger, Hansjörg: Die Rückkehr der Zauberer. NewAge – eine Kritik, Hamburg, 1987, S. 69.

33 Vgl. Bradley, Marion Zimmer: Die Nebel von Avalon, Frankfurt/M. 1983, Nachwort, S. 1117–1118.

Ökosozialistische Utopie oder Blut- und Boden-Mystik?

1 Vgl. Bausinger, Hermann: »Zwischen Grün und Braun. Volkstumsideologie und Heimatpflege nach dem Ersten Weltkrieg«. In: Cancik, Hubert (Hg.): Religions- und Geistesgeschichte der Weimarer Republik, Düsseldorf 1982, S. 215–229.

2 Vgl. Bergmann, Klaus: Agrarromantik und Großstadtfeindschaft, Meisenheim a. Glan 1970, S. 38–62 sowie die Einleitung von Peter Steinbach in: Riehl, Wilhelm Heinrich: Die bürgerliche Gesellschaft, herausgegeben und eingeleitet von Peter Steinbach, Frankfurt/M. 1976, S. 7–44 und von See, Klaus: Die Ideen von 1789 und die Ideen von 1914, Frankfurt/M. 1975.

3 Vgl. Linse, Ulrich: Ökopax und Anarchie. Eine Geschichte der ökologischen Bewegungen in Deutschland, München 1986, S. 14.
4 Bergmann: Agrarromantik, S. 87.
5 Vgl. Linse: Ökopax, S. 20–41 und Bausinger: Zwischen Grün und Braun, S. 215–229.
6 Vgl. List, Guido: Die Armanenschaft der Ario-Germanen, Zweiter Teil, Wien 1911, S. 7–50 und S. 68–69.
7 Zur »These von der Verschwörung« vgl. Bieberstein, Johannes Rogalla v.: Die These von der Verschwörung 1776–1945. Philosophen, Freimaurer, Juden, Liberale und Sozialisten als Verschwörer gegen die Sozialordnung, Bern 1976.
8 Mogge, Winfried: »Religiöse Vorstellungen der deutschen Jugendbewegung«. In: Cancik: Religions- und Geistesgeschichte, S. 102.
9 Mogge: Religiöse Vorstellungen, S. 102–103.
10 Vgl. Kindt, Werner (Hg.): Die deutsche Jugendbewegung 1920–1933. Die bündische Zeit. Quellenschriften, Düsseldorf/Köln 1974, S. 246 und S. 251.
11 Vgl. Nanko, Ulrich Die Deutsche Glaubensbewegung 1933–1945. Eine historische und soziologische Untersuchung, Diss. Tübingen 1989, S. 54–58
12 Zur Lebensreformbewegung vgl. Frecot, Janos, Johann Friedrich Geist, Diethart Kerbst: Fidus 1868–1948. Zur ästhetischen Praxis bürgerlicher Fluchtbewegungen, München, S. 47–58; Frecot, Janos: »Die Lebensreformbewegung«. In: Vondung, Klaus: Das wilhelminische Bildungsbürgertum. Zur Sozialgeschichte seiner Ideen, Göttingen 1976; Krabbe, Wolfgang: Gesellschaftsveränderung durch Lebensreform. Strukturmerkmale einer sozialreformerischen Bewegung im Deutschland der Industrialisierungsperiode., Göttingen 1974.
13 Vgl. Linse, Ulrich (Hg.): Zurück o Mensch, zur Mutter Erde. Landkommunen in Deutschland 1890–1933, München 1983, S. 35.
14 Vgl. Linse, Ulrich: Die Kommune der deutschen Jugendbewegung: ein Versuch zur Überwindung des Klassenkampfes aus dem Geiste der bürgerlichen Utopie. Die ›kommunistische Siedlung Blankenburg‹ bei Donauwörth, München 1973, S. 38–56.
15 Vgl. Linse: Zurück o Mensch, S. 89–103.
16 Zit. nach Linse: Zurück o Mensch, S. 194.
17 Vgl. Löwenberg, Dieter: Willibald Hentschel (1858–1947). Seine Pläne zur Menschenzüchtung, sein Biologismus und Antisemitismus. Diss. Mainz 1978, S. 9–29; Linse: Zurück o Mensch, S. 188–189.
18 Zu Donnershag vgl. Linse: Zurück o Mensch, S. 188–197.
19 Vgl. Webb, James: The Occult Establishment, La Salle, Illinois 1976, S. 55–61.
20 Linse: Ökopax,, S. 44, vgl. zum folgenden S. 72–94.
21 Linse: Ökopax, S. 15.
22 Vgl. Linse: Ökopax, S. 76.
23 Linse: Ökopax, S. 94.
24 Beide Zitate Linse, Ökopax, S. 23.
25 Vgl. Bausinger: Zwischen Grün und Braun, S. 219–224; Löwenberg: Willibald Hentschel, S. 9–29.
26 Greive, Hermann: Die Geschichte des modernen Antisemitismus in Deutschland, Darmstadt 1983, S. 9.
27 Bausinger: Zwischen Grün und Braun, S. 225.
28 Linse: Zurück o Mensch, S. 33–34.

29 Linse: Ökopax, S. 65.
30 Vgl. Linse: Ökopax, S. 161.
31 Zum Verhältnis der Grünen zu religiösen Fragen vgl. Hesse, Gunter, Hans Hermann Wiebe (Hg.): Die Grünen und die Religion, Frankfurt/M. 1988.
32 Vgl. Schleip, Holger (Hg.): Zurück zur Natur-Religion? Wege zur Ehrfurcht vor allem Leben, Freiburg i. Br. 1986, S. 17–24.
33 Kohl, Karl-Heinz: »Naturreligion. Zur Transformationsgeschichte eines Begriffs«. In: Faber, Richard, Renate Schlesier (Hg.): Die Restauration der Götter. Antike Religion und Neo-Paganismus, Würzburg 1986, S. 198–199.
34 Vgl. Amery, Carl: Das Ende der Vorsehung. Die gnadenlosen Folgen des Christentums, Reinbek 1972.
35 Ullrich, Otto: Weltniveau. In der Sackgasse des Industriesystems, Berlin 1979, S. 43–44.
36 Mynarek, Hubertus: Ökologische Religion. Ein neues Verständnis der Natur, München 1986, S. 10.
37 Mynarek: Ökologische Religion, S. 41.
38 Vgl. Ulbricht, Justus H.: »Politische Farbenlehre oder: Was entsteht aus Grün und Braun. Über Schwierigkeiten der Ökologiebewegung mit dem rechten Rand«. Unveröff. Referat vom 17.3.1990 beim Seminar »Wie braun ist die ökologische Bewegung?« veranstaltet vom Bildungswerk des Bund Naturschutz in Bayern e.V. und dem Verband bayerischer Geschichtsvereine, S. 11–13.
39 Schleip: Zurück zur Naturreligion, S. 236.
40 Schleip: Zurück zur Naturreligion, S. 236.
41 Vgl. Ulbricht: Politische Farbenlehre, S. 11–14.
42 Vgl. Einladung zum 70. Jahrestreffen der Deutschgläubigen Gemeinschaft vom 5.–8.6.1981.
43 Neményi, Geza v.: Heidnische Naturreligion. Altüberlieferte Glaubensvorstellungen, Riten und Bräuche, Bergen a.d. Dumme 1988, S. 17.
44 Vgl. Eichberg, Henning: Kommen die alten Götter wieder? Germanisches Heidentum im 19./20. Jahrhundert«. In: Thum, Bernd (Hg.): Gegenwart als kulturelles Erbe. Ein Beitrag der Germanistik zur Kulturwissenschaft deutschsprachiger Länder, München 1985, S. 131–172, v.a. S. 132; Haack, Friedrich-Wilhelm: Wotans Wiederkehr. Blut-, Boden- und Rasse-Religion, München 1981, S. 174–175.
45 Eichberg: Kommen die alten Götter wieder, S. 132.
46 Vgl. Linse: Ökopax, S. 157–158.
47 Jahn, Thomas, Peter Wehling: Ökologie von rechts. Nationalismus und Umweltschutz bei der Neuen Rechten und den ›Republikanern‹, Frankfurt/New York 1991, S. 13.
48 Jahn/Wehling: Ökologie von rechts, S. 34–35.
49 Schäfer, Wolf: Neue soziale Bewegungen: Konservativer Aufbruch im bunten Gewand? Frankfurt/M. 1983, S. 28.
50 Jahn/Wehling: Ökologie von rechts, S. 49.
51 Vgl. zu Eichberg: Schäfer: Neue soziale Bewegungen, S. 28–36.
52 Vgl. Eichberg: Kommen die alten Götter wieder?
53 Ulbricht: Politische Farbenlehre, S. 4.
54 Interview mit einem Mitglied der des AO und der Gemeinschaft für heidnisches Leben, September 1989.
55 Leserbrief von Matthias W., Berlin, in: *Lebensborn* 4, Nebelung (= November) 1991, S. 14–17. Die zahlreichen Einschübe des Herausgebers wurden bei diesem Zitat nicht berücksichtigt.

56 Interview mit einem Mitglied des AO und der Gemeinschaft für heidnisches Leben, September 1989.

57 Vgl. zum folgenden Ulbricht: Politische Farbenlehre, S. 12–16.

58 Ulbricht: Politische Farbenlehre, S. 14.

59 Kohl: Naturreligion, S. 199.

60 So Jürgen Lott in einer Kritik der Philosophie Maren-Griesebachs,. In: Hesse/Wiebe: Die Grünen, S. 205.

Matriarchale Paradiese?

1 Aker, Gudrun: »Göttin, ›Frouwe‹, ›Übel Wip‹. Zur Konstituierung des neuzeitlichen Frauenbildes im sozialen und literarischen Konflikt«. In: Thum, Bernd (Hg.): Gegenwart als kulturelles Erbe. Ein Beitrag der Germanistik zur Kulturwissenschaft deutschsprachiger Länder, München 1985, S. 86.

2 Vgl. Frevert, Ute: Frauen-Geschichte. Zwischen Bürgerlicher Verbesserung und Neuer Weiblichkeit, Frankfurt/M. 1986, S. 76–77 und S. 122.

3 Wittrock, Christine: Das Frauenbild in faschistischen Texten und seine Vorläufer in der bürgerlichen Frauenbewegung der zwanziger Jahre, Diss. Einbeck 1981, S. 36–37.

4 Vgl. Wittrock: Das Frauenbild, S. 22.

5 Frevert: Frauen-Geschichte, S. 166.

6 Wittrock: Das Frauenbild, S. 20, vgl. auch S. 15.

7 Höfler, Otto: Kultische Geheimbünde der Germanen I, Frankfurt/M. 1934, S. 277–285.

8 Höfler: Kultische Geheimbünde, S. VIII. Zum Problem der altgermanischen Männerbünde und der Rezeption von Höflers Theorien im Nationalsozialismus vgl. Schnurbein, Stefanie v.: »Geheime kultische Männerbünde bei den Germanen – Eine Theorie im Spannungsfeld zwischen Wissenschaft und Ideologie«. In: Völger, Gisela, Karin v. Welck: Männerbande, Männerbünde. Zur Rolle des Mannes im Kulturvergleich, Bd. II, Köln 1990.

9 Hieronimus, Ekkehard: »Zur Religiosität der völkischen Bewegung«. In: Cancik, Hubert (Hg.): Religions- und Geistesgeschichte der Weimarer Republik, Düsseldorf 1982, S. 168.

10 Vgl. Frevert: Frauen-Geschichte, S. 272–285.

11 Lanwerd, Susanne: »Zur Bedeutung von ›Feministischer Spiritualität‹ in der Literatur des New Age«. In: Antes, Peter, Donate Pahnke (Hg.): Die Religion von Oberschichten. Religion – Profession – Intellektualismus, Marburg 1989, S. 271.

12 Vgl. Moltmann-Wendel, Elisabeth: Das Land, wo Milch und Honig fließt. Perspektiven einer feministischen Theologie, Gütersloh 1985, S. 44; Heine, Susanne: Wiederbelebung der Göttinnen? Zur systematischen Kritik einer feministischen Theologie, 2. Aufl. Göttingen 1989, S. 11 und S. 21–25.

13 Vgl. Heine, Susanne: Frauen der frühen Christenheit. Zur historischen Kritik einer feministischen Theologie, 3. Aufl. Göttingen 1990, S. 30–31.

14 Eichberg, Henning: »Kommen die alten Götter wieder? Germanisches Heidentum im 19./20. Jahrhundert«. In: Thum: Gegenwart, S. 133.

15 Aker: Göttin, S. 86.

16 Aker: Göttin, S. 86.
17 Vgl. Wichmann, Jörg: Wicca. Die magische Kunst der Hexen, Unkel 1984, S. 39 und 88–89.
18 Vgl. hierzu Bovenschen, Silvia: »Die aktuelle Hexe, die historische Hexe und der Hexenmythos. Die Hexe: Subjekt der Naturaneignung und Objekt der Naturbeherrschung«. In: Becker, Gabriele u. a.: Aus der Zeit der Verzweiflung. Zur Genese und Aktualität des Hexenbildes, Frankfurt/M. 1977, S. 259–312.
19 Vgl. Eichberg: Kommen die alten Götter wieder, S. 133.
20 Aker: Göttin, S. 102.
21 Moltmann-Wendel: Das Land, S. 51.
22 Aker: Göttin, S. 88.
23 Göttner-Abendroth, Heide: Das Matriarchat I. Geschichte seiner Erforschung. Stuttgart 1988, S. 9.
24 Aker: Göttin, S.88. Zur Matriarchatsforschung vgl. außerdem Göttner-Abendroth: Das Matriarchat.
25 Vgl. Moltmann-Wendel: Das Land, S. 64–67.
26 Beide Zitate: Institut für Gynenergetik e.V., Programm 1990, S.2.
27 Göttner-Abendroth: Das Matriarchat, S. 10.
28 Institut für Gynenergetik e.V., Programm 1990, S.1.
29 Vgl. Lanwerd: Zur Bedeutung, S. 269.
30 Inanna: Das Runenbuch für Frauen, Bonn 1989, S. 17.
31 Eichberg: Kommen die alten Götter wieder, S. 161.
32 Zu feministischen Wicca vgl. Pahnke, Donate: »Die feministische Spiritualität als Beispiel einer ›Ökologischen Religion‹. In: Rudolph, Kurt, Gisbert Rinschede (Hg.): Beiträge zur Religion/ Umwelt-Forschung I (Geographia Religionum 6), Berlin 1989, S. 103–118.
33 Vgl. Eichberg: Kommen die alten Götter wieder, S. 161.
34 Inanna: Das Runenbuch, S. 21–22.
35 Aker: Göttin, S. 90.
36 Vgl. Inanna: Das Runenbuch, S. 220.
37 Eichberg: Kommen die alten Götter wieder, S. 133.
38 Interview mit einem Mitglied des AO, November 1989.
39 Wolfszeit 1, Nebelung (= November) 1990, S. 5.
40 Wolfszeit 1, Nebelung (= November) 1990, S. 5–6.
41 Wolfszeit 1, Nebelung (= November) 1990, S. 6–7.
42 Interview mit einem Mitglied des AO und der Gemeinschaft für heidnisches Leben, September 1989.
43 Wolfszeit 1, Nebelung (= November) 1990, S. 6.
44 Vgl. Mitschrift des Vortrags von Adolf Schleipfer über »Kummer und Höfler« beim Sommerthing des AO, 1987.
45 Heine: Wiederbelebung, S. 36, vgl. auch S. 127–147.
46 Vgl. Göttner-Abendrot: Das Matriarchat, S. 33–39.
47 Bachofen, Johann Jakob: Das Mutterrecht. Eine Untersuchung über die Gynaikokratie der alten Welt nach ihrer religiösen und rechtlichen Natur. Eine Auswahl herausgegeben von Hans-Jürgen Heinrichts, Frankfurt/M. 1975, S. 243.
48 Vgl. Wesel, Uwe: Der Mythos vom Matriarchat. Über Bachofens Mutterrecht und die Stellung von Frauen in frühen Gesellschaften, Frankfurt/M. 1990, S. 64–65.
49 Heine: Wiederbelebung, S. 176.
50 Türmer-Rohr, Christina: »Wendezeit – Wendedenken – Wegdenken«. In: Pilger, Matthias, Steffen Rink: Zwischen den Zeiten. Das New Age in der Diskussion, Marburg 1989, S. 99.

51 Heine: Wiederbelebung, S. 177.
52 Heine: Wiederbelebung, S. 186, Anm, 26.
53 Vgl. Stern, Fritz: Kulturpessimismus als politische Gefahr. Eine Analyse nationaler Ideologie in Deutschland, München, 2. Aufl. 1986, S. 67.
54 Heine: Frauen, S. 91. 67.

Wege aus der Vereinzelung?

1 Vgl. Hermand, Jost: »Gralsmotive um die Jahrhundertwende«. In: Deutsche Vierteljahresschrift für Literaturwissenschaft und Geistesgeschichte 36 (1962), S. 521–543.
2 Hermand: Gralsmotive, S. 523.
3 Lagarde, Paul de: »Über die gegenwärtige Lage des deutschen Reiches«. In: ders.: Deutsche Schriften, Gesamtausgabe letzter Hand, Göttingen, 5. Aufl. 1920, S. 106–182, Zitat S. 136.
4 Hermand: Gralsmotive, S. 526.
5 Zur Ideologie des Ordensstaats vgl. Wippermann, Wolfgang: Der Ordensstaat als Ideologie. Das Bild des Deutschen Ordens in der deutschen Geschichtsschreibung und Ideologie, Berlin 1979, alle Zitate S. 374.
6 Rosenberg, Alfred: Der Mythus des 20. Jahrhunderts. Eine Wertung der seelisch-geistigen Gestaltenkämpfe unserer Zeit, 7. Aufl. 1942, S. 546; vgl. auch Hasenfratz, Hans-Peter: »Die Religion Alfred Rosenbergs«. In: Numen, Vol XXXVI, Fasc. 1, Juni 1989, S. 113–126.
7 Zit. nach Viehöfer, Erich: »Der Verleger als Organisator. Eugen Diederichs und die bürgerlichen Reformbewegungen der Jahrhundertwende«. In: Archiv für Geschichte des Buchwesens 30, Frankfurt/M. 1988, S. 1–148, Zitat S. 49.
8 Treiber, Hubert: »Im Westen nichts Neues: Menschwerdung durch Askese. Sehnsucht nach Askese bei Weber und Nietzsche«. In: Kippenberg, Hans G., Brigitte Luchesi (Hg.): Religionswissenschaft und Kulturkritik, Marburg 1991, S. 283–323, Zitat S. 306.
9 Treiber: Im Westen, S. 315.
10 Treiber, Hubert: »Nietzsches ›Kloster für freiere Geister‹. Nietzsche und Weber als Erzieher. Mit Anmerkungen zum Übermenschenkult innerhalb der Boheme der Jahrhundertwende«. In: Antes, Peter, Donate Pahnke (Hg.): Die Religion von Oberschichten. Religion – Profession – Intellektualismus, Marburg 1989, S. 121. Zur *Neuen Gemeinschaft* vgl. auch Linse, Ulrich (Hg.): Zurück o Mensch, zur Mutter Erde. Landkommunen in Deutschland 1890–1933, München 1983, S. 62–88.
11 Zit. nach Kauffeldt, Rolf: Erich Mühsam, Münchzen 1983, S. 52.
12 Zit. nach Kauffeldt: Erich Mühsam, S. 52.
13 Landauer, Gustav: »Durch Absonderung zur Gemeinschaft«. In: Hart, Heinrich und Julius, u. a.: Die Neue Gemeinschaft, ein Orden vom wahren Leben. Vorträge und Ansprachen gehalten bei den Weihefesten, den Versammlungen und Liebesmahlen der Neuen Gemeinschaft (=Das Reich der Erfüllung. Flugschriften zur Begreünung einer neuen Weltanschauung, hg. von H. u. J. Hart, Heft 2, Leipzig 1901). Zu Landauer vgl. auch Kauffeldt, Rolf: »Die Idee des ›Neuen Bundes‹ (Gustav Landauer)«. In: Frank, Manfred: Gott im Exil. Vorlesungen über die Neue Mythologie, Frankfurt/M. 1988.

14 Zit. nach Viehöfer: Der Verleger, S. 96.
15 Vgl. Linke, Hansjürgen: Das Kultische in der Dichtung Stefan Georges und seiner Schule, Bd. 1, München/Düsseldorf 1960, S. 153–155; Hermand: Gralsmotive, S. 535.
16 Linke: Das Kultische, S. 155.
17 So Paul Thiersch in einem Aufsatz über »Form und Kultus«, Wiederabdruck in Landmann, Georg Peter (Hg.): Der George-Kreis, Köln/Berlin 1965, S. 162–177.
18 Wiederabdruck in Landmann: Der George-Kreis, S. 78–81.
19 Frecot, Janos, Johann Friedrich Geist, Diethart Kerbs: Fidus 1868–1948. Zur ästhetischen Praxis bürgerlicher Fluchtbewegungen, München 1972, S. 252.
20 Frecot/Geist/Kerbs: Fidus, S. 254.
21 Aus der »Einladung des St. Georgs-Bundes«, zit. nach Frecot/Geist/Kerbs: Fidus, S. 254.
22 Zit. nach Frecot/Geist/Kerbs: Fidus, S. 257.
23 Haack, Friedrich-Wilhelm: Geheimreligion der Wissenden. Neugnostische Bewegungen, 7. Aufl., München 1989 (Material-Edition 1 der Arbeitsgemeinschaft für Religions- und Weltanschauungsfragen), S. 29.
24 Vgl. König, René: »Die Begriffe Gemeinschaft und Gesellschaft bei Ferdinand Tönnies«. In: Kölner Zeitschrift für Soziologie und Sozialpsychologie, 7. Jg. (1955), S. 348–420; *Wörterbuch der Soziologie*, Stuttgart 1969, S. 336–340.
25 *Wörterbuch der Soziologie*, Stuttgart 1969, S. 136, vgl. auch S. 135–137.
26 Zu Schurtz vgl. Reulecke, »Das Jahr 1902 und die Ursprünge der Männerbund-Ideologie«. In: Völger, Gisela, Karin v. Welck (Hg.): Männerbande, Männerbünde. Zur Rolle des Mannes im Kulturvergleich, Bd. 1, Köln 1990, S. 3–10.
27 Siehe hierzu auch Kap. 9. Zur Wirkung der Forschungen Otto Höflers über Kultische Geheimbünde bei den Germanen vgl. von See, Klaus: »Politische Männerbund-Ideologie von der wilhelminischen Zeit bis zum Nationalsozialismus«. In: Völger/Welck: Männerbande Bd. I, S. 93–102; Schnurbein, Stefanie v.: »Geheime kultische Männerbünde bei den Germanen – Eine Theorie im Spannungsfeld zwischen Wissenschaft und Ideologie«. In: Völger/Welck: Männerbande Bd. II, S. 97–102.
28 Der Artikel und die Rede, die bei der Kommune-Begegnung Burg Stettenfels gehalten wurde, sind zusammenmit Entgegnungen anderer Autoren abgedruckt in: *Kommune* 9/1984, S. 36–51.
29 Kommune 9/1984, S. 41.
30 Kommune 9/1984, S. 40.
31 Kommune 9/1984, S. 37.
32 Vgl. Sillescu, David: »Was ist New Age?«. In Pilger, Matthias, Steffen Rink (Hg.): Zwischen den Zeiten. Das New Age in der Diskussion, Marburg 1989, S. 25.
33 Hasenfratz, Hans-Peter: »New Age-Religion im Zeichen des Wassermanns«. In: Saeculum 39 (1988), S. 374.
34 Der Titel eines »Kultbuches« der New-Age-Bewegung von Marilyn Ferguson lautet *Die sanfte Verschwörung* (Basel 1982).
35 Hasenfratz:NewAge-Religion, S. 375.
36 Auch dies ein Slogan der New-Age-Bewegung, der – so Hasenfratz – von Ferguson stammen soll; vgl. Hasenfratz: New Age-Religion, S. 375.

37 Zu den Neuen Sozialen Bewegungen vgl. Roth, Roland, Dieter Rucht (Hg.): Neue soziale Bewegungen in der Bundesrepublik Deutschland, Bonn 1987 (Studienreihe zur Geschichte und Politik 252, Hg. Bundeszentrale für politische Bildung).

38 Interview mit einem Mitglied des AO und der Gemeinschaft für heidnisches Leben, September 1989.

Archaische Riten gegen die Entfremdung?

1 Janz, Rolf-Peter: »Die Faszination der Jugend durch Rituale und sakrale Symbole«. In: Koebner, Thomas, Rolf-Peter Janz, Frank Trommler (Hg.): ›Mit uns zieht die neue Zeit‹. Der Mythos Jugend, Frankfurt/M. 1985, S. 310–337, Zitat S. 315.

2 Vgl. Janz: Die Faszination, S. 312.

3 Paul Thiersch, »Form und Kultus« (1911), wiederabgedruckt in Landmann, Georg Peter (Hg.): Der George-Kreis, Köln/Berlin 1965, S. 162–167.

4 Zu Schuler vgl. Plumpe, Gerhard: Alfred Schuler. Chaos und Neubeginn. Zur Funktion des Mythos in der Moderne, Berlin 1978.

5 Hardtwig, Wolfgang: Geschichtskultur und Wissenschaft, München 1990, S. 267.

6 Hardtwig: Geschichtskultur, S. 266.

7 Pross, Harry: Jugend, Eros, Politik. Die Geschichte der deutschen Jugendverbände, Bern/München/Wien 1964, S. 75.

8 Vgl. Pross: Jugend, S. 75–86.,

9 Diederichs, Eugen: Leben und Werk. Ausgewählte Briefe und aufzeichnungen, herausgegeben vonf Lulu von Strauß und Torney-Diederichs, Jena 1936, S. 159.

10 So Diederichs in einem Brief an Emil Rudolf Weiß im Jahre 1907. In: Diederichs: Leben, S. 145–146.

11 Lulu von Strauß und Torney im Vorwort zu Diederichs: Leben, S. 19.

12 Diederichs in der Zeitschrift *Die Tat*, Wiederabdruck in Diederichs: Leben, S. 261.

13 Diederichs, Leben, S. 263.

14 Viehöfer, Erich: »Der Verleger als Organisator. Eugen Diederichs und die bürgerlichen Reformbewegungen der Jahrhundertwende«. In: Archiv für Geschichte des Buchwesens 30, Frankfurt/M. 1988, S. 1–148, Zitat S. 96.

15 Janz: Die Faszination, S. 332.

16 Vgl. Hallberg, Bo: Die Jugendweihe. Zur deutschen Jugendweihetradition, Lund 1977, S. 34–35.

17 Janz: Die Faszination, S. 314.

18 Müller, Alfred: Die neugermanischen Religionsbildungen der Gegenwart. Ihr Werden und Wesen, 2. Aufl., Bonn 1934, S. 58.

19 Müller: Die neugermanischen Religionsbildungen, S. 59.

20 Vgl. Stommer, Rainer: Die inszenierte Volksgemeinschaft. Die ›Thing-Bewegung‹ im Dritten Reich, Marburg 1985, S. 12–13.

21 Vgl. Walter, Franz: Nationale Romantik und revolutionärer Mythos. Politik und Lebensweisen im frühen Weimarer Jungsozialismus, Berlin 1986, S. 18–19.

22 Viehöfer: Der Verleger, S. 33.

23 Janz: Die Faszination, S. 318.

24 Zur Lebensphilosophie vgl. Schnädelbach, Herbert: Philosophie in Deutschland 1831–1933, Frankfurt/M. 1983, S. 172–197.
25 Ulbricht, Justus H.: »Der Mythos vom Heldentod. Entstehung und Wirkungen von Walter Flex' ›Der Wanderer zwischen beiden Welten‹«. In: Jahrbuch des Archivs der deutschen Jugendbewegung 16 (1986–1987) S. 127.
26 Y, Rainer: Fidus, der Tempelkünstler. Interpretation im kunsthistorischen Zusammenhang mit Katalog der utopischen Architekturentwürfe, Bd. 1, Göppingen 1985, S. 268.
27 Zit. nach Frecot, Janos, Johann Friedrich Geist, Diethart Kerbs: Fidus 1868–1948. Zur ästhetischen Praxis bürgerlicher Fluchtbewegungen, München 1972, S. 232–233.
28 Zit. nach Frecot/Geist/Kerbs: Fidus, S. 235, vgl. auch Y: Fidus, S. 276–277.
29 Y: Fidus, S. 269.
30 Y: Fidus, S. 266.
31 Y: Fidus, S. 269.
32 Vgl. Y: Fidus, S. 294.
33 Zum Goetheanum und zum Verhältnis zwischen Fidus und Steiner vgl. Y: Fidus, S. 288–301.
34 Y: Fidus, S. 284.
35 Janz: Die Faszination, S. 322, vgl. auch S. 319–324.
36 Janz: Die Faszination, S. 313.
37 Hemminger, Hansjörg: Die Rückkehr der Zauberer. New Age – Eine Kritik, 2. Aufl., Hamburg 1990, S. 28.
38 Interviewmit einem Mitglied der HG, September1989.
39 Vgl. Hemminger: Die Rückkehr, S. 93.
40 Inanna: Das Runenbuch für Frauen, Bonn 1989, S 69.
41 Zinser, Hartmut: »Schamanismus im ›New Age‹. Zur Wiederkehr schamanistischer Praktiken und Seancen in Europa«. In: Pilger, Matthias, Steffen Rink (Hg.): Zwischen den Zeiten. Das New Age in der Diskussion, Marburg 1988, S. 274.
42 So Zinser: Schamanismus, S. 279.
43 Interview mit einem Mitglied des AO und der HG, September 1989.
44 Interview mit einem Mitglied des AO und der HG, September 1989.

Zusammenfassung

1 Die auch in Deutschland erfolgreichsten Runenbücher sind von dem Amerikaner Edred Thorson verfaßt. In meiner Dissertation, die unter dem Titel *Religion als Kulturkritik. Neugermanisches Heidentum im 20. Jahrhundert* (Heidelberg 1992) erschienen ist, bin ich diesen internationalen Verflechtungen des neugermanischen Heidentums nachgegangen und habe neben deutschen auch einzelne skandinavische und angelsächsische Gruppen ausführlich beschrieben.

Organisationsregister

(Zeitschriften kursiv gesetzt)

Personenregister

Abbildungsnachweis

Zur Autorin

Stefanie von Schnurbein, geb. 1961, studierte Skandinavistik, Sozial- und Wirtschaftsgeschichte und Neuere Deutsche Literatur, Promotion in Frankfurt. Seit 1991 wissenschaftliche Mitarbeit an der Universität Göttingen. Diverse Veröffentlichungen u. a. Religion als Kulturkritik, Neugermanisches Heidentum im 20. Jahrhundert.